AF403036

629
969

BIBLIOTHÈQUE NATIONALE
R F
IMPRIMÉS

PRÉFECTURE DU MORBIHAN
-4 SEPT 1903
N°

8° L³h
330

PUBLIÉ SOUS LA DIRECTION

DE LA

SECTION HISTORIQUE DE L'ÉTAT-MAJOR DE L'ARMÉE

TABLEAUX

PAR CORPS ET PAR BATAILLES

DES

OFFICIERS TUÉS ET BLESSÉS

PENDANT

LES GUERRES DE L'EMPIRE (1805-1815)

(SUPPLÉMENT)

Par A. MARTINIEN

DES ARCHIVES HISTORIQUES DE LA GUERRE

PARIS

L. FOURNIER

ÉDITEUR MILITAIRE

264, Boulevard Saint-Germain, 264

1909

TABLEAUX

PAR CORPS ET PAR BATAILLES

DES

OFFICIERS TUÉS ET BLESSÉS

PENDANT

LES GUERRES DE L'EMPIRE (1805-1815)

BIBLIOTHÈQUE NATIONALE
R. F.
IMPRIMÉS.

8° Lh³ 330

DU MÊME AUTEUR

1. — **Tableaux par corps et par bataille, des officiers tués et blessés pendant les guerres du premier Empire (1805-1815).** — (*Éditeur, Henri-Charles Lavauzelle*). — 1 fort vol. in-8° . . . . **20** »

2. — **Corps auxiliaires créés pendant la guerre 1870-1871.** — Première partie : Garde nationale mobile. (*Librairie militaire, Edm. Dubois*). — Brochure. . . »

3. — **Corps auxiliaires créés pendant la guerre 1870-1871.** — Deuxième partie : Garde nationale mobilisée et corps francs. (*Librairie militaire, Edm. Dubois*). Brochure . . . . »

4. — **Les Employés des Postes pendant la guerre d'Espagne 1808-1814.** (*Librairie militaire, Edm. Dubois*). — Brochure (Épuisée) . . . . »

5. — **Guerre de 1870-1871.** — État nominatif, par affaire et par corps, des officiers tués ou blessés dans la première partie de la campagne (du 25 juillet au 29 octobre). — (*Librairie militaire, R. Chapelot et Cⁱᵉ*) . . . . **5** »

6. — **Guerre de 1870-1871.** — État nominatif par affaire et par corps des Officiers tués ou blessés dans la deuxième partie de la campagne (du 15 septembre 1870 au 12 février 1871). — *Éditeur, Henri-Charles Lavauzelle*) . . . . **8** »

7. — **Insurrection de la Commune de Paris.** — Liste des Officiers de l'armée de Versailles tués ou blessés (du 18 mars au 28 mai 1871 (*Publication de la Plume et de l'Épée*) . . . . »

8. — **Les Généraux Polonais de 1812 à 1814.** (Généraux au service de la France et au service du Grand-Duché). — (*Publication de la Sabretache*) . . . . »

EN PRÉPARATION :

1. — **Etat nominatif des Officiers tués et blessés en Algérie, au Maroc et en Tunisie de 1830 à 1908.**

2. — **Organisation, mouvements et opérations des corps de troupe de toutes armes pendant la guerre de 1870-1871.**
(Cet ouvrage comprendra 2 volumes).

3. — **Etat nominatif. par campagne et par corps, des Officiers tués et blessés de 1816 à 1870.**

PUBLIÉ SOUS LA DIRECTION

DE LA

SECTION HISTORIQUE DE L'ÉTAT-MAJOR DE L'ARMÉE

TABLEAUX

PAR CORPS ET PAR BATAILLES

DES

OFFICIERS TUÉS ET BLESSÉS

PENDANT

LES GUERRES DE L'EMPIRE (1805-1815)

(PARTIE SUPPLÉMENTAIRE)

Par A. MARTINIEN

DES ARCHIVES HISTORIQUES DE LA GUERRE

PARIS

LIBRAIRIE L. FOURNIER

264, Boulevard Saint-Germain

1909

AVERTISSEMENT

BIBLIOTHÈQUE NATIONALE R.F.

Lors de la publication, il y a neuf ans, de notre livre sur les *Officiers tués ou blessés pendant les guerres de l'Empire de 1805 à 1815*, nous avions dû nous résigner à laisser échapper un certain nombre d'erreurs et à constater de regrettables lacunes.

A vrai dire, les unes et les autres étaient sans doute difficiles à éviter dans un travail aussi vaste, qui ne comprenait guère moins de 60,000 noms ; et la plupart de ces erreurs ou de ces lacunes provenaient soit de l'état incomplet des documents consultés, soit de leur inexactitude trop fréquente en ce qui concerne l'orthographe des noms géographiques et patronymiques.

Néanmoins, nous nous sommes efforcé de remédier autant que possible aux imperfections de notre livre. Des archives, dont nous n'avions pas eu connaissance, nous sont devenues accessibles ; plusieurs ouvrages sur l'époque napoléonienne nous ont apporté des documents inédits : c'est ainsi notamment que nous avons pu nous procurer des renseignements complémentaires sur les Italiens, Polonais, Westphaliens, Bavarois et Saxons, et dépouiller les contrôles des troupes de la marine. De nouvelles recherches, une révision attentive des recherches anciennes nous ont ainsi fourni les éléments nécessaires pour compléter notre livre et y corriger maintes erreurs. Tel est l'objet du travail que nous publions aujourd'hui.

Il se compose de deux parties : la première est un *supplément* comprenant 5.531 noms nouveaux d'officiers dont 807 tués et 4 724 blessés ; la seconde un *errata* concernant tout entier notre précédent volume.

En publiant le présent travail, nous ne regretterons certes pas la peine qu'il nous a coûtée si, comme nous l'espérons, nous avons réussi à atténuer notablement les imperfections d'un ouvrage auquel nous avons consacré vingt années de recherches et qui nous tient à cœur.

BIBLIOTHÈQUE NATIONALE — R.F — IMPRIMÉS.

SIGNES ET ABRÉVIATIONS

Col.	Colonel.
Chef de Bat.	Chef de Bataillon.
Chef d'Escad.	Chef d'Escadrons.
Capit. A.-M.	Capitaine adjudant-major.
Capit.	Capitaine.
Lieut. A.-M.	Lieutenant adjudant-major.
Lieut.	Lieutenant.
S.-Lieut. S.-A.-M.	Sous-lieutenant sous-adjudant-major.
Chirurg. M.	Chirurgien-major.
Chirurg. A.-M.	Chirurgien aide-major.
Chirurg. S.-A.-M.	Chirurgien sous-aide-major.
T.	Tué.
B.	Blessé.

BIBLIOTHÈQUE NATIONALE · R F · IMPRIMÉS.

I

ÉTAT-MAJOR GÉNÉRAL

Généraux de Division

Rouyer, B. 4 août 1809, combat d'Oberau (Tyrol).
Ornano, B. 24 oct. 1812, bataille de Malojaroslawetz (Russie).
Dombrowski (1), B. 21 nov. 1812, combat devant Borisow.
Krasinski (V.) (2), B. 20 mars 1814, combat d'Arcis-sur-Aube.

Généraux de Brigade.

Collaert (3), K. 7 nov. 1806, affaire près d'Hameln (Prusse).
De Zandt (4), T. 21 avril 1809, combat de Landshut (Bavière).
Bron, B. 24 oct. 1811, surprise d'Arroyo-Molinos (Estramadure).
Roussel, B. 6 juillet 1812, dans une charge de cavalerie à Kozianouï (Lithuanie).
Dembowski (2), B. 16 juillet 1812, combat près de Valladolid (Roy. de Léon).
    Mort le 18.
Aubry, B. 31 juillet 1812, combat de Jacobowo, près de Polotsk.
Dziewanowski (1), B.
Bronikowski (1), B.   } 21 nov. 1812, combat devant Borisow.
Pakosz (1), B. (mort en déc.). }
Krasinski (V.) (2), B. 28 oct. 1813, combat de Freyberg (Saxe).

II

ÉTAT-MAJOR

Adjudants-Commandants.

Romieu (5), assassiné en 1805, près de Téhéran (Perse).
Michel, B. 3 févr. 1807, aux avant-postes de Bergfried (Prusse).
Lefebvre, B. 27 sept. 1810, bataille de Busaco (Portugal).

(1) Général au service du Grand Duché de Varsovie.
(2) Général Polonais au service de France.
(3) Général-Major Hollandais.
(4) Général Bavarois.
(5) Assassiné étant en mission en Perse.

Jauffret, B. 24 août 1811, défense de Meester-Cornelis (Java).

Thomasset (1), B. et disparu, 28 nov. 1812, aux ponts de la Bérésina.

Wathiez, B. 28 nov. 1812, bataille de la Bérésina.

Gryspère, B. 7 déc. 1812, affaire en avant de Wilna.

Jeannet, B. mai 1813, affaire près d'Alcala-Réal (Andalousie).

Jeannet, B. 21 juin 1813, bataille de Vittoria.

Durel (2), B. 25 juillet 1813, affaire sur les hauteurs de Pampelune (mort le 28).

Chassériau, B. 18 oct. 1813, bataille de Leipzig.

Girard, B. 9 mars 1814, bataille de Laon (Aisne).

Soubeiran, B. 18 juin 1815, bataille de Waterloo (Mont Saint-Jean).

Simon-Lorière (3), B. 26 juin 1815, dans la forêt de Villers-Cotterets (Aisne).

Adjoints d'État-major.

Gaillardie, cap., B. 2 déc. 1805, bataille d'Austerlitz (Moravie).

Blackwell, chef de bat., B.

Petitgrand, cap., B. } 14 oct. 1806, bataille d'Iena.

Gombaud, capit., B. 17 oct. 1806, affaire de Nord-Hausen (Prusse).

De Deux-Ponts, lieut. (Bavarois), B. 9 janv. 1807, affaire de Nauslau.

Rey, capit., B. 6 fév. 1807, combat de Höff (Prusse).

Blackwell, chef de bat., B.

Gaillardie, capit., B. } 8 fév. 1807, bataille d'Eylau.

De Serdern, lieut. (Badois), B. 23 févr. 1807, combat de Dirschau.

Gombaud, capit., B. 5 mars 1807, aux avant-postes sur la Passarge (Prusse).

De Lavergne, capit. (Italien), B. 19 mars 1807, prise de Selnow devant Colberg.

De Preen, lieut. (Hollandais), B. 14 avril 1807, dans une reconnaissance près de Dantzig.

Magnac, chef d'escad., B. 15 mai 1807, au siège de Dantzig (Prusse).

Bigex (4), capit., B. 16 mai 1807, en Dalmatie (en portant des dépêches de Zara à Raguse).

De Preen, lieut. (Hollandais), B. 28 mai 1807, affaire près d'Anclam (Prusse).

Gombaud, capit., B. 10 juin 1807, bataille d'Helsberg (Prusse).

Farinelli, lieut., B. 14 juin 1807, bataille de Friéland (Prusse).

Bordes, capit., B. 21 août 1808, bataille de Vimeiro (Portugal).

Théron, lieut. (Espagnol), B. 20 oct. 1808, affaire de Miranda d'Ebro (Vieille-Castille).

Lamoureux de la Genetière, capit., B. 23 nov. 1808, bataille de Tudela (Vieille-Castille).

Cholet de Richemont (5), capit., présumé assassiné en déc. 1808, en Catalogne.

Castagné, capit., B. 13 janv. 1809, bataille d'Uclès (Nouvelle-Castille).

Tengnagell, lieut. (Hollandais), B. 28 mars 1809, bataille de Médellin (Estramadure).

---

(1) Blessé, resté sur la rive droite de la Bérésina.

(2) Blessé à la tête du 70e régiment d'infanterie de ligne, qu'il commandait provisoirement.

(3) Blessé par des éclaireurs Prussiens.

(4) Blessé par un parti de Monténégrins, près de Vergora (Illyrie).

(5) Cet officier fut assassiné en se rendant à Barcelonne.

Castro, lieut. (Espagnol), B. 9 avril 1809, attaque du pont de San-Payo (Galice).

Deverdière, capit., assassiné le 15 avril 1809, entre Canada et Madridejos en portant des dépêches (Province de Tolède).

De Lagrange (F.), capit., B. 10 mai 1809, devant Vienne (étant en parlementaire).

Petit, capit., B. 2 mai 1809, affaire devant Oporto (Portugal).

De Carneville, lieut. (Bavarois), B. 10 mai 1809, passage du Pont de Bachel (Tyrol).

Winkler, capit. (Bavarois), B. mai 1809, par des paysans à Arée (Tyrol).

Amoretti d'Envie, chef de bat., B. 17 mai 1809, assaut du fort de Malborghetto (Carinthe).

Sarandis (1), lieut. (Grec), B. 22 mai 1809, bataille d'Essling près de Vienne.

D'Esménard, capit., B. 26 mai 1809, affaire de Santiago (Galice).

Perkès, lieut., B. 8 juin 1809, affaire de San-Payo (Galice).

Chaponnel, capit., B. 15 juin 1809, combat de Santa-Maria, près de Saragosse.

Ranwez, capit., B. 24 juin 1809, par des partisans Autrichiens près de Gratz (Styrie).

Malherbe, capit., B. 6.

De Lagrange, capit., B. 6.

Jeannot, capit., B. 5. } 5 et 6 juil. 1809, bataille de Wagram.

Valmalète du Coustel, capit., B. 6. }

Müller (2), major, B. 8 juillet 1809, assaut de Montjouy sous-Gironne (mort).

Muston, capit., B. 27 juillet 1809, près de Pedraja, route de Madrid.

Lambert, capit., B. } 28 juillet 1809, bataille de Talavera de la Reyna (Nou-
Deschamps, capit., B. } velle-Castille).

De Lima (3), capit., B. 8 août 1809, affaire du pont de l'Arzobispo, sur le Tage.

Petrezzoli, chef de bat. B. 11 août 1809, défense de Flessingue (Hollande).

Valguanera, capit. (Espagnol), B. 11 août 1809, bataille d'Almonacid (Province de Tolède).

Chabert (4), lieut., assassiné en nov. 1809, entre Burgos et Santander (Vieille Castille).

Suchodolski, colonel (Polonais), B. }

Fouquet, capit., } 19 nov. 1809, bataille d'Ocana (Tolède).

De Lima, capit. (Portugais), B. }

Duboul, chef de bat., B. 18 déc. 1809, à l'Anse à la barque Guadeloupe (Antilles).

Favechamps, capit. (Espagnol), B. 20 déc. 1809, près d'Ocana (Tolède).

Lavielle de Ste-Agathe, lieut., B. } 5 fév. 1810, défense de la Guadeloupe (Antilles).
Dulyon, lieut., B. }

De Tourdonnet, chef d'escad., B. 6 fév. 1810, prise de Malaga (Andalousie).

Gaillard, capit., B. 12 mai 1810, dans une reconnaissance près de Puerto-Réal (Andalousie).

De Monistrol, lieut., B. 3 déc. 1810, défense de l'Ile-de-France, près de la baie des Tombeaux.

De Cavanac, capit., B. fév. 1811, près de Pampelune (Navarre), par les bandes de Mina.

Doussault de la Primaudière, capit., B. 20 avril 1811, défense de Leja (Grenade).

Bigex, chef d'escad. B. } 16 mai 1811, bataille d'Albuhera (Estramadure).
Castro, lieut. (Espagnol), B. }

----

(1) Cet officier servait comme volontaire et était officier de correspondance du général Lasalle.

(2) Officier au service de Westphalie.

(3) Officier Portugais.

(4) Assassiné par des contrebandiers.

Foucaucourt, chef de bat., B. 30 mai 1811, siège de Tarragone (Catalogne).

De Roye Van Wichen, chef de bat., B. 17 août 1811, par des brigands entre Villa-Réal et Mondragon (Province d'Alava).

Espinosa (1), lieut. (Espagnol), B. 20 avril 1812, près de Saragosse (mort le 22).

Houillon, capit., B. 28 avril 1812, affaire près de Ciudad-Rodrigo (Roy. de Léon).

Bordes, capit., B. 21 juin 1812, affaire de Los-Cabrillos (Espagne).

De Wautier (2), chef de bat., B. 8 juillet 1812, près de Minsk (Lithuanie).

Watzdorff, capit. (Saxon), B. 10 août 1812, combat de Bruszana (Lithuanie).

Grandmaison, capit., B. 12 août 1812, combat de Podobna.

Theubet, capit., B. 18 août 1812, bataille de Smolensk.

Dietrich, capit. (Polonais), B. — Szoldziski, capit. (Polonais), B. } 17 août 1812, bataille de Smolensk.

Ziemecki, capit. (Polonais), T. — De Laeger, capit., B. } 5 sept. 1812, prise de la redoute de Borodino.

Meyer, capit. (Polonais), T. — Bem, lieut. (Polonais), T. — De Coïsy, capit., B. — Blanc, capit., B. — Walewski, capit. (Polonais), B. — De Menou, lieut., B. } 7 sept. 1812, bataille de la Moskowa.

Marchais (3), capit., T. — Séron (3), chef d'escad., B. (mort le 17 oct.). } 30 sept. 1812, au bivouac en avant de Moscou.

De Marneffe (4), capit., B. 4 oct. 1812, route de Kalouga à Moscou.

Levillain, capit., B. 17 oct. 1812, dans une reconnaissance en avant de Moscou.

Riégent, capit., B. — Dungern, lieut. (Bavarois), B. (mort le 4). } 3 nov. 1812, combat de Wiasma (Russie).

Latapie (P. A. M. R.), capit., B. 16. — Latapie (T.), capit., B. 16. — Dittlof, capit., B. 17. } 16, 17 nov. 1812, bataille de Krasnoë (Russie).

Gillet, capit., B. 1er janv. 1813, par des cosaques, route de Kœnigberg (Prusse).

Jakubowski, capit. (Polonais), B. 5 mai 1813, défense de Dantzig (Prusse).

Goventès, chef de bat. (Espagnol), B. — Deport, capit., B. } 21 juin 1813, bataille de Vittoria (Espagne).

Daywaille, lieut., B. 22 août 1813, dans une reconnaissance en Saxe.

N. lieut. (Saxon), B. 23 août 1813, affaire de Gross-Beeren.

Aubertin, chef de bat., B. 27 (mort le 27 sept.). — Vincent, capit., B. 26. } 26 et 27 août 1813, bataille de Dresde.

Pretin de Vulmont, capit., B. 6 sept. 1813, bataille de Juterbock (Dennewitz).

Smulikowski (5), capit., B. 10 sept. 1813, aux avant-postes, près de Dresde.

---

(1) Dans une embuscade.

(2) En repoussant un parti de Cosaques.

(3) Tué par un obus saxon, au bivouac près de Podolsk sur la ligne de Pachra.

(4) Blessé par des cosaques en défendant un convoi de munitions venant de Smolensk.

(5) Officier Polonais blessé près de Dresde.

Michoutey, capit., B. 18.
Gillet, capit., B. 19
D'Evry, capit., B. 16.
Pienicki, capit. (Polonais), B. 16.
} 16, 18 et 19 oct. 1813, bataille de Leipzig.

Devilliers, capit., B. 22 oct. 1813, dans une reconnaissance sur Pontèba (Italie).
Sadowski, capit. (Polonais), B. 30 oct. 1813, bataille de Hanau.
Yost, chef de bat., B. 10 nov. 1813, affaire devant Saint-Jean-de-Luz (Pyrénées).
Dubut, capit., B. 22 janv. 1814, dans une reconnaissance près d'Anvers.
Yon, chef de bat., B. 1er janvier 1814, affaire devant Mayence.
Petit, capit., B. 6 janv. 1814, combat devant Strasbourg.
Coste, capit., T. 1er fév. 1814, bataille de la Rothière (Aube).
Grems, lieut. (interprète), B. 9 mars 1814, bataille de Laon.
Latapie, chef de bat., B.
Noskowski, capit., B.
} 25 mars 1814, combat de Fère-Champenoise (Marne).

L'Olivier, chef de bat., B. 26 mars 1814, combat de Saint-Dizier (Haute-Marne).
Lair dit Desmar (1), capit., B. 5 avril 1814, devant Joigny.
Roques, capit., T. 14 avril 1814, devant Bayonne.
Caillemer, capit., T.
Crabbé, colonel, B. (mort le 23 juin 1816).
Carteret (2), capit., B. (noyé le 11 janv. 1816).
Gantois, lieut., disparu.
} 18 juin 1815, bataille de Waterloo.

Sadowski, capit. (Polonais), B. 3 juillet 1815, aux avant-postes devant St-Denis.

Ingénieurs Géographes.

Gavailhen, s.-lieut., B. 30 oct. 1805, combat de Caldiero (Italie).
Guillot, s.-lieut., B. 1er déc. 1805, dans une reconnaissance en Styrie (Autriche).
Chabrier (J.-B.), chef de bat., B. déc. 1806, dans une reconnaissance sur l'Oder (Prusse).
Didier Georges, s.-lieut., T. fin de février 1807, dans une reconnaissance sur la Passarge (Prusse).
Delahaye (3), capit., B. 25 sept. 1808, en Espagne (près de Saragosse).
Defransure, lieut., B. nov. 1808, près de Salvatierra (province d'Alava).
Lasseret, capit., T. 5 mai 1809, dans un faubourg de Bassano (Italie).
Chabrier (A.), chef d'Escad., B. 28 nov. 1812, à la Bérésina (mort).
Sion, capit., B. 10 déc. 1812, route de Wilna à Kowno (Lithuanie).

Aides de Camp.

Mel, lieut., B. 14 oct. 1805, combat devant Ulom (Bavière).
Lanchantin, lieut., B. 31 oct. 1805, passage de l'Adige, devant Vérone (Italie).
Malo-Desdorides, lieut., B. 2 déc. 1805, bataille d'Austerlitz (Moravie).
Combette (4), cap., assassiné le 24 mai 1806, à Evreux.
Piquery de Wasronvalle, capit., B. juin 1806, siège de Gaëte (R. de Naples).
Quandalle, capit., B.
Duroc-Mesclop, lieut., B.
Pailhès, lieut., B.
} 14 oct. 1806, bataille d'Iéna (Prusse).

---

(1) Blessé étant en parlementaire.
(2) Noyé en rentrant de captivité d'Angleterre.
(3) Etant en mission topographique.
(4) Assassiné par un habitant.

Marion, capit., B déc. 1806, devant Breslau (Silésie).

Lanel, lieut., T.
Gaillard de Saint-Elme, capit., B
Morot, capit., B.
Pailhès, lieut., B.
} 8 fév. 1807, bataille d'Eylau (Prusse).

Menou, lieut., B. 16 fév. 1807, combat d'Ostrolenka (Pologne).

Tavera, capit. (Italien), B. 16 fév. 1807, affaire de Neugarten (Prusse).

Desjardins, capit., T. 8 mars 1807, dans l'Ile de la Nogat, devant Dantzig.

Krzyzanowski, lieut. (Polonais), B. 15.
Hutin, capit., B. 15.
} 15 mai 1807, siège de Dantzig (Prusse).

Meurer, lieut. (Bavarois), B. 13 mai 1807, combat de Kanth (Silésie).

Lefebvre, cap., B. 14 mai 1807, affaire de Baya (Naples).

Deymié, capit., B.
De Sade-Mazan (1), capit., B.
Pailhès, lieut., B.
} 14 juin 1807, bataille de Friedland.

Casabianca, capit., B. 24 juin 1807, assaut de Glatz (Silésie).

De Salm-Kyrbourg (2), capit., B. 14 juillet 1808, près de Roses (Catalogne), en portant des dépêches à l'Empereur.

De Grandsaigne, colonel, B. 21 août 1808, bataille de Vimeiro (Portugal).

De Menou, lieut., B. 20 sept. 1808, évacuation de Bilbao (Biscaye).

Joba, lieut., T. 3 déc. 1808, au siège de Roses (Catalogne).

De Mailly, lieut., B. 16 janv. 1809, combat de la Corogne (Galice).

Legobe, capit., B. 4 mars 1809, au pont de Llobregat (Esp.).

Senilhac, capit., B. 14 mars 1809, affaire de Val de Canios (mort le 30).

Montanier, lieut., B. 29 mars 1809, prise d'Oporto (Portugal).

Freiherr de Weber, lieut. (Bavarois), B. 19 avril 1809, combat d'Abensberg.

Theubet, lieut., B. 21 avril 1809, combat de Landshutt (Bavière).

Pelletier de Montmarie, colonel, B. 13 mai 1809, combat dans le Tyrol (près d'Inspruck).

Assalini, lieut. (Italien), B. 21 mai 1809, affaire sur la Save (Italie).

Froment de Castille (3), capit., T. 23.
Meynier, capit., B. 22.
Murphy, lieut., B. 21.
} 21 et 22 mai 1809, bataille d'Essling près de Vienne.

Le Boucher, capit., B. 14 juin 1809, bataille de Raab (Carinthie).

Dejardin (4), capit., B. juin 1809, par des paysans près de Vienne (Autriche).

Bruyère, capit., B. 6.
Theubet, lieut., B. 6.
Cordeiro, lieut. (Portugais), B. 5.
De Lapoype, s.-lieut., B. 6.
} 5 et 6 juillet 1809, bataille de Wagram.

Grigy, capit., B. 11 juillet 1809, bataille de Znaïm (Moravie).

Gengoult, lieut., B. 8 août 1809, affaire de Brediesca (Espagne).

Burgevin, lieut., B. 25 sept. 1809, au pont d'Almaraz (Estramadure).

Michelin (5), capit., T. 28 fév. 1810, à Lerma (Vieille-Castille).

---

(1) Fils du trop célèbre marquis de Sade.

(2) Officier d'Ordonnance de l'Empereur.

(3) Officier d'Ordonnance de l'Empereur, tué au moment ou il transmettait au maréchal Lannes un ordre de l'Empereur.

(4) Cet officier rejoignait le général de Saint-Sulpice à l'armée d'Allemagne.

(5) Tué en visitant les avant-postes.

Carlier, capit., B. 14 juillet 1810, dans une expédition dans les montagnes de
  Ronda (Andalousie).
Thomas, capit., B. 29 juillet 1810, devant Cadix (Andalousie).
Blin, capit., B. 23 août 1810, défense de l'Ile de France.
Dubart, capit., B.
Paris, cap., T.   } 27 sept. 1810, bataille de Busaco (Portugal).
Grégoire, lieut., B.
Rouillé (1), lieut., B. 12 mars 1811, près de Redinha (Portugal).
Renique, capit., B. mai 1811, entre Aranda et Pancorbo.
Lindsay, lieut., B.   } 1er févr. 1812, affaire près de Tolède (Nou-
Drummont de Melfort, lieut., B. }   velle-Castille).
Brunier, capit., B. 27 févr. 1812, près de Massanet-Catalogue (mort en mars).
Provana, capit., B. 22 juillet 1812, combat sur la Divina (Russie)
Druez, lieut., B. 6 août 1812, dans une reconnaissance route de Smolensk.
Krasitzki, lieut. (Autrichien), B. 12 août 1812, combat de Podobna (Lithuanie).
Wolodhowicz, lieut. (Polonais), B. 17 août 1812, bataille de Smolensk (mort).
Skorzewski, capit., B. 17 août 1812, bataille de Smolensk.
Vincent, cap., B.
De Proekl, lieut. (Bavarois), B. } 18 août 1812, bataille de Polotsk.
De Seydewitz, capit. (Saxon), T.
Seron, chef d'escad., B.
Dalas, chef de bat., B.
Provana, capit., B.   } 7 sept. 1812, bataille de Moskowa.
Léz de Kerven, lieut., B.
Prévôt, lieut., B.
Comte Dulude (2), lieut., B.
Milbörg, capit., B. 10 sept. 1812, aux avant-postes de Krameskwa (Russie).
Lalande-Lebiez, capit., B. 18 oct. 1812, combat route de Kalouga (Russie).
Boutarel (3), capit. (Italien), B. 24 oct. 1812, bataille de Malojaróslawetz (Russie).
De Castres, chef de bat. B.
Provana, capit., B.   } 3 nov. 1812, combat de Wiasma (Russie).
Perdrizet, capit., B.
Druez (4), lieut., B. 9 nov. 1812, près de Bialistock (Lithuanie).
Magnier, capit., B. 15 nov. 1812, à Smolensk (étant prisonnier).
Langlois, capit. (disparu), 17.
Breton, chef de bat., B. 18. } 17 et 18 nov. 1812, bataille de Krasnoë (Russie).
Clerget, capit., B. 18.
Olechowski, capit., B. (Polonais).
Soltyk, capit., B. (Polonais)   } 21 nov. 1812, combat de Borisow (Russie).
Mycielska, s.-lieut., B. (Polonais).
Mallet de la Vidière, capit., B. et disparu en nov. 1812, pendant la retraite de
  Russie.
De Wildermouth, lieut. (Wurtembergeois, B. 26 nov. 1812, pendant la retraite
  de Russie (près de la Bérésina).

---

(1) Blessé en remettant un ordre du Général Fririon au Général Reynier.
(2) Lieutenant de la garde nationale à cheval de Paris. Officier d'ordonnance du général de Latour-Maubourg.
(3) Aide de camp du prince Eugène.
(4) En défendant un convoi de munitions contre des Cosaques.

De Cléry, capit., présumé tué le 28.
D'Aupias, capit., disparu, le 28.
Szczaniecki, capit. (Polonais), B. 28.
} 28 nov. 1812, bataille de la Bérésina.

Durand, major, B. 4 déc. 1812, en défendant un convoi de blessés près de Wilna.
Hollier de la Gorce, lieut., B. 6 déc. 1812, affaire contre des Cosaques, route de Wilna.
Comte Dulude, lieut., B. 6 déc. 1812, par des Cosaques en avant de Wilna.
Vignolle, lieut., B. et disparu, le 12 déc. 1812, affaire entre Wilna et Kowno.
de Götz, capit. (Saxon), T. 13 fév. 1813, combat de Kalisch (Pologne).
Bourgeois, capit., B. 6 mars 1813, combat de Traubritzen (Prusse).
Faurie, capit., B. 24 mars 1813, défense de Dantzig (mort).

D'Hautpoul (1), chef de bat., B.
Reguis, chef d'escad., B.
Loz de Kerven, capit., B.
Graf, lieut. (Hessois), B.
} 2 mai 1813, bataille de Lutzen.

Mallet de la Chevallerie, capit., B.
De Lavillenie, lieut., B.
Waultrin, capit., B.
Mangeon, lieut., B.
} 21 juin 1813, bataille de Vittoria.

Tailhan (2), capit., B. 28 juillet 1813, retraite de Pampelune (Navarre).
De Salaignac, chef de bat., B. 1er août 1813, au pont d'Erisson, sur la Bidassoa.
Hervo, chef d'escad., B. 20 août 1813, combat de Lauenbourg (Hambourg).
Galbaud-Dufort, capit., B. 26 août 1813, affaire de la Katzbach (Silésie).
Vincent, capit., B. 27 août 1813, bataille de Dresde.

Vanloo, capit., B.
Lesergeant, capit., B.
} 29 août 1813, combat de Bunzlau (Silésie).

Loyal, capit, B. 31 août 1813, passage de la Bidassoa.
Joudieux, lieut., B. 30 août 1813, affaire de Culm (Bohême).
Saillard, lieut., B. 13 sept. 1813, combat de Villafranca (Italie).
Farinelli, lieut. (Polonais), B. 6 oct. 1813, aux avant-postes près de Frohbourg (Saxe).

Duhamel, chef d'escad., B. 16.
Descums, capit., B. 16.
Potworowski, capit. (Polonais), B. 19.
Wezyki, capit. (Polonais), B. 18.
Lascorin, capit. (Polonais), B. 19.
Szydlowski, capit. (Polonais), B. 19.
Bertrand, lieut., B. 16.
Florentini, lieut. (Polonais), B. 18.
Delphis, lieut., B. 19.
N.   lieut. (Hessois), B. 18.
} 16, 18 et 19 oct. bataille de Leipzig.

De Coulliboeuf (3), cap., B. 2 nov. 1813, défense de Dantzig.
De Lahaye, capit. (Italien), B. 10 nov. 1813, affaire d'Ala (Italie).
Céruté (4), lieut. (Espagnol), B. 9 déc. 1813, aux avant-postes de Villafranca (Pyrénées).
Loyal, capit., B. 13 déc. 1813, combat devant Bayonne.

---

(1) Officier d'ordonnance de l'Empereur, blessé près de Kaya.
(2) Blessé étant à l'arrière-garde.
(3) Blessé dans une sortie de la garnison.
(4) Cet officier blessé dans une affaire contre de la cavalerie anglaise.

Lapoype, lieut   7 dec. 1813, défense de Wittenberg (Prusse).
Constantin, c   d. 27 janv. 1814, combat de Saint-Dizier (Haute-Marne).
Nogez, capit., l.
Dupré, capit., T   } 29 janvier 1814, bataille de Brienne (Aube).
Dé Hadel (1), cap., B. 30 janv. 1814, devant Sens (Yonne).
Degel, capit., B. 1er fév. 1814, bataille de la Rothière (Aube).
Weiland, chef l'escad., B. 4 fév. 1814, devant Chalons-sur-Marne.
De Mongene   lieut., B. 11 fév. 1814, bataille de Montmirail (Marne).
Constantin,   ., B. 18 fév. 1814, bataille de Montereau (Seine-et-Marne).
Gallet de Mox   agon, capit., B. 1er mars 1814, affaire devant Troyes (Aube).
Troquereau capit., B. 2 mars 1814, combat d'Aire (Pyrénées).
Saillard, l   ., B. 3 mars 1814, devant Troyes.
Laurent, cap   , B. 4 mars 1814, retraite de Troyes sur Nogent-sur-Seine.
De la Fontaine, capit., B. 7 mars 1814, bataille de Craonne (Aisne).
De Guichen, capit., B. 21 mars 1814, combat de Saint-Dizier (Haute-Marne).
Depoltre, lieut., T.
Farinelli, capit., B.   } 25 mars 1814, combat de Fère-Champenoise (Marne).
De Mongenet, lieut., B.
Villate, major, B. 10 avril 1814, bataille de Toulouse.
Marzac, lieut., disparu,
Gouabin, capit., B.   } 18 juin 1815, bataille de Waterloo.
Compte de Talobre, capit., B.
Filhatreau, lieut., B. 18 juin 1815, bataille de Waterloo.
Leblanc, lieut., B. 29 juin 1815, combat devant Aubervilliers (Seine).

Officiers Hors-Cadres.

Camara (2), lieut., B. 21 oct. 1805, bataille navale de Trafalgar.
Grems (3), lieut., B. 17 oct. 1806, affaire de Nordhausen (Saxe).
Guinand, colonel en 2e, B. 6 juillet 1809, bataille de Wagram.
Monnot, major en 2e, B. 23 oct., 1811, au siège du fort de Chinchilla (Espagne).
Enjalbal, lieut., B. 24 juillet 1812, par des brigands près de Madrid.
Goury, colonel, B. et disparu, 28 nov., 1812, aux ponts de la Bérésina.
D'Hébécourt (4), major, B. 19 mars 1813, par des éclaireurs Prussiens près de
    Dresde.
Verbois, colonel en 2e, B. 2 mai 1813, bataille de Lutzen.
Larché, major, B. 18 sept. 1813, combat de Toëplitz (Saxe).
Wéry, major, B. 19 oct. 1813, bataille de Leipzig.
Dode, major, B. 13 janv. 1814, défense de Wittenberg (Prusse).
Préau (5), lieut., T. 11 fév. 1814, en défendant la ville de Sens (Yonne).
Charlier (6), major, T. 11 fév. 1814, combat devant Soissons.
Maisonneuve, major, B. 30 mars 1814, par des éclaireurs Prussiens entre Lille et
    Menin.

---

(1) Cet officier servait comme officier d'ordonnance près du général Alix.
(2) Cet officier était comme passager à bord du vaisseau l'*Aigle*.
(3) Officier interprète à l'état-major du 4e corps de la grande armée (Soult).
(4) Ingénieur et ex-major de cavalerie.
(5) Officier en retraite.
(6) Commandait la Garde Nationale mobile de l'Oise.

III

ÉTAT-MAJOR DES PLACES

Commandants d'Armes.

Vanheilmann, chef de bat., T. 11 août 1811, attaque de Santander (Vieille-Castille).

Adjudants de Place.

Loguet, capit., B. 9 déc. 1805, aux portes de Fiume (Italie).
Debordes, capit., B. 14 août 1809, défense de Flessingue (mort le 19 janv. 1810).
Carayon, s.-lieut., B. 11 avril 1811, dans une affaire entre Salinas et Bergara (Espagne).
Aubelean, capit., B. 27 août 1813, au fort de Napoléon (Ile de Lesina) (Illyrie).
Lemaire, capit. B. 3 nov. 1813, par des soldats Croates à Sébenico (Illyrie).
Olivier, capit., T. 10 janvier 1814, défense de Gorcum (Hollande).
Monier, lieut., B. 13 janv. 1814, défense d'Anvers

IV

SERVICE DE SANTÉ

Chirurgiens-Majors.

Prætorius (1), B. 19 juin 1809, siège de Girone (Catalogne).
Casterman, B. 5 juillet 1809, bataille de Wagram (ambulance des ponts du Danube).
Fontaine, B. 7 sept. 1812, bataille de la Moskowa.
Léopold, B. 21 nov. 1812, combat de Borisow.
Casterman, B. 21 juin 1813, bataille de Vittoria.
Casterman, B. 13 déc. 1813, combat devant Bayonne.

Chirurgiens Aides-Majors.

Brunellé, B. 2 mai 1808, à la Puerta del Sol, insurrection de Madrid.
Arnoult, B. 19 avril 1809, par des guérillas route de Mondragon (Guipuscoa).
Dupouy, B. 6 juillet 1809, bataille de Wagram.
Calop-Durville, B. 22 sept. 1812, siège de Consuégra (Espagne).

---

(1) Officier de santé au service du Grand-Duché de Berg.

Chirurgiens Sous-Aides-Majors.

Casterman, B. 22 juin 1807, devant Kœnigberg (Prusse).
Crouzit, B. 27 déc. 1808, affaire de la Jonquière (Catalogne).
François, B. 6 juillet 1809, bataille de Wagram.
Kremers, B. 8 janv. 1810, dans les gorges de Neurcal-Vera (Espagne).
Trigance, B. nov. 1810, au siège de Tortose (Catalogne).
Gennesaux-Baron (1), B. 6 sept. 1812, à l'Hôpital de Grenade (mort le 17).
Stinicki (Polonais), B. 21 nov. 1812, combat de Borisow.
N. (2), B. 20 juin 1813, à l'hôpital de Dignano (Illyrie), mort le soir.
Villas, B. 9 juillet 1813, combat de la Salud (Catalogne).
Laugier, B. 14 oct. 1813, par des éclaireurs Prussiens, près de Leipzig.
Grandjean, B. 15 déc. 1813, défense de Magdebourg.
Mugnot, B. 4 juillet 1815, combat devant Belfort (mort le 19 sept).

Pharmaciens Sous-Aides-Majors.

Tabouret (3), B. présumé assassiné en avril 1809, route de Burgos (Vieille-Castille).

V

ADMINISTRATION DE L'ARMÉE

Sous-Inspecteurs aux revues.

Lebrun, B. 12 mai 1810, combat contre des brigands, route de Madrid à l'Escurial.

Adjoints aux Inspecteurs aux revues.

Lebrun, B. juin 1809, par des brigands près de Tolosa (Guipuscoa).

Commissaires des Guerres.

Cadalven, B. 21 juillet 1808, par des Guérillas au pont de Cammaguo (Catalogne).
Gini (Italien), B. 6 oct. 1808, affaire près de Barcelonne.
Fourès, B. 10 juin 1809, prise de Santander (Vieille-Castille).
Jeannot, T. 4 août 1809, affaire de la division Rouyer, près de Brixen (Tyrol).
Sapia, B. 6 oct. 1809, par des brigands, près de Vich (Catalogne).
Hall, B. 3 nov. 1810, par des brigands, route de Santarem (Portugal).

---

(1) Blessé en protégeant ses malades à l'Hôpital de Grenade.
(2) Blessé par des insurgés.
(3) Assassiné en se rendant de Burgos à Madrid.

Adjoints aux Commissaires des Guerres.

Tierce, B. oct. 1808, par des brigands, route de Figuières (Catalogne).
Penot, B. 3 nov. 1808, en défendant un convoi de vivres, route de Barcelonne.
Nivières, B. 1ᵉʳ déc. 1808, par des Guérillas, près de Madrid.
Fouet, B. 17 janv. 1809, affaire près de Saragosse (Aragon).
Marette, B. 4 août 1809, affaire près de Brixen (Tyrol).
Desergault de Nodery (1), B. 1ᵉʳ fév. 1811, par des brigands à Talavera de la Vieja.
Bunel, B. 25 mars 1814, combat de Fère-Champenoise (Marne).

Service du Trésor.

Ricot, Directeur, T. 25 mai 1809, par des partisans de Schill à Stralsund (Poméranie).

Service des Postes.

De Courville, Directeur, B. 28 nov. 1812, à la Bérésina.

VI

SERVICES DES HOPITAUX ET DES SUBSISTANCES

Simonnin, Inspecteur, B. 20 mai 1809, par des partisans, route de Laybach (Illyrie)
Tyrion, Employé, assassiné le 20 sept. 1809, entre Zamora et Toro (Roy de Léon).
Sènes, Inspecteur, B. 31 juillet 1810, au village de Villalonbrozo, près de Palencia (Estramadure).
Lagrange, Directeur, B. 1ᵉʳ janvier 1812, affaire près de Llerena.
Rivet de la Thibaudière (2), Inspecteur, B. 1ᵉʳ oct. 1812, à Houza, près de Moscou.
Desjardins, Employé, B. 4 mars 1813, par la populace à Berlin.
Touret, Employé, B. 21 mai 1813, bataille de Bautzen.
Chazal, Employé, B. 22 août 1813, en escortant un convoi de vivres sur Borna (Saxe).
Senkeisen, Employé, B. 28 oct. 1813, par des Eclaireurs Bavarois entre Erfurth et Gotha.
Senkeisen, Employé, B. 30 janv. 1814, en escortant un convoi de blessés à Maubert-Fontaine.

---

(1) Accompagnait le général Vaguair de Marisy, qui se rendait à Madrid.
(2) Blessé par des Cosaques.

VII

GARDE IMPÉRIALE

Infantérie.

Rég^t de fusiliers Grenad.	Macaire, s.-lieut., B. 30 mars 1814, bataille de Paris.
1er Rég^t de Tirailleurs.	Jean, s.-lieut., B. 1er fév. 1814, bat. de la Rothière (Aube).
—	Jean (1), s.-lieut., B. 12 mars 1814, aux avant-postes près de Soissons.
—	Regnault, capit., B. 17 mars 1814, sur les hauteurs de Crouy, près de Soissons.
—	Dieulin, capit., B. 18 juin 1815, bataille de Waterloo.
2e Rég^t —	Praissac de Nogaret, s.-lieut., B. 2 mai 1813, bataille de Lutzen (Saxe).
—	Praissac de Nogaret, lieut., B. 27 août 1813, bat. de Dresde.
3e Rég^t —	Cayroche, s.-lieut., B. 12 oct. 1811, affaire contre les Guérillas (En Biscaye).
—	Maier, s.-lieut., T. 11 fév. 1814, bat. de Montmirail (Marne).
—	Plumart, lieut., B. 18 juin 1815, bataille de Waterloo.
4e Rég^t —	Durège de Beaulieu, lieut., B. 28 nov. 1812, bataille de la Bérésina.
—	Poullet, capit., B. avril 1814, à Lille dans une émeute.
6e Rég^t —	Demanny, s.-lieut., B. 17 nov. 1812, bataille de Krasnoë.
7e Rég^t —	La Coste, s.-lieut., B. 1er fév. 1814, bataille de la Rothière.
—	La Coste, s.-lieut., B. 3 mars 1814, combat de Troyes (Aube).
—	Zevort, capit., B. 25 mars 1814, combat de Fère-Champenoise (Marne).
10e Rég^t —	Degeilh, s.-lieut., B. 1er fév. 1814, combat de la Rothière.
11e Rég^t —	Dion, capit., B. 11 janv. 1814, combat d'Hoogstraten, près d'Anvers.
12e Rég^t —	Collier (2), s.-lieut., B. 23 déc. 1813, devant Breda (Hollande).
—	Blanquart de Bailleul, s.-lieut., B. 2 fév. 1814, combat devant Anvers.

---

(1) Par une patrouille de hussards Prussiens.
(2) Dans une reconnaissance.

12e Reg¹ de Tirailleurs. — Blanquart de Bailleul, s.-lieut., B. 28 mars 1814, combat de Claye (Seine-et-Marne).

14e Rég¹ — Beaux, capit., B. 25 mars 1814, combat de Fère-Champenoise (Marne)

Rég¹ de Flanq.-Grenad. — Briche, lieut., B. 13 mars 1814, combat devant Soissons.

1er Rég¹ de Chasseurs. — Laurent, capit., B. 6 juillet 1809, bataille de Wagram.

2e Rég¹ — Lamouret, capit., B. 30 oct. 1813, bataille de Hanau (Hesse-Nassau).

— Mélissant, lieut., A. M. B. 10 mars 1814, combat devant Laon (Aisne).

Rég¹ de fusiliers Chasseurs. — Rivet, lieut., B. 3 nov. 1813, défense de Dantzig.

— Pompéjac, colonel-major, B. 11 fév. 1814, bataille de Montmirail (Marne).

— Deschamps, chef de bat., B. 11 fév. 1814, bataille de Montmirail.

1er Rég¹ de Voltigeurs. — Mortemer, cap. B. } 29 janv. 1814, bataille de Brienne
— Bronds, s.-lieut., B. } (Aube).

— Brunin, lieut., B. 6 mars 1814, aux avant-postes devant Craonne (Aisne).

2e Rég¹ — Charlet (1), lieut., B. 4 mai 1812, près de Mondragon (Espagne) (Guipuscoa).

— Corbel, capit., B. 29 janv. 1814, bat. de Brienne (Aube).

— Guyot, s.-lieut., B. 7 mars 1814, bat. de Craonne (Aisne).

3e Rég¹, — Prisse (2), lieut., B. 17 juin 1811, à Manilla (Leon).

— Ducharreau, capit., B. 16 mai 1811, dans une reconnaissance en Espagne, route de Burgos.

— Bourget (3), lieut., B. 15 août 1812, près de Logrono (mort le 31).

— Melchior, lieut., A. M. B. 23 octobre 1813, près de Weissenfels (Prusse).

— Melchior, lieut., A.M.B. 7 mars 1814, bat. de Craonne (Aisne).

— Chiruvaux, s.-lieut., B. 7 mars 1814, bat. de Craonne.

— Festy, lieut., B. 10 mars 1814, bataille de Laon.

4e Rég¹ — Morel, s.-lieut., B. 17 nov. 1812, bat. de Krasnoë (Russie).

— Oresve, lieut., B. 25 mars 1814, combat de Fère-Champenoise (Marne).

— Laval, s.-lieut., B. juin 1815, blocus de Soissons.

5e Rég¹ — Godefroy, cap., B. 11 fév. 1814, bat. de Montmirail (Marne).

— Fabre, capit., B. } 30 mars 1814, bataille de Paris.
— Martin, lieut., B. }

6e Rég¹ — Leclerc, chef de bat., B. 18. }
— Flambard, lieut., B. 18. } 18 oct. 1813, bat. de Leipzig.
— Masson de Saint--Amand, s.-lieut., B. 18. }

---

(1) Etant en colonne mobile.
(2) En escortant un convoi de blessés à Burgos.
(3) Blessé en conduisant un détachement à Pampelune.

6ᵉ Régᵗ de Voltigeurs.	Masson de Saint-Amand, lieut., B. 17 mars 1814, défense du village de Crouy (Aisne).
—	Molerat, capit., B. 30 mars 1814, bataille de Paris.
7ᵉ Régᵗ —	Latour (1), s.-lieut., B. 11 juin 1811, affaire de Salar (Espagne).
—	Roche, s.-lieut., B. 4 fév. 1814, aux avant-postes, près de la Rothière (Aube).
8ᵉ Régᵗ —	Vernadet, chef de bat., B. 18 oct. 1813, bat. de Leipzig.
9ᵉ Régᵗ —	Roussel, s.-lieut., B. 11 fév. 1814, bataille de Montmirail.
10ᵉ Régᵗ —	Ginouillac, s.-lieut., B. } 18 oct. 1813, bataille de Leipzig.
—	Florquin, lieut., B. }
—	Florquin, lieut., B. 30 mars 1814, bataille de Paris.
11ᵉ Régᵗ —	Danel, s.-lieut., B. } 30 mars 1814, bataille de Paris.
—	Janon, s.-lieut., B. }
12ᵉ Régᵗ —	Hermann, s.-lieut., B. 16 oct. 1813, bataille de Leipzig.
—	Jacquelin, s.-lieut., B. 11 janv. 1814, combat d'Hoogstraten près d'Anvers.
13ᵉ Régᵗ —	Simard, s.-lieut., B. 11 janv. 1814, combat d'Hoogstraten.
—	Grobert, s.-lieut., B. 30 mars 1814, bataille de Paris.
14ᵉ Régᵗ —	Gilly, capit., B. } 7 mars 1814, bataille de Craonne.
—	Tuaillon, lieut., B. }
—	Charrel, s.-lieut., B. 7 mars 1814, bataille de Craonne (Aisne).
Régᵗ de Flanq.-chasseurs.	Lavaisse, capit., B. 26 août 1813, bataille de Dresde.
—	Lavaisse, capit., B. 7 mars 1814, bataille de Craonne.
Bat. de Vélites de Florence.	Romain, capit., B. 25 mars 1814, combat de Fère-Champenoise.
Bat. de Vélites de Turin.	Léotard, s.-lieut., B. 9 mars 1814, bataille de Laon.

Cavalerie.

Régᵗ de Grenad. à cheval.	Lefebvre, lieut., B. 6 juillet 1809, bataille de Wagram (mort le 25 août).
—	Parturier, lieut., B. 14 avril 1811, près de Palencia (mort le 16) (Estramadure).
—	Miltgen, lieut., B. 11 fév. 1814, bat. de Montmirail.
—	Tandeau de Chabanne, lieut., B. 7 mars 1814, bat. de Craonne.
—	Noël (2), lieut., B. 20 mars 1814, près de Méry-sur-Seine (Aube).
—	Schmidt, capit., B. 18 juin 1815, bataille de Waterloo.
Régᵗ de Dragons.	Landry Saint-Aubin, lieut., B. 13 nov. 1811, en Espagne (en rentrant en France), route de Vittoria.
	Landry Saint-Aubin, lieut., B. 25 oct. 1812, combat près de Malojaroslawetz (Russie).

(1) Cet officier appartenait au régiment de la Garde Nationale de la Garde. — Devenu 7ᵉ Régiment de Voltigeurs en 1813.

(2) Blessé en chargeant à la tête de son peloton un groupe de cosaques.

Rég^t de Dragons.	Wolbert, lieut., B. 2 mai 1813, bataille de Lutzen (Saxe).
—	Charpillet, lieut., B. 18 juin 1815, bataille de Waterloo.
—	Legrand, capit., B. 19 sept. 1815, sur la place de Richelieu étant de service.
Rég^t de Chass. à cheval.	Brunet, lieut., B. 29 janv. 1814, bataille de Brienne.
—	Numance de Girardin, s.-lieut , B. 7 mars 1814, bataille de Craonne.
—	Durocq, lieut., B. 30 mars 1814, bataille de Paris.
—	Foulon, lieut., B. 31 mars 1814, combat de Courtrai (Belgique).
—	Brunet, lieut., B. 18 juin 1815, bataille de Waterloo.
Compagnie de Mamelucks.	Elias-Massad, lieut., B 2 mai 1808, insurrec. de Madrid.
1er Rég^t de Chevau-Légers.	Pac (L), chef d'escad., B. 14 juillet 1808, bataille de Médina del Rio Secco (Roy-de-Léon).
—	Brocki, lieut., B. 9 déc. 1808, combat de Santa-Cruz (Espagne).
—	Fichnowski, lieut., B. 28 juillet 1812, devant Witepsk (Lithuanie).
—	Horaczko, lieut., 24 sept. 1812, près de Podolsk (en avant de Moscou).
—	Kostworowski, lieut., B. 22 mai 1813, combat de Reichenbach (Saxe).
—	Nowicki, lieut., B. 27 août 1813, bataille de Dresde.
—	Mierzejewski, lieut., B. 18.
—	Nowicki, lieut., B. 18. } 18 octobre 1813, bataille de Leipzig.
—	Knjawski, lieut., B. 18.
—	Mierzejewski, capit., B.
—	Wonsowiez, lieut., B. } 30 oct. 1813, bat. de Hanau.
—	Mikulowski, lieut., B.
—	Mikulowski, lieut., B. } 29 janv. 1814, bat. de Brienne.
—	Daskiewiez, lieut., B.
—	Jerzmanowski, chef d'esc., 7 mars 1814, bat. de Craonne.
—	Daskiewicz, lieut., B. 30 mars 1814, bataille de Paris.
2e Rég^t —	Wacker-Vanzon, lieut., T. 25 sept. 1812, affaire en avant de Moscou.
—	De Foblant, s.-lieut., B. 24 janv. 1814, combat devant Liège (Belgique).
—	Rogier, s.-lieut., B. 1er fév. 1814, bataille de la Rothière.
—	Jerzmanowski, major, B. } 18 juin 1815, bataille de Waterloo.
—	Silva, lieut., B.
Escadron de Tartares (Lithuaniens).	Korycki-Murza, capit., B.
	Achmatowicz-Bila-Murza, lieut.
—	Michalowski, lieut., B. } 11 déc. 1812, combat aux portes de Wilna.
—	Mucha-Mustafa, s.-lieut., B.
—	Tupalski, s.-lieut., B.
—	Ulan (A.), lieut., B.
1er Rég^t d'Eclaireurs (1).	Thomas, s.-lieut., B. 7 mars 1814, bataille de Craonne.

---

(1) Régiments d'Eclaireurs formés en 1814.

1er Régt d'Éclaireurs.	Lavillasse, chef d'esc., B. 10	10 et 11 mars 1814, bataille
—	Thomas, s.-lieut., B. 11.	de Laon.
2e Régt —	Jonglas, capit., B. 7 mars 1814, bataille de Craonne.	
—	Cambolas, lieut., B. 12 mars 1814, combat devant Reims.	
1er Régt de Garde d'hon.(1)	Menuret de Chambaud, lieut., B. 21 fév., 1814, combat de Château-Thierry.	
—	Menuret de Chambaud, lieut., B. 13 mars 1814, reprise de Reims.	
—	Desarbres, lieut., B. 13 mars 1814, reprise de Reims.	
3e Régt —	De Montsorbier, lieut., B. 28 oct. 1813, près d'Erfurth (par des cosaques).	
—	De Montarieu, lieut, B 13 mars 1814, reprise de Reims.	
4e Régt —	De Colleville, s.-lieut., B. 30 oct. 1813, bataille de Hanau.	

Artillerie.

Régt à pied (Vieille Garde).	Evain, capit., B. 17 nov. 1812, bataille de Krasnoë.
Régt à pied (Jeune Garde).	Coteau, lieut., B. 21 mai 1813, bataille de Wurchen (Saxe).
Bat. principal du Train.	Dubois (2), s.-lieut., B. 7 sept. 1812, bataille de la Moskowa.
Bataillon bis du-Train.	Carpentier (2), s.-lieut., B. 18 oct. 1813, bataille de Leipzig.

VIII

GENDARMERIE

Légions Départementales.

5e Légion. — *Cie de la Vendée.*	Bernard, lieut., B 10 mai 1813, étant à la poursuite de brigands en Vendée.	
26e Légion. — *1re Gie Corse.*	Emilie, lieut., B. 29 juin 1805, en poursuivant des bandits près de Bastia.	
28e Légion. — *Cie de Marengo.*	Gonin, lieut., T. nuit du 12 au 13 avril 1806, par des brigands près d'Alexandrie.	
31e Légion. — *Cie de l'Istrie.*	Delorme (3), chef d'escad., B.	
— *Cie de la Corniole.*	Petkovich, capit., B.	8 fév. 1814, bat.
— *Cie de la Croatie.*	d'Olendon, lieut., B.	du Mincio.
— *Cie de la Croatie.*	Blondel, lieut., B.	
— *Cie de la Carinthie.*	Guyot, lieut., B. 3 mars 1814, combat de Parme.	

(1) Régiments de gardes d'honneurs formés en 1813.

(2) Les bataillons du Train d'Artillerie — sont formés en Régiments de Vieille et de Jeune Garde, en 1813.

(3) A la fin de 1813, les différentes compagnies de cette Légion évacuent les pro-

Légions d'Espagne.

2e Légion. —	Dommange, l., B. 7 avril 1811, en escortant des prisonniers à Saragosse (Aragon).
— —	Prévins, lieut , B. 16 déc. 1813, défense du château de Monzon (Aragon).
3e Légion. —	Olry, lieut., B. 3 juin 1812, par des brigands, route de Barbasto (Navarre).
4e Légion. —	Galté, cap., B. 6 avril 1813, combat devant Bilbao.
— —	Pernot, lieut., B. 14 nov. 1813, affaire du pont d'Asquin (Pyrénées).
5e Légion. —	Viquenel, lieut., B. 5 sept. 1812, combat d'Odogna.
Régiment de Gendarmerie à pied.	Caselli (1), capit., B.
—	Rocroy, lieut., B. } 31 août 1813, au pont de la Bidassoa.
—	Gallié, lieut., B.
—	Bollot (2), s.-lieut., B. 11 oct. 1813, affaire sur les Pyrénées.

IX

INFANTERIE DE LIGNE

1er Régiment.	Devérité, s.-lieut., B. 26 déc. 1806, affaire de Longobardi (Calabre).
—	Mondon, capit., B. 22 juillet 1812, bataille des Arapiles (Salamanque).
—	Villedary, lieut., B. 18 oct. 1813, bataille de Leipzig.
—	Beaujean, lieut., B. 18 juin 1815, bataille de Waterloo.
2e Régiment.	Molié, lieut., B. 22 mai 1809, bataille d'Essling.
—	Doret, capit., B. 17 oct. 1809, en forçant le pont de Camagne près de Figuières.
—	Chansaud, s.-lieut., B. } 18 août 1812, bataille de Polotsk.
—	Lorry, s.-lieut., B.
—	Trippier, chef de bat., B.
—	Goudrias Clary de Nussac, lieut., B. } 18 oct. 1812, combat de Polotsk.
—	Lorry, s.-lieut., B.
—	Lafont, lieut., B. 28 avril 1813, combat sur l'Elbe (mort le 16 mai).
—	Pierret, s.-lieut., T. 25 janv. 1814, aux avant-postes près de Brienne.
—	Darracq, s.-lieut., B. 1er avril 1814, défense de Besançon.

---

vinces Illyriennes et se retirent sur Milan, où elles sont rattachées au quartier général de l'armée d'Italie (Prince Eugène) : elles prennent part à la fin de la campagne de 1814.

(1) Le 25 août 1813, la gendarmerie à pied des 3e, 4e et 5e Légions forment un régiment à 2 bataillons au camp d'Orogne : ce régiment est commandé par le colonel Mathis.

(2) Cet officier est blessé dans un combat contre de la cavalerie anglaise.

3e Rég¹ (1). Mac-Shéehy, cap., B. }
— Fouquier, capit., B. } 19 avril 1809, combat de Thann (Bavière).
— Destrais, lieut., B. }
— Mac-Shéehy, capit., B 17 juillet 1812, affaire de Guttaria (Navarre).
— Lousteau, capit., B. 28 janv. 1813, dans une affaire, route de Vittoria
— Leceine, s.-lieut., B. 21 juin 1813, bataille de Vittoria.
— Cassinat, s.-lieut., B. 16 sept. 1843, combat de Goerde, devant
    Hambourg.
— L'Homme, s.-lieut., B. 3 nov. 1813, aux avant-postes sur les Pyrénées.
— Cassinat, lieut. B. (mort le 21). }
— Niclas, lieut. B (mort le 15 } 9 fév. 1814, combat devant Hambourg
    mars).
— Cuffel, s.-lieut., B. 27 fév. 1814, combat de Bar-sur-Aube.
— Tourbier, capit., B. 16 juin 1815, bataille de Ligny.
4e Régiment. Mercier, cap., B. 8 fév. 1807, bataille d'Eylau.
— Moisset, s.-lieut., B. 6 juillet 1809, bataille de Wagram.
— Eudel, capit., B. 18 août 1812, bataille de Smolensk.
— Ysard, cap., B. }
— Sonnier, s.-lieut., B. } 7 sept. 1812, bataille de la Moskowa.
— Chaillon, s.-lieut., B. 18 nov. 1812, bataille de Krasnoë.
— Eudel, capit., B. 28 nov. 1812, bataille de la Bérésina.
— Sire, lieut., B. 13 déc. 1812, affaire à la montée de Kawna (Lithuanie).
— Emery, s.-lieut., B. 1er fév. 1814, bataille de la Rothière.
— Michel, lieut., B. 30 mars 1814, bataille de Paris, mort le 7 avril).
5e Régiment. Mariage (2), lieut., B. 30 oct. 1805, combat de Caldiéro (Italie).
— Bourgeois, s.-lieut., B. 17 juin 1806, au blocus de Raguse (Dalmatie.
— Perrot, capit., B. 27 sept. 1806, affaire près de Castelnovo (Dal-
    matie.
— Perrot, capit., B. 7 juin 1807, en escortant un convoi de munitions
    à Raguse (Dalmatie).
— Bizien, chef de bat., B. 9 juillet 1809, combat de Hollabrunn (Au-
    triche).
— Saudrat, lieut., B. 16 nov. 1809, combat de Méran (Tyrol).
— Luzu, capit., B. 16 déc. 1809, affaire dans le Tyrol, route de Méran.
— Bousson, s.-lieut., B. 22 mars 1813, près de Carascal (Espagne).
— Dugabé, s.-lieut., B. 22 mai 1813, bataille de Bautzen (Saxe).
— Bousson, s.-lieut., B. 1er août 1813, en conduisant un détachement
    du dépôt à Barcelonne (affaire contre des brigands près du Girone).
— Jaume, lieut., T. 19 oct. 1813, bataille de Leipzig.
— Thill, capit., B. 13 nov. 1813, aux avant-postes sur les Pyrénées.
6e Régiment. L'Homme de la Pinsonnière, s.-lieut., B. 1er sept. 1806, combat de
    Camerotta (Calabre).
— L'Homme de la Pinsonnière, s.-lieut., B. 23 août 1807, en Calabre,
    dans une embuscade, près de Reggio.

____

(1) Les compagnies d'élites des quatre bataillons firent seules la campagne d'Espagne
de 1811 à 1813 : elles furent formées en deux bataillons de quatre compagnies. — Le
1er bataillon des quatre compagnies de voltigeurs et le 2e bataillon des quatre compagnies de grenadiers, formant un régiment d'élite sous les ordres du major.
(2) Blessé dans une affaire contre la cavalerie autrichienne.

6e Régiment. Biche, lieut., B. 1er juillet 1815, au pont de Souvans (Jura)

7e Régiment. Lecomte, capit., B. 17 fév. 1809, 2e combat de Masquefat (Catalogne).

— Ferrery, s.-lieut., B. 24 janv. 1810, combat de Moyette (Catalogne).

— Erhard, chef de bat., B. 17 fév. 1810, en Catalogne (en escortant un convoi de blessés).

— Ferrery, s.-lieut., B. 1er avril 1810, combat de Villafranca (Espagne).

— Lecomte, capit., B. 23 nov. 1810, à San-Celoni (Catalogne).

— Gautier (1), s.-lieut., B. 8 fév. 1814, bataille du Mincio (Italie).

— Malavialle (2), lieut., B. 14 mars 1814, combat de Villefranche, près de Lyon.

8e Régiment. Triquera, s.-lieut., B. 25 janv. 1807, combat de Mohrungen (Prusse).

— Duminy, lieut., B. 16 fév. 1807, combat d'Ostrolenka (Pologne).

— Dupin, s.-lieut., B. 14 juin 1807, bataille de Friedland (Prusse).

— Triquera (3), lieut., B. 14 mai 1809, à Zamora (Royaume de Léon).

— Triquera, lieut., B. 9 janv. 1809, affaire du pont d'Alcantara (Estramadure).

— Campion, s.-lieut., B. 28 juillet 1809, bataille de Talavera de la Reyna (Tolède).

— Rousset, lieut., B. 25 juillet 1813, devant Pampelune (Navarre).

— De Lasbordes (4), capit., B. 30 juillet 1813, devant Pampelune).

— Desplanques, capit., B. 31 août 1813, combat sur la Bidassoa.

9e Régiment. Maly, lieut., B. et assassiné fév. 1806, dans une rue de Bologne (Italie).

— Demange (E.), lieut., B. 2 mai 1809, combat de Montebello (Italie).

— Savard, s.-lieut., B. 2 mai 1809, combat de Montebello

— Laporte, capit., B.

— Roudières, capit., B.

— Genty, capit., B.

— Heveur, lieut., B.   } 6 juillet 1809, bataille de Wagram (Autriche).

— Beneyton, lieut., B.

— Pradel, lieut., B.

— Arnaud, s.-lieut., B.

— Soffréon, s.-lieut., B.

— Savard, lieut., B. 27 juillet 1812, combat d'Ostrowno (Russie).

— Bouchou-Dubournial, lieut., B. 7 sept. 1812, bataille de la Moskowa.

— Gondrand, s.-lieut., B. 3 nov. 1812, combat de Wiasma (Russie).

— Savard, capit., B. 12 nov. 1812, affaire près de Smolensk.

— Ledoux, s.-lieut., B. 19 sept. 1813, combat d'Halembourg (Illyrie).

10e Régiment. Dubalen, chef de bat., B. 8 juillet 1812, combat près d'Aranda (Espagne).

— Lecrenière, capit., B. 23 déc. 1812, passage de la rivière de Véra (Espagne).

— Latour, s.-lieut., B. 2 mai 1813, bataille de Lutzen (Saxe).

— Lacave, s.-lieut., B. 20 mai 1813, bataille de Bautzen.

---

(1) 3e et 4e bataillons à l'armée d'Italie (Prince Eugène).

(2) 1er et 2e bataillons à l'armée de Lyon (Augereau).

(3) Cet officier fut blessé dans une reconnaissance près de Zamora

(4) Cet officier fut blessé dans une charge contre de la cavalerie anglaise.

10e Régiment. Jonas, s.-lieut., B. 23 août 1813, combat de Goldberg (Silésie).
— Boung, lieut., B. 19 oct. 1813, bataille de Leipzig.
— Barbe, lieut., B. 30 oct. 1813, bataille de Hanau.
— Sudrie, lieut., B. 17 fév. 1814, combat de Sauveterre (B.-Pyrénées).
— Sadourny (1), capit., B.
— Juette, capit., B. } 27 fév. 1814 bataille d'Orthez.
— Vébert, s.-lieut., B.
— Sudrie, capit., B.
— Dubois, lieut., B. } 10 avril 1814, bataille de Toulouse.
— Faure, s.-lieut., B.
— Corbière, s.-lieut., B. 18 juin 1815, bataille de Waterloo.

11e Régiment. Chapelle, capit., B. 15 avril 1809, aux avant-postes de Sacile (Italie).
— Gaubert (2), capit., B. 6 juillet 1809, bataille de Wagram.
— Castel, s.-lieut., B. 11 juillet 1809, bataille de Znaïm (Moravie).
— Gaubert, capit., B. 10 avril 1811, au blocus de Figuières (Catalogne).
— Fremlet, s.-lieut., B. 29 juillet 1812, prise du Mont-Serra (Catalogne).
— Guitard, lieut., B. 31 mars 1813, défense du fort de Mora, près de Tortose.
— Baldy, capit., B. 18 oct. 1813, bataille de Leipzig (Saxe).
— Cayasse, capit., B. 30 oct. 1813, bataille de Hanau (mort le 2 novi).
— Robine, s.-lieut., B. 31 oct. 1813, bataille de Hanau.
— Tisserand, lieut., B. 13 janv. 1814, défense de Wittenberg (Prusse).
— Hubert (3), capit., B. 3 fév. 1814, combat de la Chaussée (Marne).
— Méhée, lieut., B.
— Gaignet, s.-lieut., B. } 18 juin 1815, bataille de Waterloo.

12e Régiment. Poulle, capit., B. 22 mai 1809, bat. d'Essling près de Vienne (Autriche).
— Galabert, lieut., B. 18 août 1812, bataille de Smolensk (Russie).
— Thierry, capit., B.
— Sabouraud, lieut., B. } 19 août 1812, combat de Valoutina-Gora (Russie).
— Montreuil, lieut., B.
— Roux, capit., B.
— Weiss, s.-lieut., B. } 7 sept. 1812, bataille de la Moskowa.
— Marchand, s.-lieut., B.
— Lafargue, capit., B. 30 août 1813, affaire de Culm (Bohême).
— Girard (4), s.-lieut., T. 8 mars 1814, surprise de Berg-op-Zoom (Hollande).
— Chapuis, capit., B. 20 mars 1814, combat d'Arcis-sur-Aube.

13e Régiment. Renard (5), chef de bat., B.
— Rozé, lieut., B. } 16 nov. 1805, combat d'Hollabrunn (Autriche).
— Dernelle, lieut., R.
— Gosse, s.-lieut., T.
— Dumont, s.-lieut., B. } 6 juillet 1809, bataille de Wagram.

---

(1) Cet officier appartenait au 1er bataillon.
(2) Cet officier appartenait au 4e bataillon.
(3) Cet officier appartenait au 3e bataillon.
(4) Cet officier appartenait au 3e bataillon.
(5) Les Compagnies d'élite de ce régiment formèrent un bataillon qui prit part à la campagne de 1805, division Oudinot.

13e Régiment. Brequigny (F.), capit., B. 24 mai 1813, bat. de Wurschen (Saxe).
—   Rehm, capit., B.
—   Sauvoy, s.-lieut., B.   } 8 sept. 1813, combat devant Torgan (Saxe).
—   Thévenet, s.-lieut., B.
—   Drely, capit., B. 3 oct. 1813, combat de Wartembourg (Saxe).
14e Régiment. Daussy, chef de bat., B. 24 déc. 1806, passage du pont de Kolomzumbia (Pologne).
—   Molènes, s.-lieut., B. 10 juin 1807, bataille d'Heilsberg (Prusse).
—   Méniel, capit., B. 3 fév.   } 1809, siège de Saragosse (Aragon).
—   Péan, s.-lieut., B. 16 janv.
—   Pyrault, s.-lieut., B. 16 mai 1809, combat de Monzon (Espagne) (Aragon).
—   Muiron, s.-lieut., B. 25 juin 1810, combat de Morella (Aragon).
—   Ferran, capit., B. 5 nov. 1810, affaire de la Jana (Aragon).
—   Muiron, lieut., B. 24 juin 1811, siège de Tarragone (Catalogne).
—   Laugier (1), s.-lieut., B. 5 mars 1813, défense de Dantzig (Prusse).
—   Rabier, lieut., B. 12 avril 1813, combat de Villena (Espagne).
—   Lauzavecchia, capit., B. 18.   } 16 et 18 oct. 1813, bataille de Leipzig.
—   Lounoy, s.-lieut., B. 16.
15e Régiment. Reynaudy, capit., B. 6 fév. 1806, combat naval de Santo-Domingo (Antilles).
—   Cabannes, s.-lieut., B. (mort le 24 juillet.).   } 14 juin 1807, bataille de Friedland.
—   Tuault, lieut., B.
—   Rey, s.-lieut., T. 15 janv. 1809, combat devant la Corogne (Galice).
—   Dumas, capit., B. 29 mars 1809, bataille d'Oporto (Portugal).
—   Dumas (2), capit., B. 12 mai 1809, retraite d'Oporto.
—   Maillard, capit., B. déc. 1809, affaire en avant de Logrono (Vieille-Castille).
—   Montfort (3), chef de bat., T. 16 fév. 1811, à Torres-Novas (Portugal).
—   Semel, lieut., B. 23 juin 1812, défense du fort de Salamanque (Roy. de Léon).
—   Deschamps, s.-lieut., T.
—   Herron, lieut., T.   } 28 juil. 1813, retraite de Pampelune (Navarre).
—   Girard, s.-lieut., B. (présumé tué).
—   Lambert, lieut., B. 7 oct. 1813, combat du Pont d'Irun (Guipuscoa).
—   Cousin dit Colsin, capit., B. 19 (présumé mort).   } 19 oct. 1813, bataille de Leipzig.
—   Berland, s.-lieut., B. 19 (présumé mort.
—   Beau, capit., B. 6 nov. 1813, défense de la citadelle d'Erfurth (Prusse).
16e Régiment. Pernot, capit., B.   } 21 oct. 1805, bataille navale de Trafalgar.
—   Courtois, lieut., B.

---

(1) Cet officier appartenait au 4e bataillon (10e corps Rapp).
(2) Blessé en défendant le convoi de la division.
(3) Tué pendant la retraite de l'armée de Portugal.

16ᵉ Régiment. Lepage, capit., B. 19 juin 1809, au siège de Girone (Catalogne).
— Marchal, chef de bat., B. 6 juillet 1809, bataille de Wagram.
— Rieff, lieut., T. 12 juin 1810, combat d'Olot (Espagne).
— Levesteau, s -lieut., B. 28 mai 1811, siège de Tarragone (Catalogne).
— Falc, s,-lieut., B.
— Levesteau, s.-lieut., B. ⎫ 25 août 1812, combat d'Utel (Arragon).
— Debray, s.-lieut., B. ⎭
— Grosjean, s.-lieut., B. 14 fév. 1814, combat de Vauchamps.
— Duval, cap., B. 30 mars 1814, bataille de Paris.
17ᵉ Régiment. Hervet, lieut., B. 18 nov. 1812, bataille de Krasnoë.
— Trouslot, capit., B. 29 août 1813, affaire de Culm (Bohême).
— Catouhet, lieut., B. 18 juin 1815, bataille de Waterloo.
18ᵉ Régiment. Ravier, colonel, B. ⎫ 16 nov. 1805, combat d'Hollabrün
— Ravier, s.-lieut., B. ⎭ (Autriche).
— Pelleport, capit., A. M. B. ⎫
— Bitoux, capit., B. ⎪
— Raymond (L.), capit., B. ⎪ 2 déc. 1805, bataille d'Austerlitz
— Cousin, lieut., B. ⎬ (Moravie).
— Dabeaux, s.-lieut., B. ⎪
— Rif, s.-lieut., B. ⎭
— Reymond (L.), capit., B. 7 fév. 1807, bataille d'Eylau (Prusse).
— Lamarre, lieut., B. 10 juin 1807, bataille d'Heilsberg.
— Dervieux, s.-lieut., B. 3 mai 1809, combat d'Ebersberg (Bavière).
— Cottel, s.-lieut., B. 11 juillet 1809, bataille de Znaïm (Moravie).
— Lapret, s.-lieut., B. 7 nov. 1812, route de Smolensk par des Cosaques.
— Denuelle, lieut. T. ⎫
— Tremaux, capit., A. M. B. ⎪
— Visdeloup, lieut., B. ⎪
— Boulard, lieut., B. ⎬ 18 nov. 1812, bataille de Krasnoë.
— Spanoche, s.-lieut., B. 17. ⎪
— Drossius, s.-lieut., B. ⎭
— Pons (1), s.-lieut., T. ⎫ 27 août 1813, combat de Lübnitz, près
— Leblanc (1), s.-lieut., B. ⎭ de Magdebourg.
— Heckmann, capit., B. ⎫
— Gorski, capit., B. ⎬ 18 oct. 1813, bataille de Leipzig.
— Godizewski, capit., B. ⎭
— Aubin, lieut., B. (présumé ⎫
     mort). ⎬ 30 oct. 1813, bataille de Hanau.
— Fillette, capit., B. ⎭
— Signoret, capit., A. M. B. ⎫ 29 janv. 1814, bataille de Brienne.
— Lefèvre, s.-lieut., B. ⎭
— Godicheski, capit., T. ⎫ 1ᵉʳ fév. 1814, bataille de la Rothière.
— Bourgail, s.-lieut., B. ⎭
— Marina, lieut., B. 9 juillet 1815, combat devant Strasbourg.
19ᵉ Régiment. Oudot, capit., B. 16 fév. 1807, combat d'Ostrolenka (Pologne).
— Dietz, s.-lieut., B. 6 juillet 1809, bataille de Wagram (Autriche).

---

(1) Ces deux officiers appartenaient au 3ᵉ bataillon — Division de Magdebourg.

19e Régiment. Poulain, s.-lieut., T.
— Lamothe, capit., B. (mort le 25 sept.). } 18 août 1812, bataille de Polotsk (Russie).

— Pelletier de Veillemont, chef de bat., B. 18 août 1812, bataille de Polotsk.

— Mertens, s.-lieut., B. 18 oct. 1812, combat de Polotsk.

— Poulain, s.-lieut., T. 23 nov. 1812, par un parti de cosaques, route de Borisow.

— Commandoir, s.-lieut., T. 28.
— Digard, s.-lieut., B. 26 } 26 et 28 nov. 1812, bataille de la Bérésina.

— Gianotti (1), lieut., B.
— Defrance (1), s.-lieut., B. } 27 août 1813, bataille de Dresde.
— Michel (1), s.-lieut., B.

— Grosdidier (2), s.-lieut., T.
— Meillier (2), s.-lieut., B. } 27 août 1813, combat de Lübnitz (près de Magdebourg).
— Digard (2) (P.), s.-lieut., B.

— Deu de Marson, chef de bat. B. (mort le 12 nov.).
— Gavignet, lieut., A. M. B. } 16 oct. 1813, bataille de Leipzig.
— Lambelin, s.-lieut., B.

— Gavignet, lieut., A. M. B. 20 oct. 1813, à l'Hôpital de Leipzig.

— Defrance, s.-lieut., B. 8 nov. 1813, défense de Torgau (Saxe).

— Brunet, capit., B. 28 fév. 1814, combat de Bar-sur-Aube.

20e Régiment. De Larouzière, lieut., B. 11 juillet 1810, affaire près de Fondi (Naples).

— Bensac, lieut., B. 6 sept. 1813, défense de Tortose (Catalogne).

— Maynard (3), capit., B. 14 mars 1814, combat de St-Michel (Italie).

— Pister, s.-lieut., B. 29 avril 1814, défense de Tortose (Catalogne).

21e Régiment. Ginoux, lieut., B. 8 fév. 1807, bataille d'Eylau (Prusse).

— Eyssautier, lieut., B. 22 mai 1809, bataille d'Essling (Autriche).

— Demidy, capit., brûlé dans l'incendie d'une grange le 10 nov. 1812, près d'Orcha (Russie).

— Caillebotte, chef de bat., B. 14 sept. 1813, défense de Dresde.

— Fleury, s.-lieut., B. 10 nov. 1813, défense de Glogau (Silésie).

— Jarle, lieut., B. 18 juin 1815, bataille de Waterloo.

22e Régiment. Thubé, capit., B.
— Hédoux, capit., B.
— Dupré, capit., B. } 10 juin 1807, bataille d'Heilsberg (Prusse).
— Juteau, s.-lieut., B.

— Richez, s.-lieut., B. 30 janv. 1812, dans une reconnaissance en Espagne (Roy. de Léon).

— Rassis, capit., B. 18 juillet 1812, combat de Castrille-Guarena (mort le 18 août).

— Poncho, capit., B.
— Lorin, s.-lieut., B. } 22 juillet 1812, bataille des Arapiles (Salamanque).
— Larcher, s.-lieut., B.
— Richez, s.-lieut., B.

— Gouache, chef de bat., B. 20 mai 1813, bat. de Bautzen (mort le 21).

---

(1) Ces officiers appartenaient aux 1er, 2e et 4e bataillons, au 2e corps (Victor).
(2) Ces officiers appartenaient au 3e bataillon, à la Division de Magdebourg.
(3) Cet officier appartenait au 4e bataillon (armée d'Italie).

22e Régiment. Sage, capit., B. 21 août 1813, affaire près de Bunzlau (contre de la cavalerie Prussienne).

— Michel, lieut., B. 28 juillet 1813, défense de St-Sébastien (Guipuscoa).

23e Régiment. Terrier (1), major, B. 16 avril 1809, bataille de Sacile (Italie).

— Delannoy, capit., B. 17 mai 1809, combat de Gradschatz (Croatie).

— Duchesne, capit., B. 6 juil. 1809, bat. de Wagram (mort le 20 août).

— Graindorge, s.-lieut, B.) 3 mai 1813, aux avant-postes en Saxe
— Sellier, lieut. B.) près de Dresde.

— Fournier, capit., T.)
— Blachère, capit., T.)
— Maire, capit., T.) 21 mai 1813, bataille de Wurchen.
— Pelu, chef de bat., B.)

— Sagne, chef de bat., T. 9 juillet 1813, affaire de la Salud (Catalogne).

— Damazan-Boisson, s.-lieut., B. 0 juillet 1813. affaire de la Salud (Catalogne).

— Perret, s.-lieut., T.)
— Dumeige, lieut., B. 7.) 6 sept. 1813, bataille de Juterbook (Den-
— Samez, s.-lieut., B.) newitz).
— Péchin, s.-lieut., B.)

— Gaillardin, cap., A. M. B.) 18 oct. 1813, bataille de Leipzig.
— Vielet, capit., B.)

— Roux, lieut., T. 21 octobre 1813, combat de Freyburg (Saxe).

— Binza, capit., T. 31 oct. 1813. combat devant Hanau.

— Collin, lieut., B. 25 mars 1814, combat près d'Annecy (Mont Blanc).

— Languy, capit., B. 16 juin 1815. bataille de Ligny.

24e Régiment. Guyton, capit., A. M. B. 3 déc. 1806, en inspectant les avant-postes en Pologne.

— Saulnier, capit., B.) 8 fév. 1807, bataille d'Eylau (Prusse).
— Grison (2), s.-lieut., B.)

— De Bansière, s.-lieut., B. 14 juin 1807, bataille de Friedland.

— Méline (3), capit., B. 28 juin 1808, attaque de Valence (Espagne).

— De Bansière, s.-lieut., B. 16 août 1808, devant Girone (Catalogne).

— Prévost, lieut., A. M. B. 5 juillet 1809, bataille de Wagram.

— Colonna-Leca, s.-lieut., B. 28 juillet 1809, bataille de Talavara de Reyna (Nouvelle-Castille).

— Leclercq, capit., B. 5 mars 1811, combat de Chiclana (près de Gadix) (Andalousie).

— Charbonnier, s.-lieut., T. 5 mai 1811, bataille de Fuentès d'Onoro (Espagne).

— Gosselin, s.-lieut., B. 27 août 1813, bat. de Dresde.

25e Régiment. Teisseire, capit., B. 14 oct. 1806, bataille d'Auerstaedt (Prusse).

— Teisseire, capit., B. 6 juillet 1809, bataille de Wagram (Autriche).

— Doms, lieut., B. 27 août 1812, par des Cosaques, route de Moscou.

---

(1) Commandait les 3e et 4e bataillons.

(2) A sauvé le drapeau du régiment sous les yeux du maréchal Augereau.

(3) Cet officier était détaché dans un régiment provisoire d'infanterie.

25ᵉ *Régiment*. Philippe, lieut., T.
— Hérichet, s.-lieut., T.
— Anthelme, s.-lieut., T.
— Sicard, lieut., B. (mort le 6 oct.).
— Decagny, s.-lieut., B. (mort le 5 oct). } 7 sept. 1812, bataille de la Moskowa.
— Séghino, capit., B.
— Lefebvre, lieut., B.
— Lotherie, lieut., B. S.
— Deleau, s.-lieut., B. 24 oct. 1812, bataille de Malojaroslawetz.
— Séghino, capit., B. } 3 nov. 1812, combat de Wiasma
— Mérite, capit., B. } (Russie).
— Séghino, capit., B. 17 nov. 1812, combat de Krasnoë.
— Lebourg, s.-lieut., B. 18 nov. 1812, bataille de Krasnoë.
— Lesage, s.-lieut., T. 29 nov. 1812, pendant la retraite route de Wilna (Lithuanie).
— Labbé, capit., B. 2 fév. 1813, à Bromberg (Pologne), par des Cosaques.
— Beilhac, capit., B. 28 août 1813, combat de Pirna (près Dresde).

26ᵉ *Régiment*. Kern, lieut., B. 2 fév. 1809, défense de la Martinique (Antilles).
— Mondot, s.-lieut., B. 3 mai 1809, passage du pont d'Amarante (Portugal).
— Carbon, chef de bat. B. 27 sept. 1810, bataille de Busaco (Portugal) mort.
— Deroubaix, s.-lieut., B. 27 sept. 1810, bataille de Busaco (Portugal).
— Puech (1). lieut., B. 7 oct. 1810, étant à l'hôpital de Coimbre (Portugal).
— Martin, s.-lieut., T. 22 avril 1813, par des brigands espagnols, route de Vittoria.
— Danfer (2), lieut., B. 28 juillet 1813, retraite de Pampelune (Navarre).
— Danfer, lieut., B. 1ᵉʳ sept. 1813, combat du pont de Berra (Bidassoa).
— Vignon, s.-lieut., B. 18 oct. 1813, bataille de Leipzig (Saxe).
— Luquel (3), s.-lieut., B. 14 avril 1814, défense de Bayonne.

27ᵉ *Régiment*. Germaix, s.-lieut., B. 5 mars 1807, combat de Guttstadt (Prusse).
— Gourg, lieut., B. 5 juin 1807, passage du pont de Deppen (Prusse).
— Poulhen, lieut., B. 14 juin 1807, bataille de Friedland.
— Segondy (4), s.-lieut., B. 22 mai 1809, bataille d'Esling (Autriche).
— Landolphe, capit. B. 3 juillet 1809, bataille de Wagram.
— Lamirault, s.-lieut., B. } 31 mars 1813, dans une reconnaissance
— Collard, s.-lieut. B. } en Navarre (route de Pampelune).
— Desportes, chef de bat., B. 13. } oct. 1813, défense de Dresde.
— Massé, capit., B. 15. }
— Miot (5), lieut., B. 27 fév. 1814, bataille d'Orthez.
— Gougelet, s.-lieut., B. 31 mars 1814, affaire devant Blaye (Gironde).

---

(1) Cet officier fut blessé en défendant les blessés et malades, contre les milices Portugaises.
(2) Blessé étant à l'arrière-garde.
(3) Cet officier appartenait au 1ᵉʳ bataillon.
(4) Cet officier appartenait au 4ᵉ bataillon.
(5) Cet officier appartenait au 1ᵉʳ bataillon.

27e *Régiment.* Colliny, capit., B. } 18 juin 1815, bataille de Waterloo.
   —   Ardussy, lieut., B. }

28e *Régiment.* D'Hôtel, s.-lieut., B. 2 déc. 1805, bataille d'Austerlitz (Moravie).
   —   Menuisier (1), s.-lieut., B. 14 juin 1807, devant Kœnigsberg (Prusse).
   —   Hugues, s.-lieut., B. 28 juillet 1809, bataille de Talavera de la Reyna (Province de Tolède).
   —   Courmaceul, lieut., B. } 25 juillet 1813, combat du Col de
   —   Blouin, s.-lieut., B. } Maya (Navarre).

29e *Régiment.* Normand, l., A. M. B. 14 juin 1809, bataille de Raab (Carinthie).

30e *Régiment.* Berthier, lieut., B. }
   —   Rochet, lieut., B. } 2 déc. 1805, bataille d'Austerlitz
   —   Lacombe, lieut., B. } (Moravie).
   —   Jollivet, lieut., T. 23 déc. 1806, combat de Czarnowo (Pologne).
   —   Lebrun (2), s.-lieut., B. 26 déc. 1806, aux avant-postes en Pologne.
   —   Santou, capit., B. }
   —   Rolin, lieut., B. } 8 fév. 1807, bat. d'Eylau (Prusse).
   —   Duval, s.-lieut., B. }
   —   Poujol, lieut., B. }
   —   Clapier, s.-lieut., B. } 7 sept. 1812, bat. de la Moskova.
   —   Rambaut, capit., B. 3 nov. 1812, combat de Wiasma (mort le 29 janv. 1813).
   —   Martin (3), capit., B. 16 nov. 1812, route de Krasnoé (Russie).
   —   Biennert (4), lieut., B. 20 déc. 1813, dans l'Ile de Willemsbourg (Hambourg).
   —   Solirenne, capit., B. }
   —   Clapier, lieut., B. } 9 fév. 1814, combat de Willems-
   —   Rollier, s.-lieut., B. } bourg.
   —   Duranton, s.-lieut., B. 16 juin 1815, bataille de Ligny (Belgique).

32e *Régiment.* Macé, lieut., B. 14 oct. 1805, combat d'Albeck (Bavière).
   —   Druet, s.-lieut., B. } 28 juillet 1809, bataille de Talavera de
   —   Riche, s.-lieut., B. } la Reyna (Nouvelle-Castille).
   —   Henry, capit., B. }
   —   Bézies, capit., B. } 11 août 1809, bataille d'Almonacid (Pro-
   —   Chapelain, capit., B. } vince de Tolède).
   —   Saint-Clair, lieut., B. }
   —   Ligé, lieut., B. 15 mai 1811, combat d'Ubéda (Andalousie).
   —   Macé (5), capit., B. 11 août 1811, à la Venta-del-Baul (Espagne).
   —   Pelletier, capit., B. 21 sept. 1811, dans une reconnaissance en Espagne, près de Grenade.
   —   Estard, capit., B. 2 mai 1813, bataille de Lutzen (Saxe).
   —   Chevillet, s.-lieut., B. (mort le 9 juillet). } 21 juin 1813, bataille de Vittoria.
   —   Verdellet, s.-lieut., B. }

---

(1) Blessé aux avant-postes.
(2) Aux avant-postes près de Czarnowo.
(3) Blessé en défendant la maison de poste.
(4) Blessé étant de garde aux avancées.
(5) Blessé en combattant des insurgés.

32e Régiment. Ledoyer, lieut., B.
— Jacquemin, lieut , B.
— Brouttin, s.-lieut., B.
— Sabatier, s.-lieut., B.
— Cadot, s.-lieut., B.
} 28 juillet 1813, retraite de Pampelune, (Navarre).

— Merda. dit Méda. chef de bat., B. 27 août 1813, bat. de Dresde (mort le 29 nov.).
— Roubaud, s.-lieut , B. 30 août 1813, combat de Bunzlau (Silésie).
— Trézel, s.-lieut., B. 13 oct. 1813, combat de Sainte-Barbe (Pyrénées).
— Demonbar, capit., B. 18 oct. 1813, bat. de Leipzig (mort le 22)
— Broutin (1), s.-lieut., T. 10 nov. 1813, combat de Sarre (sous Bayonne).
33e Régiment. Canu, s.-lieut , B 2 déc. 1805, bataille d'Austerlitz (Moravie).
— Canu, lieut., B. 21 avril 1809, combat de Landshut (Bavière).
— Ducros, s-lieut., B. 21 avril 1809, combat de Landshut (Bavière).
— Devals, lieut., B. (mort).
— Durand, lieut., B.
} 6 juillet 1809, bat. de Wagram (Autriche).

— Desroches, lieut., B. 18 août 1812, bataille de Smolensk.
— Peyroux, capit., B.
— Gaulet, s.-lieut., B.
} 7 sept. 1812, bataille de la Moskowa.

— Hautereau de Bruères, s.-lieut., B. 4 oct. 1812, aux avant-postes en avant de Moscou.
— Jorry, capit. B. 18 nov. 1812, bataille de Krasnoé (Russie).
— Dumonçel, s.-lieut., B. 30 août 1813, affaire de Culm (Bohême).
— Dubois, s.-lieut., B. oct. 1813, blocus de Stettin (Prusse).
34e Régiment. René, lieut., B. 2 déc. 1805, bataille d'Austerlitz.
— René, capit., B. 14 oct. 1806, bataille d'Iéna (Prusse).
— René, capit., B. 26 déc. 1806, combat de Pultusk (Prusse).
— Martin, capit., B. 14 oct. 1810, étant en colonne-mobile, près de Séville (Andalousie).
— Pinson, capit., T. 11 oct. 1812, affaire de Laredo, près Santonia (Espagne)
— Bourumeau, lieut., T. 19 sept.
— Girouard, s.-lieut., T. 7 oct.
— Thomas, lieut., B. 26 sept. et 18 oct.
} 1812, défense du chât. de Burgos (Vieille-Castille).

— Lepetit, s.-lieut., B. 31 août (mort le 7 sept.).
— Laroque, capit., B. 21 août.
} 1813, défense de Saint-Sébastien (Guipuscoa).

— Fèvre (2), lieut., B. 10 avril 1814, bataille de Toulouse.
— Merlini, capit , B. 16 juin 1815, bataille de Ligny (Belgique).
35e Régiment. Valdeviso, chirurg , A. M. B. 3 nov. 1805, aux avant-postes de la division Oudinot (mort le 14).
— Langlois, s.-lieut., B. 15 avril 1809, combat de Pordenone (Italie).
— Biennoury, capit., B. 3 nov. 1812, combat de Wiasma (Russie).
— Parriez (3), capit , B. 27 nov. 1812, à la Bérésina.

---

(1) Les 1er et 2e bataillons étaient à l'armée d'Espagne.
(2) Cet officier appartenait au 1er bataillon.
(3) Blessé en traversant la Bérésina à la nage.

35e Régiment. Olive, lieut., T. 8 fév. 1814, bataille du Mincio (Italie).

36e Régiment. Thomassin, capit., T. 5 janv. 1811, aux avant-postes de Santarem (Portugal).

— Jantel, lieut., B. } 21 juin 1813, bataille de Vittoria.
— Godin, lieut., B. }

— Rouard (1), lieut., B. 30 août 1813, affaire de Culm (Bohême).

— Freidure, chef de bat., B. 14 sept. 1813, combat de Péterswald (Bohême).

— Lerpy, capit., T. 6 nov. 1813, défense de Drèsde.

— Jubé, lieut., T. 22 fév. 1814, combat du Pont de Méry-s.-Seine (Aube).

— Lafond (2), lieut., B. 27 fév. 1814, bataille d'Orthez (Pyrénées).

— Delpierre, lieut., B. 10 mars 1814, bataille de Laon (Aisne).

37e Régiment. David, capit., B. 25 janv. 1809, défense de Santo-Domingo (Antilles).

— Rousseau, lieut., B. 21. }
— Chadabet, lieut., B. 22. } 21 et 22 mai 1809, bataille d'Essling (Autriche).
— Dufresne, lieut., B. 21. }

— Gindre (J.), capit., B. 17 août 1812, bataille de Polotsk (Russie).

— Boude, s.-lieut., B. 18 oct. 1812, combat de Polotsk.

— Fournier, chef de bat., B. 31 oct. 1812, combat de Smoliany (Lithuanie).

— Meyolhon, s.-lieut., B. 28 nov. 1812, bataille de la Bérésina.

— Grignon, capit., B. (mort le 26 déc.). }
— Dufour, lieut., A. M. B. (mort le 26 déc.). } 15 déc. 1812, combat
— Pringaud, lieut., B. } près de Tilsitt
— Fouque, lieut., B. } (Prusse).

— Dautheville (3), s.-lieut., B. 27 août 1813, bataille de Drèsde.

— David, capit., B. 14 sept. 1813, aux avant-postes en Saxe, route de Dresde.

— Toussaint, lieut., A. M., B. 19. } 18 et 19 oct. 1813, bataille de
— Boude, lieut., B. 18. } Leipzig.

39e Régiment. Faivre, s. lieut., B. 14 juin 1807, bataille de Friedland (Prusse).

— Dubois (4), s.-lieut., B. 3 mai 1809, combat d'Ebersberg (Autriche).

— Lamour, colonel, B. 14 mars 1811, combat de Gondexa (Portugal).

— Léger, s.-lieut., B. 15 mars 1811, passage de la Guardia, route de Salamanque.

— Jeunin, lieut., B. } 5 mai 1811, bataille de Fuentès d'Onoro
— Lasserrès, lieut., B. } (Espagne) (Royaume de Léon).

— Molerat, capit., B. }
— Marchay, capit., B. } 18 oct. 1813, bataille de Leipzig.
— Soyers, lieut., B. }

— Guerry (5), lieut., B. 10 déc. 1813, combat devant Bayonne.

40e Régiment. Parent, capit., B. } 2 déc. 1806, bat. d'Austerlitz.
— Normand, s.-lieut., B. (mort le 28) }

---

(1) Les 1er et 2e bataillons (major Sicard) étaient à l'armée d'Espagne.

(2) Cet officier appartenait au 1er bataillon.

(3) 1er, 2e, 4e bataillons au 2e corps de la Grande Armée à Dresde.

(4) Cet officier appartenait au 4e bataillon.

(5) 1er Bataillon, armée d'Espagne.

40e Régiment. Letellier, s.-lieut., B. 14 oct. 1806, bataille d'Iéna.
— Maurès de Malartic, lieut., B. 20 sept. 1812, affaire de Santa-Réal près de Villaréal (Espagne).
— Escher, s.-lieut., B. 2 mai 1813, bataille de Lutzen.
— Escher, s.-lieut., B. 21 mai 1813, bataille de Wurschen.
— Soulhanet (1), s.-lieut., B. 27 fév. 1814, bataille d'Orthez.
— Coignard, lieut., B.
— Malespine, lieut., B. } 28 juin 1815, combat sur la Suffel devant Strasbourg.
— Dasté, lieut., B.

42e Régiment. Delamotte(2), s.-lieut., B. 14 oct. 1805, étant en recrutement à Limbourg (Belgique).
— Goupil, lieut., B. 4 juillet 1806, combat de Sainte-Euphémie (Naples), mort.
— Berthier, capit., B. 13 fév. 1809, près de Tarragone, en escortant un convoi de blessés.
— Maillot, s.-lieut., B.
— Jolyet, lieut., B. } 25 fév. 1809, combat de Vals (Catalogne).
— Daubin, s.-lieut., B. 25 mai 1809, combat de Saint-Michel (Styrie).
— Vaillant, lieut., B. 14 juin 1809, bataille de Raab (mort le 15).
— Lecourt, s.-lieut., B. 12 janvier 1810, affaire de Vich (Catalogne) (mort le 14 février).
— Bigarré, s.-lieut., B. 21 juin 1811, siège de Tarragone (mort).
— Claudin, lieut., B. 6 oct. 1811, affaire près de Lérida (mort le soir).
— Prévost, s.-lieut., T. 7 oct. 1811, en escortant le Trésor, route de Lérida (Catalogne).
— Bouvinet, capit., B. 11 oct. 1811, par les Guérillas (mort le 14), affaire route de Lérida (Catalogne).
— Boucher (J.), capit., B. 21.
— Sarrazin, lieut., A. M. B. 21. } 21 mai 1813, bataille de Wurschen (Saxe).
— Roussarie, lieut., B. 21 (mort 18 juin).
— Maîtrier, s.-lieut., B. 4 juin 1813, combat de Lukau (Saxe) (mort le 21).
— Boucher (J.), capit., B. 4 juin 1813, combat de Lukau (Saxe).
— Zucchi, lieut., B. 4 juin 1813, combat de Lukau (Saxe) (mort le 15).
— Boucher (P.), s.-lieut., B. 3 sept. 1813, combat sous Vittenberg (Prusse).
— Tallon, s.-lieut., B. 7 oct. 1813, combat de Tarvis (Italie).

43e Régiment. Rojat, s.-lieut., B. 2 déc. 1805, bataille d'Austerlitz.
— Massé, lieut., B.
Rojat, lieut., B. } 8 fév. 1807, bataille d'Eylau (Prusse).
— Corbel, s.-lieut., B.
— Mallet, lieut., B. 10 juin 1807, bataille d'Heilsberg.
— Vimont, lieut., B. 18 oct. 1808, combat de Zamora (Royaume de Léon).
— Lecerf, s.-lieut., B. 3 avril 1810, combat de Grasaliéna (Espagne).
— Rodicq, capit., B. 1er août 1810, dans les montagnes de Ronda (Andalousie).

_____

(1) 1er et 2e bataillons à l'armée d'Espagne.
(2) Blessé en réprimant une émeute de conscrits.

43e Régiment. Lecerf, lieut., B. 8 déc. 1810, dans une reconnaissance dans les environs de Ronda (Andalousie).

— Levaufre, s.-lieut., B. 14 avril 1812, combat d'Olora (Espagne).

— Dumont, s.-lieut., B. 13 sept. 1813, aux avant-postes sur les Pyrénées.

— Levaufre (1), capit., B. 13 oct. 1813, combat de Sainte-Barbe (Pyrénées).

— Bonning, capit., B. 18 nov. 1813, défense de la redoute de Sainte-Barbe (Pyrénées).

— Vinotier, s.-lieut., B. 12 mars 1814, combat devant Reims.

— Blin, capit., A. M., B. 30 mars 1814, bataille de Paris.

— Pérot (2), capit., B. 15 mai 1815, combat en Vendée.

44e Régiment. Vigneron, lieut., B. 27 avril 1807, près de Stagard (Poméranie).

— Rubat, capit., B. 14 juin 1807, bataille de Friedland (Prusse).

— Lemaitre, lieut., B., 19 fév. 1809, siège de Saragose (mort le 20 mai).

— Rubat, capit., B. 16 mai 1809, en escortant un convoi en Aragon, route d'Alcanitz.

— Guillot, s.-lieut., B. 30 déc. 1810, siège de Tortose (Catalogne).

— Bouiller (3), lieut., B. 27 nov. 1812, combat de Borisow (mort).

— Courtillet, lieut., B. 16 avril 1814, défense de Besançon.

— Courtillet, lieut., B. 18 juin 1815, bataille de Ligny (Belgique).

45e Régiment. Ruy, capit., T. 30 août 1810, siège de Cadix, dans une batterie (Andalousie).

— Daribeau, capit., B. 5 mai 1811, bataille de Fuentès d'Onóro (Roy. de Léon).

— Sturtz, s.-lieut., B. 14 nov. 1812, combat d'Alba de Tormès (Province de Salamanque).

— Guerrier, capit., B.
— Daribeau, capit., B.
— Beghein, cap., B. } 28 juillet 1813, retraite de Pampelune (Navarre).
— Debout, s.-lieut., B.
— Sturtz, s.-lieut., B.

— Regnaut-Brincourt, cap., B. 26 août 1813, bataille de Dresde.

— Viatte (4), lieut., B. 27 fév. 1814, bataille d'Orthez.

— Jacques, s.-lieut., B. 18 juin 1815, bataille de Waterloo.

46e Régiment. Pidoux, capit., B.
— Laporte, capit., B. } 2 déc. 1805, bat. d'Austerlitz (Moravie).
— Meunier, capit., B.

— Duran, capit., B. 8 fév. 1807, bataille d'Eylau (Prusse).

— Trupel, capit., B.
— Duran, capit., B. } 5 juin 1807, combat de Lomitten (Prusse).
— Senac, lieut., B.
— Julien, s.-lieut., B.

---

(1) 1er et 2e bataillons à l'armée d'Espagne.

(2) Blessé dans un combat contre des bandes de royalistes, cet officier appartenait au 2e bataillon.

(3) 3e et 4e bataillons, 12e division, 9e corps de la Grande Armée.

(4) 1er Bataillon à l'armée d'Espagne.

46e Régiment. Trupel, capit., B.
— Julien, s.-lieut., B. } 10 juin 1807, bataille d'Helsberg.

— Vernadet, capit , B. 19 avril 1809, combat de Thann (Bavière).

— Triboulet, chef de bat.. B. 11 juil. 1809, bat. de Znaïm (Moravie).

— Gaulard. cap., B.
— Gouffé, capit., B.
— Ardriot, lieut., B.
— Vanderpoël, s.-lieut., B. } 16 et 17 août 1812, bat. de Smolensk.
— Barthélemy, s.-lieut., B.
— Hédouin, s.-lieut., B.

— Beaujean, capit., B.
— Berthier, capit., B. } 19 août 1812, bataille de Valoptina-Gora (Russie).

— Mousse, major, B.
— Cazet, capit., B.
— Benoit, capit., B. } 7 sept. 1812, bataille de la Moskowa.
— Dutrey, s.-lieut., B.
— Aubry, lieut., B.

— Michel, s.-lieut., B 3 nov. 1812, combat de Wiasma (Russie).

— Cotte (1), s. lieut , B. 11 nov. 1812, combat de Minsk (Lithuanie).

— Barbe, capit., B.
— Redet, lieut., B. } 18 nov. 1812, bataille de Krasnoë.

— Leturgé, capit.,A. M. B.
— Petit, s.-lieut., B. } 18 juin 1815, bataille de Waterloo.

47e Régiment. Grisard-Dubreuil, s.-lieut., B. 16 janvier 1809, combat de la Corogne (Galice).

— Dauture (2), major, B. 11 mai 1809, retraite d'Oporto (Portugal).

— Pillero, s.-lieut., B. 21 avril 1810, sur la Brèche d'Astorga (Royaume de Léon).

— Dubard, s.-lieut., B. et noyé le 22 janv. 1811, dans le Mondega, près de Santarem (Portugal).

— Fabre, capit , B. nuit du 14 au 15 mai 1811, étant à la poursuite de brigands à Ledesma (Province de Salamanque).

— Messager, capit., B. 15 déc. 1811, en escortant un convoi de blessés à Valladolid (Roy. de Léon).

— Busserat (3), lieut., B.
— Laulanié, s.-lieut., B } 2 mai 1813, bataille de Lutzen (Saxe).

— Rondot, lieut., B.
— Benard, lieut., B.
— Pillero, lieut., B. } 28 juillet 1813, retraite de Pampelune.

— Seintis (4), lieut., B. 31 août 1813, au passage de la Bidassoa.

— Dufey, chirurg., M. B.
— Loyal, s.-lieut., B. } 7 oct. 1813, affaire de la Croix des Bouquets (Pyrénées).
— Boisset, s.-lieut., B

— Perreaux, s.-lieut., B. 5 nov. 1813, défense d'Erfurth (Prusse).

---

(1) Cet officier appartenait au 6e bataillon.

(2) Commandait l'arrière-garde du 2e corps (Soult), dans la retraite de Portugal.

(3) Cet officier appartenait au 3e bataillon, au 6e corps (Marmont), Grande-Armée.

(4) Cet officier était en tirailleurs avec sa compagnie.

47ᵉ Régiment. Barberay (1), lieut., B. 21 juin 1815, combat d'Auray (mort le 22).

48ᵉ Régiment. Bouchez, lieut., B. 8 fév. 1807, bataille d'Eylau (Prusse).

— Milon, capit., B. 7 et 13 août 1809, défense de Flessingue (Hollande).

— Lestienne, s.-lieut.. B. nuit du 5 au 6 sept. 1810, étant en patrouille près de West-Cappel (Nord).

— Juhel, s.-lieut., B. 7 sept. 1812, bataille de la Moskowa.

— Lamoy, s.-lieut., T. 10 sept. 1812, combat de Mojaïsk (route de Moscou).

— Crémieux, lieut., B. 18 nov. 1812, bataille de Krasnoë mort le 25).

— Viot, lieut., B. 18 nov. 1812, bataille de Krasnoë (Russie).

— Gauthier, capit., B. 13 mai 1813, passage de l'Elbe devant Dresde.

— Mahé de Villeneuve, chef de bat., B. 27 janvier 1814, défense de Hambourg.

— Gauthoer, capit., B. }
— Payac, lieut., A. M. B. } 9 fév 1814, défense de Hambourg.

— Loosbuyck, s.-lieut., B. 2 juillet 1815, combat du pont de Sèvres.

50ᵉ Régiment. Gengoult, s.-lieut., B. 15 oct. 1805, combat devant Ulm (Bavière).

— Vauquelin, s.-lieut., B. 5 juin 1807, aux avant-postes de Deppen (Prusse).

— Dubois, s.-lieut., B. 12 mars 1811, combat de Redinha (Portugal).

— Hutant (2), s.-lieut., porte aigle, T. 1ᵉʳ août 1813, combat devant Echalar.

— Mercier, capit., B. }
— Faivre, lieut., B. } 2 août 1813, combat près d'Echalar
— Renaud, s.-lieut., B. } (Pyrénées).

— Benigne, capit., T. 1ᵉʳ sept. 1813, combat sur la Bidassoa.

— Pitouzet, lieut., B. 1ᵉʳ sept. 1813, aux avant-postes (Pyrénées).

— Lesueur, capit., B. 18 oct. 1813, bataille de Leipzig.

— Devalon (3), cap., A. M., B. 13 nov. 1813, combat de Sarre (Pyrénées).

— Signe, lieut., B. 11 fév. 1814, bataille de Montmirail.

— Besson, s.-lieut., B. 30 mars 1814, bataille de Paris.

— Lebreton, s.-lieut., B. 10 avril 1814, bataille de Toulouse.

— Loisel, s.-lieut., B. 16 juin 1815, bataille de Ligny.

51ᵉ Régiment. Chanclu, lieut., B. }
— Ezeline, lieut., B. } 8 fév. 1807, bataille d'Eylau.

— Léjeune, lieut., B. 27 juin 1808, devant Valence (mort le 8 juillet).

— Garraud, s.-lieut., B. 28 juillet 1808, devant Valence (Espagne).

— Boisard, lieut., B. juillet 1809, affaire de Los-Fiéros, près de Valladolid (mort le 7 août).

— Rome, lieut., B. 28 juillet 1809, bataille de Talavera de la Reyna (province de Tolède).

— Bonne, lieut., B. 11 août 1809, bataille d'Almonacid (province de Tolède).

— Cellier (4), s.-lieut., B. 27 nov. 1812, combat de Borisow.

---

(1) Combat contre les Chouans, dans le Morbihan.
(2) Cet officier fut tué en défendant son drapeau.
(3) 1ᵉʳ Bataillon à l'armée d'Espagne.
(4) 4ᵉ Bataillon à la grande armée, division Partonneaux, 9ᵉ corps (Victor).

51e *Régiment*. Baille, capit., B. 30 août 1813, affaire de Culm (bohême).

— Merzenfeld, s.-lieut., B. 30 août 1813, affaire de Culm.

— Vasseur, s.-lieut., B. 13 déc., 1813, combat de Saint-Pierre d'Ir-rube, près de Bayonne.

52e *Régiment*. Leroux (1), s.-lieut., B. 16 avril 1809, bataille de Sacile (Italie).

— Lebrun, lieut., B. } 17 mai 1809, combat de Malborghetto

— Gasnier, s.-lieut., B. } (Carinthie).

— Séjourné, s.-lieut., B. } 6 juillet 1809, bat. de Wagram (Autriche).

— Vignier, s.-lieut., B. }

— Copeaux, s.-lieut., B. 11 nov. 1812, affaire près de Carascal (Es-pagne), (Navarre).

— Cerfberr, s.-lieut., B. 8 déc. 1812, affaire près d'Hernani (Espagne).

— Lefebvre, s.-lieut., B. 6 sep. 1813, bataille de Juterbock (mort le 15).

— Germain, s.-lieut., B. } 6 sept. 1813, bataille de Juterbock (Den-

— Campy, s.-lieut., B. } dewitz), Brandebourg.

— Delapalud (2), s.-lieut., B. 21 oct. 1813, aux avant-postes en Saxe.

— Lando, lieut., B. 31 oct. 1813, route de Hanau par des éclaireurs Bavarois.

— Colné (3), Capit., B. 8 févr. 1814, bataille de Minéio (Italie).

53e *Régiment*. Martin, chef de bat., B. 6 juillet 1809, bataille de Wagram.

— Sacreste, capit., B. 24 oct. 1812, bataille de Malojaroslawetz.

— Sacreste, capit., B. 16 nov. 1812, bataille de Krasnoé.

— Villemejane, lieut., B. 28 août 1813, combat de Villach (Illyrie).

— Paul, s.-lieut., B. 19 nov. 1813, combat de Saint-Michel (Italie).

— Col, lieut., B. } 8 fév. 1814, bataille de Minéio.

— Pujolas de Liéon, s.-lieut., B. }

54e *Régiment*. Goussard, lieut., B. 27 juin 1808, devant Saragosse (Aragon).

— Weber (4), capit., B. 22 mai 1809, bat. d'Essling (mort le 17 juin).

— Laplanche, lieut., A. M. B. 17 sept. 1810, devant Cadix (An-dalousie).

— Fouchereux, s.-lieut., B. 5 mars 1811, combat de Chiclana (Anda-lousie).

— D'Hommery (5), capit., B. 10 oct. 1813, défense de Dantzig (Prusse).

— Maury, lieut., B. 13 déc. 1813, combat devant Bayonne, (mort le 20 janv. 1814).

— Stein, lieut., B. 18 juin 1815, bataille de Waterloo.

55e *Régiment*. Hugo, s.-lieut., B. 2 déc. 1805, bataille d'Austerlitz (Moravie).

— Magne, capit., B. } 8 fév. 1807, bataille d'Eylau (Prusse).

— Hugo, s.-lieut., B. }

— Dubos, lieut., B. 16 mai 1811, bataille de la Albuhera (Estra-madure).

---

(1) Les C^ee de Grenadiers et de Voltigeurs firent seules la campagne d'Espagne de 1811 à 1813, formant un régiment d'élite à 2 bataillons sous les ordres du major.

(2) Blessé par des éclaireurs Bavarois, 3e, 4e bataillons au 12e corps de la grande armée (Oudinot).

(3) 6e Bataillon à l'armée d'Italie.

(4) Cet officier appartenait au 4e bataillon, 2e corps (Lannes). — Armée d'Allemagne.

(5) 4e Bataillon, 10e corps (Rapp). — Défense de Dantzig.

—   Dumolard (1), lieut., B. 26 nov. 1812, combat de Borisow.
—   Henry, chef de bat., B. 21 juin 1813, bataille de Vittoria (Province d'Alava).
—   Moreaux, s.-lieut., B. 30 août 1813, affaire de Culm (Bohême).
—   Jeannin, s.-lieut. B. }
—   Henry, chef de bat., B. } 13 oct. 1813, combat de Sarre (Pyrénées).
—   Jeannin, lieut., B. 27 fév. 1814, bataille d'Orthez (Pyrénées).
—   Yvon (2), capit., T. 10 avril 1814, bataille de Toulouse.
—   Dupuy des Boignes, capit., B. 16 juin 1815, bataille de Ligny.
—   Jeannin, capit., B. 18 juin 1815, bataille de Waterloo.

56e Régiment.   Floquerelle, lieut., B. 31 oct. 1805, combat de Caldiero (Italie).
—   Villeneuve (3), capit., B. 19 sept. 1809, siège de Girone (Assaut).
—   Parent, chef de bat., B. 21. }
—   Poulain, capit., B. 22. }
—   Hélard, capit., B. 22. } 21 et 22 mai 1809, bataille d'Essling (Autriche).
—   Rondeau, lieut., B 21. }
—   Lavallette, lieut., B. 21. }
—   Douceron, lieut., B. 12 juin 1810, à Alos (Catalogne), par des contrebandiers.
—   Colnot, lieut., T. } 14 juillet 1812, combat de Duna-
—   Carbonnel, lieut., T. } bourg (Russie).
—   Crevot, lieut., B. 31 juillet 1812, combat de Jacobowo (Russie).
—   Cabrit, lieut., B 1er août 1812, combat de Drissa, près de Polotsk.
—   Sellier, lieut., B. }
—   Decaen, capit., B. }
—   Porchet, capit., B. 18. } 17 et 18 août 1812, bataille de Polotsk.
—   Mondon, s.-lieut., B. }
—   Bizet, chef de bat., B. }
—   Gouget, s.-lieut., B. } 28 nov. 1812, bataille de la Bérésina.
—   Bial, major, B 16. }
—   Douceron, capit., B. 16. }
—   Bouge, capit., B. 18. } 16 et 18 oct. 1813, bataille de Leipzig.
—   Dechievres, lieut., B. 16. }
—   Durat-Lasalle, s.-lieut., B. 24 février 1814, défense du château de Brienne (Aube).
—   Gabillot, capit., B. 16 juin 1815, bataille de Ligny (Belgique).
—   Durat-Lasalle (4), s.-lieut., B. 25 juillet 1815, à Soissons.

57e Régiment.   Peltret, capit. A. M., B. 8 fév. 1807, bataille d'Eylau (Prusse).
—   Tenaille, lieut., B. 5 juillet 1809, bataille de Wagram (Autriche).

58e Régiment.   Vallat, capit., B. 14 juin 1807, bataille de Friedland (Prusse).
—   Trisse, capit., B. }
—   Cabot, lieut., A. M., B. } 14 juin 1807, bataille de Friedland.

---

(1) 4e Bataillon, le seul bataillon qui n'a pas subi le sort de la division Partonneaux à Borisow.

(2) Cet officier appartenait au 1er bataillon.

(3) 4e Bataillon au 7e corps de l'armée d'Espagne.

(4) Blessé par une balle étant de service aux remparts.

58e Régiment. Lecat (1), capit., T. 21 août 1808, bataille de Vimeiro (Portugal).

— Marc, s.-lieut., B. 14 juillet 1808, bataille de Médina-del-Rio-Secco (Province de Valladolid).

— Mardelat, s.-lieut., T. juin 1809, route de Madrid par des contrebandiers.

— Brient, lieut., A. M., B.
— Pinchemaille lieut., B.
— D'Herbez, s.-lieut., B.
— Lecarheux, s.-lieut., B.
28 juillet 1809, bataille de Talavera de la Reyna (Province de Tolède).

— Vallat, capit., B.
— Launay, lieut., B.
11 août 1809, bataille d'Almonacid (Province de Tolède).

— Verny, lieut., B. 27 mars 1810, aux avant-postes, près de Grenade (Andalousie).

— Thévenot, chef de bat., B. 16 mai 1811, bataille d'Albuhera (mort le 12 juin).

— Langibout, s.-lieut., B. 9 août 1811, combat du Zujar (Andalousie).

— Faguet (2), lieut., B. 21 août 1811, combat de Pinos-del-Rey (près de Malaga).

— Ducasse, capit., B.
— Chevanton, s.-lieut., B.
16 fév. 1812, combat de Cartania, près de Malaga (Andalousie).

— Favres, s.-lieut., T. 6 avril 1812, défense de Badajoz (Estramadure).

— Trébuchet, s.-lieut., B. 6 avril 1812, défense de Badajoz (mort). (Estramadure).

— Collardot, s.-l., B. 7 avr. 1812, défense de Badajoz (Estramadure).

— De Gautier de Savignac, s.-lieut., B. 16 avril 1812, près d'Arola (Royaume de Valence).

— Carette, lieut., B. (mort le 6 août).
— de Gautier de Savignac, s.-lieut., B.
14 juillet 1812, combat près de Malaga (Andalousie).

— Oudin, capit., T.
— Fouquet, capit., B.
— Savin d'Orfond, capit., B.
— Méry, lieut., B.
21 juin 1813, bataille de Vittoria (Province d'Alava).

— Héry, lieut., B. 28 juil. 1813, retraite de Pampelune (mort le 19 août).

— Ebingre, s.-lieut., B. 13 oct. 1813, dans une embuscade sur les Pyrénées.

— Gamet de Saint-Germain, s.-lieut., B. 18 fév. 1814, bat. de Montereau.

— Granet, s.-lieut., B. 30 mars 1814, bataille de Paris.

59e Régiment. Coqueret (3), capit., B.
— Astoin, lieut., B.
3 mai 1809, combat du pont d'Ebersberg (Bavière).

— de Melfort, s.-lieut., B. 19 juil. 1811, affaire de Truxillo (Extramadure).

— Ricard, s.-lieut., B. 22 juil. 1812, bat. des Arapiles (Salamanque).

---

(1) Cet officier était au 3e bataillon.

(2) Blessé à la tête des tirailleurs.

(3) Cet officier appartenait au 4e bataillon (2e corps, armée d'Allemagne).

59e *Régiment*. Hervier (1), lieut., B. 9 juin 1813, défense de Dantzig (Prusse).
— Vompon, s.-lieut., B. 1er août 1813, aux avant-postes près de la Bidassoa.
— Vompon (2), lieut., B. 10 avril 1814, bataille de Toulouse.

60e *Régiment*. Salbreux, capit., B. ⎫
— Baudrot, capit., B. ⎬ 30 oct. 1805, combat de Caldiero (Italie).
— Blanchard, lieut., B. ⎭
— Arnoux (3), capit., B. ⎫ 5 juillet 1809, bataille de Wagram.
— Terre, capit., B. ⎭
— David, capit., B. 3 juin 1810, étant en colonne mobile en Catalogne (mort le 18 oct.).
— Valdemann, lieut., B. 29 sept. 1810, près de Puycerda (Catalogne).
— Terre, capit., B. 4 mai 1811, affaire de Pozzobello (Catalogne).
— Dromain (4), s.-lieut., B. 26 août 1813, bataille de Dresde.

61e *Régiment*. Pouget, capit., B. ⎫ 14 oct. 1806, bat. d'Auerstaedt (Prusse).
— Pouthié, lieut., B. ⎭
— Dromby, lieut., B. 8 fév. 1807, bataille d'Eylau (Prusse).
— Rougelin, chef de bat., B. 22 avril 1809, bat. d'Eckmuhl (Bavière).
— Mellier, lieut., B. 22 mai 1809, bataille d'Essling (Autriche).
— Lavergne, capit., B. ⎫ 23 juillet 1812, combat de Mohilew
— De Lavergne, s.-lieut., B. ⎭ (Russie).
— Gallet, lieut., B. 5 sept. 1812, combat de Borodino (Russie).
— Arnoux, s.-lieut., T. 9 fév. 1814, combat devant Hambourg.
— Berthet, s.-lieut., B. 17 fév. 1814, combat de Willemsbourg (mort le 13 mars).

62e *Régiment*. Donnat, chef de bat., B. ⎫ 30 oct., 1805, passage de l'Adège (devant
— Dupont, capit., B. ⎬ Vérone).
— Humbert, s.-lieut., B. ⎭
— Seigneurie, lieut., B. 28 mars, ⎫ 1806, siège de Gaëte (Royaume
— Degodchard, s.-lieut., B. 29 juin. ⎭ de Naples).
— Delaveux, s.-lieut., B. 22 juillet 1812, bat. des Arapiles (Roy. de Léon).
— Maurin, s.-lieut., B. 29 sept. 1812, combat de Logrono (Vieille-Castille).
— Joly, cap., B. 2 fév. 1814, aux avant-postes près de Rosnay (Marne).
— Seigneurie, cap., B. 10 fév. 1814, affaire de Baye, près Champaubert.

63e *Régiment*. Ferat, s.-lieut., B. ⎫ 8 fév. 1807, bataille d'Eylau (Prusse).
— Prieur, s.-lieut., B. ⎭
— Pradet (5), capit., B. 16 déc. 1808, près de Valmaseda (Biscaye).
— Lambert (6), s.-lieut., B. ⎫ 22 mai, 1819, bataille d'Esling (Autriche).
— Touche, s.-lieut, B. ⎭
— Videau, cap., B. 6 juillet 1809, bataille de Wagram.

(1) 4e Bataillon, au 10e corps, Grande Armée, 1813, siège de Dantzig.
(2) Cet officier était au 1er bataillon (Armée d'Espagne).
(3) Les 3e et 4e bataillons étaient à l'armée d'Italie.
(4) Cet officier appartenait au 4e bataillon.
(5) Etant à la poursuite des Guérillas.
(6) 4e bataillon, armée d'Allemagne, 2e corps (Lannes).

63e Régiment. Michel, chef de bat., B. 30 déc. 1810, affaire près de Benavente (Royaume de Léon).

— Baudinet, lieut., B. ⎫ 30 déc. 1810, combat de Benavente (Royaume
— Lambert, s.-lieut., B, ⎭ de Léon.

— Bouillier, s.-lieut., B. 27 août 1812, défense du Pont de Triana, évacuation de Séville (Andalousie).

— Lachapelle, capit., B. 16 oct. 1813, bataille de Leipzig.

64e Régiment. Ferrière, capit., B. ⎫
— Osullivan, lieut , B. ⎪ 2 déc. 1805, bataille d'Austerlitz.
— Paollella, lieut., B. ⎪
— Godard, s.-lieut., B. ⎭

— Bonhomme, cap., B. ⎫ 26 déc. 1806, combat de Pultusk (Prusse).
— Lorrain, capit., B. ⎭

(1) — Corbibert (3), capit., B. 3 mai 1809, combat d'Ebersberg (Bavière).

— Gobin, s.-lieut., T. 21 juin 1809, par des partisans Autrichiens, route de Vienne.

— Taffin, lieut., B. 16 sept. 1811, étant en colonne mobile dans les environs de Séville (Andalousie).

— Misset, capit., B. ⎫
— Josset Saint-Ange, lieut , B. ⎪ 19 nov. 1809, bataille d'Ocaña (Nou-
— Guy, lieut., B. ⎪ velle Castille).
— Mouton, s.-lieut., B. (mort le 1er décembre). ⎭

— Collinion, s.-lieut., B. 7 fév. 1814, au siège de Badajoz (Extramadure).

— Josset Saint-Ange, lieut., B. 3 fév. 1811, au siège de Badajoz (Estramadure).

— Josset Saint-Ange, lieut., B. ⎫ 16 mai 1814, bataille de la Albuhera
— Collinion, s.-lieut , B. ⎭ (Estramadure).

(2) — De Masclas (5), lieut., B. 2 avril 1812, défense de Badajoz.

65e Régiment. Desroches, capitaine, B. 3 juillet 1807 devant Kœnigsberg (Prusse).

(3) — De Perron (3), lieut., B. 6 juillet 1809, bataille de Wagram.

— Lapeyre, lieut., B. 13 août 1809, défense de Flessingue (Hollande).

— Gentil, s.-lieut., B. 4 mars 1811, affaire de Thomar (Portugal).

— Pretat, capit., B. 24 sept 1811, affaire de Villadrigo en escortant le courrier (Province de Burgos).

— Coulanger, s.-lieut , B. 24 sept. 1811, route de Villadrigo, par des Guérillas.

— Pretat, capit., B. ⎫ 22 juillet 1812, bataille des Arapiles (Sa-
— Roberge, s.-lieut. B. ⎭ lamanque.

— Fleury, lieut., B. 19 nov. 1812, en escortant un convoi de poudre à Hernani (Guipuscoa).

— Robert, lieut., B. 21 juin 1813. bataille de Vittoria.

— L'Hollier, s -lieut., B. 18 oct. 1813. bataille de Leipzig.

---

(1) 1e bataillon, armée d'Allemagne, 2e corps (Lannes).
(2) 2e Bataillon, Prisonnier de guerre le 7 avril 1812, a Badajoz.
(3) 1e Bataillon. (Les 1er, 2e, 3e bataillons prisonniers à Ratisbonne).

65e *Régiment*. Mérigot (1), s.-lieut. T. }
— Duhamel, lieut., B } 10 déc. 1813, combat devant Bayonne.
— Robert, capit., B. 27 fév. 1814, bataille d'Orthez.
— Parry, s.-lieut., T.
— Hermann, s.-lieut., T.
— D'Hurtubie de Garro, chef de bat., B. } 10 avril 1814, bataille de Toulouse.
— Sburlaty, capit., B.
— Lecomte, capit., B.
— D'Urtubie, chef de bat., B. 19 juin 1815, combat devant Namur (Belgique).

66e *Régiment*. Mouret, lieut., T. 19 avril 1805, dans un combat en mer, (près de la Martinique).
— Mercier (2), capit., B. 17 avril 1809, aux Saintes (Antilles).
— Defossés (3), lieut., B. 4 fév. } 1810, défense de la Guadeloupe
— Varin, s.-lieut., B. 3 fév. } (Antilles).
— Leprêtre, capit., B. 22 juillet 1812, bat. des Arapiles (Salamanque)
— Sausse, cap., B. } 25 oct. 1812, combat de Villamuriel (Vieille-
— Goiret, s.-lieut., B. } Castille.
— Baschet (4), lieut., B. 2 mai 1813, bataille de Lutzen (Saxe).
— Fleury, lieut., B. 28 juillet 1813, retraite de Pampelune (Navarre).
— Lesclide, s.-lieut., B. 31 août 1813, aux avant-postes en Saxe.
— Perrot, lieut., T. 16 oct. 1813, bataille de Leipzig.
— Demay, chef de bat., B. 16 oct. 1813, bataille de Leipzig.
— Mirlavaux, capit., B.
— Saisset, lieut., B.
— Bertaux, lieut., B.
— Jenssens, s.-lieut., B. } 16 oct. 1813, bataille de Leipzig.
— Parnotte, s.-lieut., B.
— Berthier, s.-lieut., B.
— Vignaux, lieut., B. 25 fév. 1814, affaire près de Laon (Aisne).
— Tricard, s.-lieut., B. 30 mars 1814, bataille de Paris.

67e *Régiment*. Ducret, lieut., B. 22 juillet 1805, combat naval du Cap Finistère (Côtes d'Espagne).
— Guibon, capit., B.
— Desmarest, lieut., B. } 4 nov. 1805, combat naval du Cap Orte-
— Rativeau, lieut., B. } gal, (Côtes d'Espagne).
— Coutance, lieut., B. 24 avril 1809, combat de Roveredo (Italie).
— Durocheret, lieut., B. 22 mai 1809, bataille d'Essling (Autriche).
— Pallin, capit., B. 3 avril 1810, près du monastère de Montserrat (Catalogne).
— Dumez, lieut., B. 5 déc. 1810, combat près d'Olot (Catalogne).
— Collard (5), capit., B. 9 décembre 1810, affaire en Catalogne (mort le 2 janv. 1811).
— Milhaud, lieut., B. 20 mars 1811, devant Figuières (Catalogne).

---

(1) 1er, 2e bataillons. (Armée d'Espagne).
(2) Blessé dans une affaire contre les Anglais.
(3) Les 1er, 2e et 3e bataillons prisonniers à la Guadeloupe.
(4) 5e Bataillon — 20e régiment provisoire — 6e Corps Grande Armée (Marmont).
(5) Dans un combat contre des Guérillas.

67ᵉ Régiment. Colmant, lieut., B. } 12 avril 1811, combat de Castel-Follet
— Maréchal, s.-lieut., B. } (Catalogne).
— Saint-Aubin (1), capit., B. 13 avril 1811, dans une embuscade en Catalogne.
— Michel, s.-lieut., B. 27 juillet 1812, route de Santander (Vieille-Castille).
— Boussuges, lieut., B. 16 sept. 1813, affaire de Weisselbourg (Illyrie).
— Dangrezas, s.-lieut., T. 18 sept. 1813, en Catalogne (en escortant le trésor).
— Harque, capit., B. 21 janv. 1814, aux avant-postes (Italie), (mort le 19 fév.).

69ᵉ Régiment. Delpech, lieut., B. 14 oct. 1805, combat d'Elchingen (Bavière).
— Poirot, lieut., B. 14 juin 1807, bataille de Friedland (Prusse).
— Morel, s.-lieut., B. 27 sept. 1810, bataille de Busaco (Portugal).
— Bayan (2), capit., disparu, 22 oct. 1811, à Tolède (présumé mort).
— Danner, lieut., B. 25 juin 1813, combat de Tolosa (Guipuscoa).
— Babot, s.-lieut., T. 30 juillet 1813, devant Pampelune (Navarre)
— Reblin (3), s.-lieut., B. 1ᵉʳ janv. 1814, combat devant Bayonne.
— Thomas, capit., B. 16 juin 1815, bataille de Ligny

70ᵉ Régiment. Gorjus, s.-lieut., B. 12 mai 1809, évacuation d'Oporto (Portugal).
— Besson, chef de bat., B. 20 avril 1810, au siège d'Astorga (Galice).
— Bissenil, capit., T. }
— Langlois (E.) s.-lieut., T. } 3 avril 1811, combat de Sabugal (Portugal).
— Bertheux, s.-lieut., T. }
— Dulac, s.-lieut., B. 1ᵉʳ avril 1814, aux avant-postes de Crépy (Oise).

72ᵉ Régiment. Marigny, s.-lieut., B. 14 juin 1807, bataille de Friedland.
— Coutureau, capit., B. } 22 avril 1809, bataille d'Eckmühl.
— Larcher, lieut., A. M. B. }
— Faure, lieut., B. 22 mai 1809, bataille d'Essling.
— Deuve, s.-lieut., B. 6 juillet 1809, bataille de Wagram.
— Marigny, capit., B. }
— Seigneuret, s.-lieut., B. }
— Lembart, s.-lieut., B. } 7 sept. 1812, bataille de la Moskowa.
— Dutot, s.-lieut., B. }
— Lafitte, colonel, B. }
— Seigneuret, lieut., B. } 18 nov. 1812, bataille de Krasnoë.
— Durfort, s.-lieut., B. }
— Canu (4), chirurg. A. M. B. 27 août 1813, combat de Lübnitz près de Wittenberg.
— Seigneuret (5), lieut., B. 18 oct. 1813, bataille de Leipzig (Saxe).
— Nègre, lieut., B. 17 janv. 1814, combat devant Maëstricht.
— Seigneuret, lieut., B. 18 fév. 1814, bataille de Montereau.

(1) Blessé près de Figuières.
(2) Présumé assassiné par des habitants.
(3) 1ᵉʳ et 2ᵉ bataillons. (Armée d'Espagne).
(4) Le 3ᵉ bataillon appartenait à la division de Magdebourg.
(5) Les 1ᵉʳ, 2ᵉ et 4ᵉ bataillons prirent part aux batailles de Dresde et de Leipzig (2ᵉ corps). Grande Armée.

72e *Régiment.* Rethoré, capit., B. 30 mars 1814, bataille de Paris.
— Gonthier, s.-lieut., B. } 18 juin 1815, bataille de Waterloo.
— Bouillet, s.-lieut., B. }
75e *Régiment.* Perrot, s.-lieut., B. nuit du 2 au 3 mars 1805, par l'explosion d'un brulôt à Boulogne.
— Jacquet, capit., B. } 6 fév. 1807, combat de Hoff (Prusse).
— Fourneaux, capit., B. }
— Designy, capit., B. 26 août 1813, bataille de Dresde.
— Clotrié, s.-lieut. B. 11 oct. 1813, défense de Dresde.
— Henry, lieut., B. } 27 fév. 1814, bataille d'Orthez.
— Dupart, s.-lieut., B. }
— Douy (1), s.-lieut., B. 10 avril 1814, bataille de Toulouse.
— Naudou, s.-lieut., B. 19 juin 1815, combat de Namur (Belgique).
76e *Régiment.* Richelet, s.-lieut., B. 14 octobre 1805, combat d'Elchingen (Bavière).
— Michel, s.-lieut., B. 5 fév. 1807, affaire près de Deppen (Prusse).
— Gibon, cap., B. } 14 juin 1807, bataille de Friedland.
— Dupont, s.-lieut., B. }
— Deslaurier (2), capit., B. 23 juillet 1808, dans une embuscade près de Madrid.
— Crépieux, s.-lieut., B. 18 fév. 1809, dans une affaire en Galice, près de la Corogne.
— Hollier de la Gorce, s.-lieut., B. 18 oct., 1809, combat de Tamamès (Province de Salamanque).
— Hollier de la Gorce, l., B. 29 août 1810, devant Almeïda (Portugal).
— Sellé, s.-lieut., B. 27 sept. 1810, bataille de Busaço (Portugal).
— Ferrand de Missol, lieut., B. 5 mai 1811, bataille de Fuentes d'O-nòro (Roy. de Léon).
— Norry-Duparc, s.-lieut., B. 22 juillet 1812, bataille des Arapîles (Salamanque).
— Dupont, capit., B. 17 sept. 1813, combat devant Dresde.
— Martin (3), capit., B. 5 déc. 1813, défense de Stettin (Prusse).
— Benez, s.-lieut., B. 9 déc. 1813. } combats devant Bayonne.
— Lecomte, lieut., B. 13 déc. 1813. }
— Lecomte, capit., B. 10 avril 1814, bataille de Toulouse.
— Caron, lieut., B. 16 juin 1815, bataille de Ligny.
— Lachambre, lieut., B. } 19 juin 1815, combat devant Wavre.
— Terrin, lieut B., }
— Catrin, s.-lieut., B. } 2 juillet 1815, aux avant-postes devant
— Fine, chef de bat., B. } Issy (Seine).
— Villain, capit., B. 3 juillet 1815, combat devant Vaugirard (Seine).
79e *Régiment.* Merlet, s.-lieut., T. } 21 oct. 1805, bat. navale de Trafalgar.
— Bourgeon, lieut., B. }
— Gérardot, capit., B. 30 oct. 1805, combat de Caldiero (Italie).
— Mahé de Villeneuve, s.-lieut., B. 23 mars 1806, par des brigands en Italie.

—————

(1) 1er bataillon. (Armée d'Espagne).
(2) Etait détaché au 6e régiment provisoire (corps d'observation de la Gironde, Dupont).
(3) Cet officier appartenait au 4e bataillon.

79e Régiment. Darru, capit , B. 13 sept. 1806, affaire de Vitalina (Dalmatie).

— Aúgier, capit., B. 25 mai 1809, combat d'Ottochatz (Croatie).

— Jomard (1), lieut., A. M. B. 29 sept. 1810, route de Puycerda (Catalogne).

— Viguier, chef de bat., B. 13 oct. 1813, défense de Dresde.

84e Régiment. Maillard, s.-lieut., B. 17 juin 1806, combat devant Raguse (Illyrie).

— Grosbois (2), lieut., T. 11 déc. 1806, défense de l'île de Curzolla (Adriatique).

— Duguermeur, s.-lieut., B. 21 mai 1809, combat de Gospich (Croatie).

— Marcognet, s.-lieut., B. 14 août 1809, affaire dans le Tyrol (mort le 18 sept.).

— Taillandier (3), capit., B. 5 janv. 1812, route de Saragosse (mort le 27).

— Manault, s.-lieut., B. 8 juillet 1813, affaire d'Alcubières, près de Saragosse.

— Travers, capit., B, 9 juillet 1813, combat de la Salud (Catalogne).

— Lionnet, s.-lieut., B. 2 mars 1814, combat d'Aire (Pyrénées).

82e Régiment. Blache, lieut., B. 21 (mort le 25). } 20 et 21 mai 1813, bataille de

— Michelet, s.-lieut., B. 20. } Bautzen et Wurchen (Saxe).

— Ruzette (4), s.-lieut., B. 20 mai 1813, bataille de Bautzen (Saxe).

— Castel, s.-lieut., B. 18 oct. 1813, bataille de Leipzig (mort le 12 nov.).

— Nicaise (5), capit., B. 14 avril, }

— Culpin (5), s.-lieut., B. 14 avril. } 1814, défense de Bayonne.

— Duvaucel, lieut., B. 10 juin 1815, combat de Muzillac (Morbihan).

84e Régiment. Magnenot, capit., B. 16 avril 1809, bataille de Sacile (Italie).

— Vauselle, lieut , B. }

— Dupont, s.-lieut., B. } 26 juin 1809, combat de Gratz

— Noël (J.-B.), s.-lieut., B. } (Saint-Léonard) (Autriche).

— Deligne, lieut., présumé assassiné en juin 1809, par des insurgés, route de Trieste à Laybach.

— Henry, s.-lieut., noyé le 5 sept. 1812 à Trieste, par suite de l'explosion de la frégate la Danaé (Illyrie).

— Lafebvre, capit., B. 24 oct. 1812, bataille de Malojaroslawtz (Russie).

85e Régiment. Joubert, capit , B. 14 oct. 1806, bataille d'Auerstaedt (Prusse).

— Briqueler, lieut. B. 23 avril 1809, combat devant Ratisbonne (Bavière).

— Finant., capit., B. } 6 juillet 1809, bataille de Wagram (Au-

— Thierry, s.-lieut. B. } triche).

— Maillembert, s.-lieut., B. 3 nov. 1812, combat de Wiasma (Russie).

— Sergent, lieut., A. M. B. 2 mai 1813, bataille de Lutzen (Saxe).

— Fouache, s.-lieut., B. 18 juin 1815, bataille de Waterloo (Belgique).

86e Régiment. Menou, capit., B. 16 janv. 1809, combat de la Corogne (mort le 30).

— Moré (6), s.-lieut., T. 29 mars 1809, bataille d'Oporto (Portugal).

---

(1) Blessé étant à la poursuite de brigands en Catalogne.

(2) Tué d'un coup de canon tiré par un navire anglais.

(3) Blessé mortellement par des guérillas en Aragon.

(4) 6e bataillon, 16e régiment provisoire au 6e corps de la Grande Armée.

(5) Blessés dans la sortie du 14 avril 1814.

(6) Tué en traversant le pont de bateaux, sur le Douro.

86e Régiment. Meyer, capit., B., 3 juillet 1812, route de Burgos (Vieille-Castille).
— Gruat, capit., B. 3 juillet 1812, affaire de Palencia (Vieille-Castille.
— Mongolfier, lieut., B. 21 et 27 juin 1812, défense des forts de Salamanque (Léon).
— Meyer, capit., T. 31 juillet 1813, retraite de Pampelune (Navarre).
— Couillard (1), lieut. B. ⎫ 16 oct. 1813, bataille de Leipzig.
— Devaux, lieut., B. ⎭
— Thierry, s.-lieut., B. 25 déc. 1813, aux avant-postes près de Bayonne.
— Desjardins, lieut., B. 14 mars 1814, combat de Tarbes.
— Hubaut, lieut., B. 20 juin 1815, combat de Namur (Belgique).
88e Régiment. Drouin, lieut., B. 26 déc. 1806, combat de Pultusk (Prusse).
— Olivier, lieut., B. 29 déc. 1810, en escortant un courrier, route d'Olivenza (Extramadure).
— Dubarry, chef de bat., B. 3 fév. 1811, siège de Badajoz (Estramadure).
— Massot, capit., B. 16 mai 1811, bataille de la Albuhera (Estramadure).
— Olivier, capit., B. 19 mars, ⎫
— Dumesnil (2), lieut., B. ⎬ 1812, défense de Badajoz.
 7 avril. ⎭
— Riché, lieut., B. 6 déc. 1812, aux avant-postes près d'Arenas (mort le 25 fév. 1813).
— Petit, lieut., B. 21 juin 1813, bat. de Vittoria (Province d'Alava).
— Basset (3), capit., B. 11 oct. 1813, défense de Dantzig.
— Vol, s.-lieut., B. 30 mars 1814, bataille de Paris.
92e Régiment. Héloin, capit., B. 11 mai 1809, combat de Saint-Daniel (Italie).
— Daget, capit., B. ⎫ 17 mai 1809, assaut du fort Préwald
— Lebelle, s.-lieut., B. ⎭ (Carinthie).
— Lallemand, lieut., B. 6 juillet 1809, bataille de Wagram.
— Pottier, capit., B. ⎫
— Farinières, capit. B. (mort). ⎪
— Feuillard, lieut., B. ⎪
— Koulin, lieut., B. ⎪
— Lécuyer, lieut., B. ⎬ 7 sept. 1812, bataille de la Moskowa.
— Heliaque, lieut., B. ⎪
— Vistorte, lieut., B. ⎪
— Quentin, s.-lieut., B. ⎭
— Daudier, capit., B. 24 oct. 1812, bataille de Malojaroslawetz.
— Tissot, colonel en 2e B. ⎫ 3 nov. 1812, combat de Wiasma.
— Duverdier, lieut., B. ⎭
— Delongue, capit. A. M. B. 8 fév. 1814, bataille du Mincio.
— Corot, lieut., B. 15 juin 1815, aux avant-postes devant Charleroi.
— Amiot, lieut., B. ⎫ 16 juin 1815, bataille de Ligny.
— Barbier, s.-lieut., B. ⎭
— Corot, lieut., B. 18 juin 1815, bataille de Waterloo.

(1) 3e bataillon, 25e régiment provisoire, 6e corps de la Grande Armée.
(2) Blessé à la défense du fort de San-Cristoval.
(3) Cet officier appartenait au 4e bataillon (10e corps Rapp).

93e Régiment. Rivet, s.-lieut., B. 14 juin 1807, bataille de Friedland.
— Rivet, lieut., B 22 mai 1809, bataille d'Essling.
— Legendre (1), capit., B. 10 juil 1811, devant Figuières (Catalogne).
— Brodel, s.-lieut., B. } 19 août 1812, combat de Valoutina-Gora
— Arnefaut, s.-lieut., B. } (Russie).
— Schlater, capit., B. (présumé mort).
— Bardon, capit., B. (mort le 22 oct).
— Leclerc, capit., B. (mort).
— Pellion, lieut., B. (mort le 4 nov.). } 7 sept. 1812, bataille de la
— Campagne, capit., B.   Moskowa.
— Delatouranday, lieut., R.
— Delage, lieut., B.
— Brodel, s.-lieut., B.
— Gigault, s.-lieut., B. } 7 sept. 1812, bataille de la Moskowa.
— Robin, s.-lieut., B.
— Delahaye, s.-lieut., T. 16 nov. 1812. devant Krasnoë.
— Simon, s.-lieut. T. } 18 nov. 1812, bataille de Krasnoë.
— Gueit, capit., B.
— Goris (2), capit., T. 17 avril 1813, défense de Spandau (Prusse).
— Marchal, colonel B. } 16 oct. 1813, bataille de Leipzig.
— Dubief, s.-lieut., B.
— Filot, s.-lieut., B. 30 octobre 1813, au pont de Hanau.
— Rompillon, capit., B. 20 janv. 1814, bataille de Brienne.
— Bonnans, lieut., B. 1er fév. 1814, bataille de la Rothière (mort le 22).
— Jacob, s.-lieut., B. 31 mars. } 1814, défense de Besançon.
— Rouvier, s.-lieut., R. 1er avril.
— Thabey, lieut., B. 18 juin 1813, bataille de Waterloo.
94e Régiment. Rossé, lieut., B. } 6 nov. 1806, combat de Lubeck.
— Legay, s.-lieut., B.
— Lagrèye, lieut., B. 10 nov. 1808, bataille d'Espinosa (Vieille-Castille).
— Petitjean, s.-lieut., T. 29 janvier 1811, devant Cadix (Andalousie).
— Carré, s.-lieut., B. 5 mars 1811, combat de Chiclana (Près de Cadix).
— Lambert (3), lieut., B. 9 juin 1813, défense de Dantzig (Prusse).
— Pomois, s.-lieut., B 11 oct. 1813, aux avant-postes à Dantzig.
— Noailles, lieut., B. 18 nov. 1813, défense de Dantzig.
— Béchelé, chef de bat., B. 9 déc. 1813, combat devant Bayonne.
— Courtraize, capit., A. M. B. 13 déc. 1813, combat devant Bayonne (mort le 5 janv. 1814).
— Zeitrogel, lieut., B. 13 déc. 1813, combat devant Bayonne.
95e Régiment. Louis (4), capit., B. 2 mai 1808, Insurrection de Madrid (mort le 24)
— Mathieu, lieut., B. 22 mai 1809, bataille d'Essling (Autriche).
— Humbert, s.-lieut., B. 5 nov. 1813, défense de Torgau (Saxe).
— Letellier, s.-lieut., B. 10 mars 1814, défense de Maëstricht.
— Jansen, s.-lieut., B. 13 avril 1814, défense de Bayonne.

---

(1) Blessé au blocus de Figuières, cet officier appartenait au 4e bataillon.
(2) Cet officier appartenait au 5e bataillon (2e compagnie).
(3) Le 4e bataillon était à Dantzig, 10e corps (Rapp).
(4) Cet officier était détaché au 6e régiment provisoire (corps d'observation de la Gironde (Dupont).

95e *Régiment.* Coulon, s.-lieut , B. 14 avril 1814, défense de Bayonne.

96e *Régiment.* Arnoux (1), capit., B. 14 oct. 1805, combat d'Albeck (Wurtemberg).

— Beaudouin, s.-lieut., B. 28 mars 1809, bataille de Medellin (Estramadure).

— Jacob (2), lieut., B. 22 mai 1809, bataille d'Essling.

— Jacob, lieut., B. 6 juillet 1809, bataille de Wagram.

— Bourdin, s -lieut., B. 6 juillet 1809, bataille de Wagram.

— Maigrot, lieut., B. 28 juillet 1809, bataille de Talavera de la Reyna (Nouvelle-Castille).

— Charrier, chef de bat., B.) 1er juin 1812, combat de Bornos (An-
— Bourdin, lieut., B. (dalousie).

— Dumont, capit., B. 21 juin 1813, bataille de Vittoria.

— Clément (3), s.-lieut., B. 16 octobre 1813, bataille de Leipzig.

— Fongrenier, lieut., B. 13 déc. 1813, combat de Saint-Pierre d'Irube (Pyrénées).

— Delmas, lieut., B. 16 juin 1815, bataille de Ligny.

100e *Régiment.* Olagne, capit., B. 11 nov. 1805, combat de Diernstein ou de Dürrenstein.

— Buglet, lieut., A. M., B. 21 déc.) 1808, combat devant Saragosse
— Jardy, s.-lieut., B. 21 déc. ((Aragon).

— Depère (4), lieut., B. 10 mai 1811, défense de Badajoz (Estramadure).

— Vuillemin, capit., B.)
— Jacquot, capit., B. } 16 mai 1811, bataille de la Albuhera (Estramadure).
— Duplan, capit., B.)

— Dorfeud, lieut., B.)
— Perrin, s.-lieut., B. } 21 juin 1813, bataille de Vittoria.

— Mézerat, capit., B. 25 juil. 1813, combat du Col de Maya (Navarre).

— Tourbier (5), lieut., B)
— Bonnecaze, s.-lieut., B. } 27 août 1813, bataille de Dresde.

— Bunel (6), lieut., B. 13 déc. 1813, combat devant Bayonne.

— Collin, s.-lieut., B. 16 juin 1815, bataille de Ligny.

— Bonnecaze, s.-lieut., B. 18 juin 1815, bataille de Waterloo.

101e *Régiment.* Rabillac de Lavareille, capit., B. 30 oct. 1805, combat de Caldiero (Italie).

— Lebouteiller, lieut., B. 22 juillet 1812, bataille des Arapiles (Roy. de Léon).

— Faivre (7), chef de bat., B.)
— Féderici, lieut., B. } 21 mai 1813, bataille de Wurschen (Saxe).

— Provost, s.-lieut , B.)
— Genet, s.-lieut., B. } 4 juin 1813, combat de Lukau (Saxe).

---

(1) Blessé en gardant le pont de Thalfingen.
(2) 4e bataillon, 2e 1/2 brigade de ligne, 2e corps, armée d'Allemagne (Lannes).
(3) 4e bataillon, 10 1/2 brigade provisoire, 11e corps, Grande Armée. (Macdonal).
(4) 3e Bataillon à Badajoz.
(5) 2e, 3e, 4e bataillons, 14e corps. Grande Armée (Gouvion Saint-Cyr).
(6) 1er Bataillon, Armée d'Espagne (Soult).
(7) 2e, 3e, 4e bataillons, 12e corps Grande Armée (Oudinot).

101e Régiment. Champagne, s.-lieut., B. 1er juil. 1813, près du pont d'Irun (Guipuscoa).

— Jaissey, lieut., B. 9 déc. 1813, combat devant Bayonne.

— Jaissey, lieut., B. 27 fév. 1814, combat de Bar-sur-Aube.

102e Régiment. Chaudechart, lieut., B. 29 avril 1809, combat de Suave (Italie).

— Schneider (1), lieut., B. 10 nov. 1813, aux avant-postes, près de Mayence.

— Routier (2), lieut., B. 15 nov. 1813, combat de Caldiero (Italie).

— Renier, s.-lieut., B. 19 nov. 1813, combat de Saint-Michel (Italie).

— Viardin, capit., B. 8 déc. 1813, combat de Rovigo (Italie).

— Levasseur, lieut., B. 10 fév. 1814, combat de Volta (Italie).

— Landréat, lieut., B. 1er juillet 1815, affaire de Bessoncourt, devant Belfort.

— Frey, capit., B. 4 juillet 1815, combat de Pérouse, devant Belfort.

103e Régiment. Valtat, lieut., A. M., B. 11 nov. 1805, combat de Diernstein ou de Dürrenstein.

— Lurat, capit., B. }
— Proux, lieut., B. }
— Labbe, lieut., B. } 14 oct. 1806, bataille d'Iéna (Prusse).
— Galland, lieut., B. }
— Fremin, s.-lieut., B. }

— Labbe, lieut., B. } 16 fév. 1807, combat d'Ostrolenka (Po-
— Villain, lieut., B. } logne).

— Lambin, capit., B. 8 fév. }
    (mort le 16 déc.) } 1809, siège de Saragosse (Aragon).
— Campana, lieut., B. 8 fév. }

— Floucaud (3), s.-lieut., B. 22 mai 1809, bataille d'Essling (Autriche).

— Faye, s.-lieut., B. 27 août 1810, étant en colonne mobile en Navarre.

— Villain, capit., B. 16 fév. 1811, siège de Badajoz (Estramadure).

— Floucaud (4), capit., B. 16 oct. 1813, bataille de Leipzig.

— Juquin, s.-lieut., B. 13 déc. 1813, combat devant Bayonne.

104e Régiment. Michel, lieut., B. 3 janv. 1814, affaire devant Mayence (mort le 4 fév.).

— Bonvalet, s.-lieut., B. 7 janv. 1814, devant Mayence (mort le 10 fév.).

105e Régiment. Maussien (5), lieut., B. }
    Maillet, s.-lieut., B. } 14 oct. 1806, bataille d'Iéna.

— Maillet, s.-lieut., B. 14 juin 1807, bataille de Friedland.

— Daudier, lieut., B. 19 avril 1809, combat de Thann (Bavière).

— Bacigalupo, s.-lieut., B. 5 juillet 1809, bataille de Wagram.

— Bacigalupo, s.-lieut., B. 26 janv. 1811, en escortant le trésor en Espagne (Navarre).

---

(1) 4e Bataillon, 14e 1/2 brigade provisoire, 11e corps (Gérard).

(2) 3e, 6e bataillons, armée d'Italie (Prince Eugène).

(3) 4e bataillon, 2e corps. Armée d'Allemagne (Lannes).

(4) 3e bataillon, 24e régiment provisoire, 3e corps, Grande Armée (Ney).

(5) Les Cies d'élite des 4 bat. firent seules la campagne de 1811 à 1813 en Espagne. Elles furent formées en 2 bat. de 4 Cies : le 1er bat. des 4 Cies de Voltigeurs et le 2e bat. des 4 Cies de Grenadiers, formant un régiment d'élite sous les ordres du major.

105ᵉ Régiment. Laneuvais, s.-lieut., B. 11 juillet 1812, par des Guérillas en Espagne (Navarre).

— Foubert, s.-lieut., B. } 15 oct. 1812, combat près de Pampelune
— Laneuvais, s.-lieut., B. } (Navarre)
— Lefebvre, capit., B. 22 mars 1813, combat route de Pampelune.
— Hatry, capit , T. 27 sept. 1813, aux avant-postes, près d'Hendaye (Pyrénées).
— Valadon, lieut., T. 7 oct. 1813, combat sur les Pyrénées étant en tirailleur.
— Lespinasse, capit., T. 9 déc. 1813, combat près de Bayonne.
— Olivier (1), lient., T. } 9 fév. 1814, combat devant Hambourg.
— Schrocker, s.-lieut., B. }
— Bradel, capit., T. 27 fév. 1814, combat de Bar-sur-Aube.
— Fromy s.-lieut., B. 20 mars 1814, combat d'Arcy-sur-Aube.
— Bonneau, s.-lieut., B. 18 juin 1815, bataille de Waterloo.

106ᵉ Régiment. Nancilhan, lieut., B. 16 avril 1809, bataille de Sacile (Italie).

107ᵉ Régiment. Lataste, capit., 3 fév. 1814, combat de la Chaussée (Marne).

— Prevost, capit., B. } 9 fév. 1814, combat de la Ferté-sous-
— Francotte, s.-lieut., B. } Jouarre (Seine-et-Marne).
— Colard, s.-lieut., B. 16 juin 1815, bataille de Ligny.
— Magnin, chirur., M. B. 18 juin 1815, bataille de Waterloo.

108ᵉ Régiment. Bonne, lieut., B. 8 nov. 1805, affaire de Mariazell (Styrie).
— Chevalier, s.-lieut., B. 2 déc. 1805, bataille d'Austerlitz (Moravie).
— Bénissier, capit., B. }
— Chasseurs, s.-lieut., B. } 6 juillet 1809, bataille de Wagram.
— Viedman, s.-lieut., B. }
— Massonpierre, capit., B. }
— Gobillard, capit., B. }
— Deslandes, capit., B }
— Derive, lieut., B. } 23 juil. 1812, combat de Mohilew (Russie).
— Vesner, lieut., B. }
— Saint-Martin, lieut., B. }
— Pacque, lieut., B. }
— Gollenot (2), lieut., B. 10 avril 1813, défense de Thorn (Pologne).
— Voillemy, s.-lieut., B. 12 mai 1813, affaire de Lunebourg route de Hambourg.
— Thibodeau, s.-lieut., B. 20 janv. 1814, défense de Hambourg.
— Gofflot, s.-lieut., B. 31 mars 1814, aux avant-postes devant Hambourg.
— Méry, chef de bat., B. 16 juin 1815, bataille de Ligny.
— Cottret, s.-lieut., B. 16 juin 1815, bataille de Ligny.

111ᵉ Régiment. Signoretti, capit., B. } 14 oct. 1806, bat. d'Averstaëdt (Prusse).
— Ferrero, lieut., B. }
— Grosso, lieut., B. 8 fév. 1807, bataille d'Eylau (Prusse).
— Cavallé, capit., B. } 22 avril 1809, bat. d'Eckmühl (Ba-
— Melan de Portula, lieut., B. } vière).
— Laroche, s.-lieut., B. } 6 juillet 1809, bataille de Wagram.
— Taro, s.-lieut., B. }

---

(1) 3ᵉ, 4ᵉ bataillons au 13ᵉ corps de la Grande Armée (Davout).
(2) Cet officier resté malade à Thorn, ne put rejoindre son régiment.

111e Régiment. Ray, capit., B. (mort).

— Torelli, lieut., B. } 7 sept. 1812, bataille de la Moskowa.

— Druez, s.-lieut., B.

— Ubertini, chirurg., M.B. } 3 nov. 1812, combat de Wiasma (Russie).

— Druez, s.-lieut , B.

— Mongini (1), s.-lieut., B. 4 sept. 1813, défense de Modlin (Pologne).

— Ozella, lieut , B. 14 nov. 1813, défense de Hambourg.

— Sirco, chef de bat., B. 22 fév. 1814, défense de Hambourg.

— Lesbros, chef de bat., B. 16 juin 1815, bataille de Ligny.

112e Régiment. Dorez, s.-lieut., B. 2 déc. 1808, combat de la Fluvia (Espagne).

— Dorez, s.-lieut., B. 25 fév. 1809, combat de Vals (Catalogne).

— De Rosée, capit., B. { 24 avril 1809, combat de Volano

— De l'Escaille, lieut., B. { (Italie).

— Walckiers, capit., B. 6 juillet 1809, bataille de Wagram (mort le 10).

— Dorez (2), s.-lieut., B. 17 oct. 1809, affaire du Pont de Camagne (Catalogne).

— Holchout (2), s. lieut., B. 2 nov. 1812, affaire de la Garriga (Catalogne).

— L'Olivier, capit., B. } 5 avril 1813, combat devant Magde-

— Walkens, s.-lieut., B. } bourg.

— Leroux, lieut., B.

— Bochard, s.-lieut., B. } 21 mai 1813, bataille de Wurschen (Saxe).

— Werbeeck, s.-lieut., B.

— Lagrange, lieut., B. 23 août 1813, combat de Goldberg (Silésie).

— Stiénon, capit., B. 27 août 1813, retraite de Katzbach (Silésie).

— Girard, lieut., T. 31 août 1813, aux avant-postes de Saxe.

— Simon, s.-lieut., T. 19.

— Hulin (J.), s.-lieut., T. 19. } 18 et 19 oct. 1813, bataille de Leipzig

— Payen, lieut., A. M., B. 18.

— Ducournaud, capit., B. 18.

— Ducournaud, capit., B. 30 nov. 1813, combat d'Arnheim (Hollande).

— Payen, lieut., A. M., B. 25 mars 1814, combat de Fère-Champe-noise (Marne).

113e Régiment. Lattanzi, lieut., T. 25 août 1808, affaire en Catalogne (route de Figuières à la Jonquière).

— Trieb (3), lieut., B. 2 mai 1811, au pont d'Orbigo (Royaume de Léon).

114e Régiment. Compain, capit., B. } (mort le 25 juillet).

— Bruges, lieut., B. } 28 juin 1808, attaque devant Valence.

— Fossé, s.-lieut., B.

— Richard, s.-lieut., B.

— Agnet, s.-lieut., B. 29 juin 1808, dans la retraite de Valence (étant à l'arrière-garde).

— Espie, chef de bat., B. 27 janv. }

— Floriot, lieut., B. 29 janv. } 1809, siège de Saragosse (Aragon).

— Richard-Moulin, s.-lieut., B. 27 janv. }

---

(1) Cet officier qui rejoignait son régiment ne put dépasser Modlin.

(2) Cet officier appartenait au 4e bataillon (Armée de Catalogne).

(3) Cet officier était détaché à l'état-major du général Seras.

114e Régiment. Picot, s.-lieut., B. } 23 mai 1809, combat d'Alcanitz (Ca-
— Charmel, s.-lieut., B. } talogne)
— Chevalier, s.-lieut., B. 3 juin 1810, devant Méquinenza Aragon).
— Espie, chef de bat., B. 7 septembre 1810 étant en reconnaissance, près de Mora (mort en févr. 1811, à Valence, Espagne).
— Janssens, capit., B. 11 janvier 1812, à Sanguessa (Navarre).
— Gérard, s.-lieut., B. 10 avril 1814, bataille de Toulouse.
115e Régiment. Labussière, capit., B. 11 mars 1808, par des paysans près d'Aranda (Navarre).
— Lefébure, capit., B. 28 janv. 1809, siège de Saragosse (Aragon).
— Siere, lieut., B. 23 mai 1809, combat d'Alcanitz (Catalogne).
— Jacquet, s.-lieut., B. 14 oct. 1810, par les Guérillas en Espagne près de Mora (Catalogne).
— Lajoye, s.-lieut., B. 16 juin 1812, près de Taragone (par des con-trebandiers) (Catalogne).
— Puthod, s.-lieut., B. 20 mars 1814, combat devant Lyon.
— Touzé (1), s. lieut., B. 20 mars 1814, combat devant Lyon.
116e Régiment. Vitaly, s.-lieut., B. } 1er juillet 1808, en escortant un convoi
Capon, s.-lieut., B. } près d'Alcolea (Andalousie).
— Clerget, s. lieut., B. 23 nov. 1808, bataille de Tudela (Navarre).
— Pierret, capit., B., 25 oct. 1811, bataille de Sagonte (Royaume de Valence).
— Caron, lieut., B, 13 sept. 1813, aux avant-postes près du Col d'Ordal (Catalogne).
— De Burgat, capit., B. }
— Charpentier, lieut., B. } 14 sept. 1813, combat du Col d'Ordal.
— Roch, s.-lieut., B, 27 fév. 1814, bataille d'Orthez (Pyrénées).
117e Régiment. Hoffmuller, capit., assassiné en juillet 1808, entre Vittoria et Bayonne.
— Henry, chirurg. A. M. assassiné le 11 janv. 1809, en escortant des blessés, route de Saragosse.
— Gérardeau (2), lieut., B. 2 janv. 1809, devant Saragosse mort le 2 février).
— Letocart, lieut., B. 28 janv. 1809, siège de Saragosse (mort le 23 fév.).
— Porion, s.-lieut., B. 4 nov. 1813, affaire près de Denia (Catalogne).
— Rogats, s.-lieut., B. 10 janv. 1814, aux avant-postes près d'Orthez.
118e Régiment. Lucquet (3), s.-lieut., présumé tué, le 22 sept. 1808, à Logrono (Vieille-Castille).
— Lemaire, capit., B. 8 janv. 1809, affaire de Ciguerelo (mort le 15 fév. 1809).
— Ruquier (4), capit., A. M. B. 15 août 1811, dans les montagnes de Lonarès (Asturies).
— Berthier, lieut., noyé. }
— Bonnet, s.-lieut., noyé. } 21 janvier 1812, dans un naufrage près
— Magniant, s.-lieut., noyé. } de Saint-Vincent (Asturies).

---

(1) 1er, 2e et 3e bataillons. Armée de Lyon (Angereau).
(2) Cet officier était de garde à la tranchée devant Saragosse.
(3) Présumé assassiné par des habitants dans les faubourgs.
(4) Blessé étant à la poursuite des brigands.

118ᵉ Régiment. Maillard, s.-lieut., B. 22 juillet 1812, bataille des Arapiles (Salamanque).

— Marnas, lieut., B.
— Lajarte, lieut., B. } 6 janv. 1813, défense de Bilbao (Biscaye).

— Prel, lieut., B. 31 août 1813, combat sur la Bidanoa.

119ᵉ Régiment. Langelier (1), lieut., B. 2 juillet 1808, devant Saragosse (Aragon).

— Lhomer, capit., T.
— Arbod, major, B. { 14 juillet 1808, bataille de Médina-del-
— Affet, lieut., B. { Rio-Secco (Royaume de Léon).
— Hastrel, s.-lieut., B.

— Pageot (1), s.-lieut., B. 2 août 1808, devant Saragosse (Aragon).

— Guilbert, capit., B. 10 juin 1809, combat de Santander (Vieille-Castille).

— Normand (2), s.-lieut., B. 13 juin 1810, près d'Astorga (Galice).

— Naylies (3) s.-lieut., B. 18 août 1810, affaire de Sola (Asturies).

Gearis, capit., B.
— Gallois, lieut., B. { 22 juillet 1812, bataille des Arapiles (Pro-
— Ferment, s.-lieut., B. { vince de Salamanque).
— Pencelet, s.-lieut., B.

— Yunck, s.-lieut., T. 3 août 1813, affaire de Lerma (Nouv. Castille).

— Beillard, s.-lieut., B. 21 juin 1813, bataille de Vittoria.

— Conseillant, lieut., B.
— Janiaux, s.-lieut., B. } 31 août 1813, combat sur la Bidassoa.

— Bosselet, s.-lieut., B. 11 déc. 1813, combat devant Bayonne.

— Abraham, s.-lieut., B.
   (mort le 2 mars 1814). { 13 déc. 1813, combat de Saint-Pierre-
— Janiaux, s.-lieut., B. { d'Isube (Pyrénées).
— Barberin, lieut., B.

— Sicard, capit., B. 27 fév. 1814, bataille d'Orthez (Pyrénées).

— Brézil, lieut., B. 27 fév. 1814, bataille d'Orthez.

— Ferment, capit., B. 10 avril 1814, bataille de Toulouse.

120ᵉ Régiment. Salomon de Suarce, s.-lieut., B. 12 juin 1808, affaire de Cabezon (Vieille-Castille).

— Julien, capit., B., 8 juin 1809, près de Saint-Illana, (province de Santander), à l'avant-garde.

— Fauchon, capit., B.
— Folley, capit., B.
— Chabannes, s.-lieut., B. } 10 juin 1809, combat de Santander
— Furstemberg, s.-lieut., B. { (Vieille Castille).
— Hardiot, s.-lieut. B.

— Salomon de Suarce, s.-lieut., assassiné le 22 juin 1809, route de Bilba à Santander, (par des contrebandiers).

— Bouthmy, chef de bat., B. 21 sept. 1810, combat de Salas (Asturies).

— Merda dit Méda (4), capit., B. 20 oct. 1810, route de Fresno, (Asturies).

---

(1) Blessé au premier siège de Saragosse (Verdier).
(2) Blessé en escortant le parc du 8ᵉ corps (Jernot).
(3) Blessé en poursuivant les contrebandiers en Asturies.
(4) Blessé étant en colonne dans les Asturies.

120ᵉ Régiment. Thomas (1), s.-lieut., B. 6 janv 1812, en escortant un convoi de blessés (Asturies).

— Lepréux, capit., B. 22 juillet 1812, bat. des Arapiles (Salamanque).

— Magnien, s.-lieut., T. { 21 juin 1813, bataille de Vittoria (pro-
— Moinet, s.-lieut., B. } vince d'Alava).

— Aveline, capit., B. 28 juillet 1813, retraite de Pampelune (mort le 6 août).

— Riblet, lieut., T. 10 déc.

— Bernard, s.-lieut., B. 10 déc. (mort le 23). { 9 et 10 déc. 1813, combat devant Bayonne.
— Roussegeas, s.-lieut., B. 9 déc. (mort le 23).

— Marie, s.-lieut., B. 11 déc. 1813, aux avant-postes devant Bayonne.

— Martollio, lieut., T. { 10 avril 1814, bataille de Toulouse.
— Martel, lieut., T.

121ᵉ Régiment. De Lagrange, s.-lieut., B. (mort le 20 fév.). { 27 janvier 1809, au siège de Saragosse (Aragon).
— Lelut, s.-lieut., B.

— Sibeud, capit., T.
— Pernet, lieut., B. { 17 mai 1809, passage de la Sinca (Aragon).
— Regnault, lieut., B.
— Girels, s.-lieut., B.

— Ruffin, s.-lieut., B. 25 fév. 1810, près de Tamarite (Aragon), en rejoignant son corps.

— Bonnenfant, capit , B. 12 nov. 1810, combat de Fuente-Santa, près de Villel (Aragon).

— De Solarès, s.-lieut., B. 31 janv. 1811, combat de Checa (province de Guadalajara).

— Pellerin, capit., T, 19 janv. 1812, combat de Villasecca (Nouvelle-Castille).

— Maffre, s.-lieut., B, 13 juin 1812, affaire de Castalla (Roy. de Valence).

— Baudry (2), s.-lieut., B. 19 oct. 1813, bataille de Leipzig.

— Mathieu (3), capit., B. 10 fév., 1814, combat de Champaubert (Marne).

— Lefebvre, s.-lieut., B. 14 fév. 1814, bataille de Montmirail (Marne).

— Ferras, lieut., B. 20 mars 1814, combat d'Arcis-sur-Aube (Aube).

122ᵉ Régiment. Terret, s.-lieut., présumé assassiné le 17 déc. 1808, près de Carrion (Royaume de Léon).

— Charrier, lieut., { 25 mars 1809, affaire près de
— Legrand, capit., B. (mort le 9 avril) } Vigo, (Portugal).

— Gaillard, s.-lieut., B. 25 oct 1810, défense du pont d'Alba (route de Léon à Oviedo).

— Regnault, lieut., B. 18 mai 1811, près d'Astorga (Galice).

— Fessinaud de Beauviger, lieut., B. 23 juin 1811, défense d'Astorga (Royaume de Léon).

— Court, lieut., B. 26 avril 1812, devant Zarnoza (Royaume de Léon).

---

(1) Blessé route d'Oviédo à Gijon (Asturies).

(2) 3ᵉ et 4ᵉ bataillons au 6ᵉ corps. Grande-Armée (Marmont).

(3) 3ᵉ et 6ᵉ bataillons au 6ᵉ corps. Grande-Armée 1814, campagne de France.

122e Régiment. Etienne, s.-lieut., B.   } 22 juillet 1812, bataille des Ara-
— Cochard de Freneville, s.-lieut., B. }   piles (Prov. de Salamanque).
— Leprieur, lieut., B. 21 juin 1813, bataille de Vittoria.
— Cottan, s.-lieut., B. 31 août 1813, combat sur la Bidassoa.
— Grison, capit., B. 5 mars 1813, défense de Sigalès (Espagne), près de Valladolid.
— Serrecave (1), lieut., B.   } 18 oct. 1813, bataille de Leipzig.
— Toyon, s.-lieut., B.   }
— Dureuil (2), capit., B. 7 mars 1814, bataille de Craonne (Aisne).

123e Régiment. Brederode, lieut., B. 19 mars 1811, défense de Ciudad-Réal (mort le 21 avril), (Nouvelle Castille).
— Herkenrath, lieut., B. 9 mai 1812, en escortant la malle route de Burgos à Celada (Vieille Castille).

124e Régiment. Bomècre, capit., T.   }
— Driessen, capit., B.   }
— Durot, capit., B.   }
— Hillers, capit., B.   } 18 août 1812, bataille de Polotsk.
— Schehl, lieut., A. M. B.   }
— Haakmeester, lieut., B.   }
— De Vrée, lieut., B.   }
— De Groevestein, s. lieut., B.   }
— Castillon, capit., B. (mort).   }
— Liés, s.-lieut., T.   }
— Hania, chef de bat., B.   }
— Viedmann, capit., B.   }
— Schumann, capit., B.   }
— Heer, capit., B.   }
— Hubner, lieut., B.   } 31 oct. 1812, combat de Tchaniski.
— Delaumone, lieut., B.   }
— Veeren, lieut. B.   }
— Loubar, lieut., B   }
— Diehl, s.-lieut., B.   }
— Van-Langen, s.-lieut., B.   }
— Venis, s.-lieut., B.   }
— Momberg, s.-lieut., B.   }
— Sangnié, s.-lieut., B. 28 nov. 1812, bataille de la Bérésina (mort).
— Leclercq, lieut., B. 29 déc. 1813. } défense de Wittenberg.
— Noels, lieut., B. 1er janv. 1814. }

125e Régiment. Blime, s.-lieut., B. 27 nov. 1812, combat de Borisow (mort).
— De Crenolle (3), s.-lieut., assassiné en janv. 1813, par des Cosaques, route de Witepsk.

126e Régiment. Glénewinkel (4), capit. A.M.B. 23 nov. 1812, affaire près de Borisow.
— Laplane, chef de bat., B. (mort en déc.). } 27 nov. 1812, combat de
— Calcamuggi, s.-lieut., disparu. }   Borisow.

(1) 3e Bataillon, 20e régiment provisoire, 6e corps, Grande Armée (Marmont).
(2) 1er, 4e, 6e bataillons, 7e corps, Grande Armée.
(3) Assassiné étant prisonnier de guerre.
(4) 1er, 2e, 3e et 4e bataillons. Le régiment prisonnier de guerre le 27 novembre 1812, à Borisow.

127e *Régiment.* Houeck, s.-lieut., B. 17 août 1812, bataille de Smolensk.
— Guaita, capit., B. 30 mars 1814, défense de Wesel.
— D'Hollogne(1), s.-lieut , B. 4 mars 1813, affaire devant Wittenberg.
— Belval, s.-lieut., B. 30 mars 1814, défense de Wesel.
128e *Régiment.* Segrette de la Hibière, s.-lieut., B. 8 avril 1814, défense de Kehl.
129e *Régiment.* Striffer, capit., B.
— Gabriel, lieut., B   } 17 nov. 1812, bataille de Krasnoë,
— Bérenger, s.-lieut., B.   }
— Kolff, capit., B.   } 28 nov. 1812, bataille de la Bérésina.
— Klenke, capit , B.   }
130e *Régiment.* Maire, s.-lieut., B. 11 juin 1811 combat de Santiago (Galice),
— Marchand, lieut., B.   } 6 août 1812, affaire route de Pancorbo
— Boelen, lieut., B.   } (Vieille-Castille).
— Snock, s.-lieut., B. 25 juil. 1813, affaire près de Roncevaux (Pyrénées).
— Isle, lieut., A. M., B.   } 28 juillet combat devant Pampelune (Navarre).
— Buchigaluppo, lieut., B. }
— Herkenrath, capit., B. }
— Dejongh, capit., B.   }
— Dalmais, capit., B.   }
— Vanderkaa, lieut., B.   } 10 nov. 1813, combat de Sarre (Pyrénées).
— Mercier, s.-lieut., B.   }
— Schonstadt, capit., B. 13 déc. 1813, défense de Bayonne.
— Dievenbach (2), s.-lieut., 27 fév. 1814, combat de Barre-sur-Aube (Aube).
— Pauchet, chef de bat., B. }
— Ferrari, lieut., A. M., B. } 16 mars 1814, combat de Provins (Seine-et-Marne).
— Poisson, s.-lieut., B.   }
— Boutin, lieut., B. 16 mars 1814, combat des Echelles (Savoie).
131e *Régiment.* Berthier (3), chef de bat., B. 16 nov. 1812, défense du pont de Wolkowisk (Lithuanie).
— Hébert, capit., B. 22 août 1813, affaire devant Gross-Beeren (Prusse).
— Parisot, capit., B. 18   } 18 oct. 1813, bataille de Leipzig.
— Denis, lieut., B. 18.   }
— Bonino, lieut., B. 21 oct. 1813, combat de Freyberg (Saxe).
132e *Régiment.* Lefrançois (4), s. lieut., B. 6 sept. 1813, bataille de Juterbock (Dennewitz).
— Esconard, capit., B. 18 oct. 1813, bataille de Leipzig.
— Dufau, s.-lieut., B. 21 oct. 1813, combat de Freyberg (Saxe).
— Olivier, capit., B. 1er fév. 1814, bataille de la Rothière (Aube).
— Juchereau, lieut., B. 7 mars 1814, aux avant-postes (près de Craonne).
— Le comte Fontaine-Moreau, lieut., B. 30 mars 1814, bataille de Paris.
— Fort, s.-lieut., B.   } 30 mars 1814, bataille de Paris.
— Ebrard, s.-lieut., B. }

---

(1) Placer cet officier avant Guaita.
(2) 1er et 4e bataillon, 7e corps, Grande Armée.
(3) Ex-régiment de Walcheren, 7e corps, Grande Armée (Reynier).
(4) Ex-régiment de Ré, 7e corps, Grande Armée (Reynier).

133e Régiment. Jacquelin (1), s.-lieut., B. 12 fév. 1813, combat de Kalisch (Pologne)
— Mandilly, capit., B. 3 oct. 1813, aux avant-postes, route de Leipzig.
— Jacquelin, capit., B. 18 oct. 1813, bataille de Leipzig.

134e Régiment. Oderkerck (2), s.-lieut., B. 19 août 1813, combat de Lowenberg (Silésie).
— De la Moussaye, chef de bat., B. }
— Gasset, capit., B.   } 29 août 1813, affaire sur le Bober (Silésie).
— Dornier, lieut., B.   }

135e Régiment. Claudin (3), lieut., B.
— Kellermann, lieut., B.   }
— Soutirac, lieut., B.   } 2 mai 1813, combat de Halle (Prusse).
— Bourgoin, s.-lieut., B. }
— Décourt, s.-lieut., B.   }
— Poirson, colonel, B.   { 19 mai 1813, combat de Wessig (Saxe).
— Fructus, chef de bat., B. {
— Graillard, s.-lieut., B. 19 oct. 1813, à Leipzig étant prisonnier de guerre.
— Laval, s.-lieut., B. 5 mars 1814, affaire de Roussi près de Thionville.
— Laval, s.-lieut., B. 25 mars 1814, combat de Fère-Champenoise.
— Henry, s.-lieut., assassiné le 24 mai 1814, à Versailles, par des soldats russes.

136e Régiment. Burelle, s.-lieut., B. 2 mai 1813, bataille de Lutzen (Saxe).
— Galimand, chef de bat., B. 18 oct. 1813, bataille de Leipzig.
— Malvy, lieut., B. 11 fév. 1814, bataille de Montmirail (mort le 5 mars).
— Perrotin, capit., B. 28 mars 1814, défense de Soissons.

137e Régiment. Fourniquet, lieut., disparu, 6 sept. 1813, bataille de Juterbock (Dennewitz).
— Dejean, s.-lieut., B. 18 oct. 1813, bataille de Leipzig.
— Gori, s.-lieut., 8 fév. 1814, bataille du Mincio (Italie).

138e Régiment. Imbert, lieut., B.   }
— Louvel, s.-lieut., B.   } 2 mai 1813, bataille de Lutzen (Saxe).
— Mollet, s.-lieut., B. 31 mars 1814, bataille de Paris.

139e Régiment. Dumay, s.-lieut., B. 2 mai 1813, bataille de Lutzen.
— Mathieu, s.-lieut., B. 19 août 1813, affaire entre Haynau et Bunzlau (Silésie).
— Lecomte, lieut., A. M., B. 9 fév. 1814, combat de la Ferté-sous-Jouarre (Seine-et-Marne).

140e Régiment. De Rocantourt, lieut. B. }
— Blouard, s.-lieut., B.   } 18 oct. 1813, bataille de Leipzig.

141e Régiment. Delaveaux, lieut., B. }
— Rochette, s.-lieut., B.   } 2 mai 1813, bataille de Lutzen.
— Sencier, s.-lieut., B.   }
— Delaveaux, lieut., B.   { 18 octobre 1813, bataille de Leipzig.
— Morel, s.-lieut., B.   {

(1) Ex 2e régiment de la Méditerranée, 7e corps, Grande Armée (Reynier).
(2) Ex régiment de la Garde de Paris, 8e corps, Grande Armée (Lauriston).
(3) Les régiments de 135 à 156 étaient formés avec les cohortes du 1er ban levé en 1812.

141° Régiment. Boutigny (1), s.-lieut , B. 19 oct. 1813, en traversant l'Elster à la nage.
142° Régiment. Moiret-Césac, s.-lieut., B. 2 mai 1813, bataille de Lutzen (Saxe).
—   Fossé, lieut., B. 21 mai 1813, bataille de Wurschen (Saxe).
—   Moiret-Césac, s.-lieut., B. 28 août 1813, au pont de Bunzlau (Silésie).
—   Guillien, capit., B. 31 août 1813, combat de Bunzlau.
—   Fossé, capit., B. 18.
—   Charlet, capit., B. 18.
—   Borgnet, lieut., B. 18.   } 18 et 19 oct. 1813, bataille de Leipzig
—   Lapuyade, s.-lieut., B. 19.
—   Galley, lieut., B. 11 fév. 1814, combat de Nogent-sur-Seine (Aube).
—   Debay, chef de bat., B. 21 fév. 1814, en inspectant les avant-postes (près d'Auxerre).
144° Régiment. Ruelle, colonel, B. 25 mars 1814, combat de Fère-Champenoise.
145° Régiment. Guillot, s.-lieut., B. 21 mai 1813, bataille de Wurschen (Saxe).
—   Féa, s.-lieut., présumé tué, 18.
—   Cordier, lieut., B. 16.   } 16 et 18 oct. 1813, bataille de Leipzig.
—   Spital, lieut., B. 18.
146° Régiment. Saroléa, de Cheratte, lieut., B. 30 mai 1813, près de Breslau (Silésie).
—   Viviand, s.-lieut., B. 31 mai 1813, combat de Neukirch (Saxe).
147° Régiment. Mondon, chef de bat. B. (2).
—   Subtil de Beaumont, capit., B.
—   Médicus, lieut., B.   } 23 août 1813, combat de Gold-
—   Derobe, lieut., B.   berg (Silésie).
—   Gabet, s.-lieut., B.
—   Desportes, s.-lieut., B.
—   Truc, s.-lieut., B. 29 août 1813, affaire sur le Bober (Silésie).
148° Régiment. Dominicus-Dignus, lieut., B. 21 août 1813, passage du Bober.
—   Rigollet, s.-lieut., B.   } 23 août 1813, combat de Goldberg
—   Panier, s.-lieut., B.   (Silésie).
—   Hamond (3), s.-lieut., 29 août 1813, affaire sur le Bober.
149° Régiment. Meyjounissas, lieut., B. 19 août 1813, combat de Lowenberg (Silésie).
—   Mangin, capit., B. 12 sept. 1813, combat de Stolpen (Saxe).
150° Régiment. Dupré, s.-lieut., B. 21 mai 1813, bataille de Wurschen.
—   Brouner, capit., B.
—   Guimebeau, capit., B.
—   Seigneret, capit., B.
—   Durieux, capit., B.
—   Seyter, lieut., B.   } 27 août 1813, retraite de la Katzbach
—   Fockedey, lieut., B.   (Silésie).
—   Gaudé, lieut., B.
—   Lecurey, s.-lieut., B.
—   Dion, s.-lieut., B.
—   Chaillou, s.-lieut., B.

---

(1) Blessé d'un coup de feu tiré des remparts de Leipzig.

(2) Les 146°, 147° et 148° régiments sont faits prisonniers de guerre le 29 août 1813, au Bober.

(3) Blessé en traversant le Bober à la nage.

—	Henry, capit., B. 16.	
—	Jarrigue,s -lieut , B. 18.	16 et 18 oct. 1813, bataille de Leipzig.
—	Parès, lieut., A. M. B.	
—	Dumontel, lieut., B.	
—	Levesque, lieut., B.	2 déc. 1813, combat de Neuss (Prusse).
—	Bardès, s.-lieut., B.	

151e Régiment. Court (1), s.-lieut., B. 28 avril 1813, affaire de Halle (Prusse).

— Versey, s.-lieut., B. 21 mai 1813, bataille de Wurschen (mort le 21 juin).

— Bernier d'Hongerwal, lieut., B.
— Rossy, capit. B. } 26 mai 1813, combat de Hainau (Silésie)

— Bernier d'Hongerwal, lieut., B. 10 nov. 1813, défense de Glogau (Silésie).

152e Régiment. Watel (2), capit., B. 19 août 1813, combat de Lowenberg (Silésie).

— Maret, capit., B. 18 sept. 1813, aux avant-postes en Saxe (mort le 12 oct.

— Weniger, capit., B. 18.
— Brunet, s.-lieut., B 16. } 16 et 18 oct. 1813, bataille de Leipzig.

— Durand, lieut., B., 4 fév. 1814, défense de la Citadelle de Strasbourg

153e Régiment. Pissin, capit., B 19 mai 1813, combat de Weissig (Saxe).

— Selves, s.-lieut., B. 26 août 1813, affaire de la Katzbach (Silésie).

— Richon, lieut., B. 18.
— Cornat, lieut., B. 16. } 16 et 18 oct. 1813, bataille de Leipzig.
— Francotte, s. L, B, 16.

— Duchesne, capit., B. 18 fév. 1814, bataille de Montereau (Seine-et-Marne).

154e Régiment. Dunois, s.-lieut., B. 26 août 1813, affaire de la Katzbach (Silésie).

155e Régiment. Durand, s.-lieut., B. 2 mai 1813, bataille de Lutzen (Saxe).

— Robert, s.-lieut., B. 21 mai 1813, bataille de Wurschen.

— Prévôt, lieut., B.
— Contal, s.-lieut., B. } 16 oct. 1813, bataille de Leipzig.

156e Régiment. De Farémont, s.-lieut., B. 4 juin 1813, combat de Lukau (Saxe).

— Berthelot, capit., (mort le 13 nov.)
— Monnier, lieut., B.
— Billet, s.-lieut., B. } 6 sept. 1813, bat. de Juterbock.
— Meury de Campy, s.-lieut., B.

— Gay, lieut., B. 28 déc. 1813, défense de Wittenberg.

---

(1) Ce régiment fut laissé comme garnison dans la place de Glogau.

(2) Blessé en remplissant les fonctions d'officier d'ordonnance près du général Maison.

(3) Cet officier n'ayant pu rejoindre son régiment se trouvait renfermé dans la place de Wittenberg.

INFANTERIE LÉGÈRE

1er *Régiment.* Erhard, capit., B. 25 fév. 1809, combat de Vals (Catalogne).
— Samson, s.-lieut., B. 1er nov. 1809, affaire de Santa-Colomba (Catalogne).
— Erhard (1), chef de bat., B. 20 fév 1810, affaire près de Vich (Catalogne.
— Chevalier, lieut , B. 12 avril 1813, combat près de Biar (Roy. de Valence).
— Danès (2), lieut., B. ⎫
— Laville, s.-lieut., B. ⎭ 4 juin 1813, combat de Lukau (Saxe).
— Santolini, chef de bat., B. 8 fév. 1814, bataille de Mincio.
— Maunier, s.-lieut., B. 27 fév. 1814, combat de Bar-sur-Aube.
— Rambrun, lieut , B. 18 mars 1814, combat de St-Georges (Rhône).
— Dumoulin, s.-lieut., B. 18 juin 1815, bataille de Waterloo.
2e *Régiment.* Juillet, s.-lieut., B. 26 déc. 1810, affaire d'Ibar (Espagne).
— Manet, lieut., B. 2 mai 1813, bataille de Lutzen.
— Carel, s.-lieut., B. 31 août 1813, défense du pont de la Bidassoa.
— Lussan (3), capit., B. 16 oct. 1813, défense de Dresde.
— Colisson (F. C.), capit., B. 10. ⎫
 (mort le 27). ⎬ déc. 1813, combats devant Bayonne.
— Lebongre, capit., B. 13. ⎪
 (mort le 27). ⎭
— Despland, lieut., B. ⎫
— Josseaume, s.-lieut., B. ⎬ 22 fév. 1814, combat de Méry-sur-Seine (Aube).
— Blanchon, s.-lieut., B. ⎭
— Cornaglia, capit., B. 9 mars 1814, bataille de Laon.
— Colisson (J. E.), capit., B. 13 mars 1814, reprise de Reims.
— Dubeau, s.-lieut., B. 2 mars 1814, combat de Meaux (Seine-et-Marne).
— Louvrier, s.-lieut., B. 11 mars 1814, combat devant Laon.
— Vié, s.-lieut., B. 30 mars 1814, bataille de Paris.
— Vignasse, s.-lieut , B. 16 juin 1815, bataille de Ligny (Belgique).
— Colombani, chef de bat., B. ⎫
— Millet, capit., A. M. B. ⎪
— Varin, capit., B. ⎪
— Honsiaux, capit., B. ⎪
— Carimantrand, s.-lieut., B. ⎬ 18 juin 1815, bataille de Waterloo.
— Dutrève, s.-lieut., B. ⎪
— Montalant, s.-lieut., B. ⎪
— Acier, s.-lieut., B. ⎪
— Debergne, s.-lieut., B. ⎪
— Moutardier, s -lieut., B. ⎭

(1) Blessé par des guérillas en escortant un convoi à Barcelone.
(2) Cet officier appartenait au 4e bataillon (12e corps, Oudinot).
(3) Cet officier était détaché de son corps (faisant les fonctions d'officier d'ordonnance près du général commandant le 1er corps d'infanterie).

3ᵉ Régiment. Rodier. s.-lieut., B. 2 déc. 1805, bataille d'Austerlitz.
— Lebrun, capit., B. 2 Juillet 1807, au siège de Colberg (Poméranie).
— Michel, lieut., B. 22 juillet 1809. bataille d'Essling (Autriche).
— Duchange (1), capit., B. 12 avril 1809, combat dans les environs d'Inspruck (Tyrol).
— Chamaison, s.-lieut., T. 4 déc. 1811, affaire près de San-Celoni (Catalogne).
— Coste, s.-lieut., B. 23 mai 1812, en escortant un convoi de poudre Espagne (mort le 17 oct.).
— Jeannin (2), lieut., B. 11 mai 1813, combat de Weissig (Saxe) (mort le 4 juin).
— Grill, capit , B. 21 mai 1813, bataille de Wurschen.
— Debilly, chef de bat., B. (mort le 20).
— Villiers, lieut., B. } 19 août 1813, défense de Tortose (Catalogne).
— Zardel, lieut., B. 16 oct. 1813, bataille de Leipzig.

4ᵉ Régiment. Monnier, capit , B. } 11 nov. 1805, combat de Diernstein
— Bouchet, lieut., B. } ou de Durrenstein.
— Dieuzaide, lieut., B. 28 fév. 1807, devant Stralsund (Poméranie).
— Monnier, capit., B. }
— Bouchet, lieut., B. } 14 juin 1807, bataille de Friedland.
— Marsaint, lieut., B. }
— Comin, s.-lieut., B. 21 août 1808, bataille de Vimeiro (Portugal).
— Savier, s.-lieut., B. 16 nov. 1808, route de Burgos (en escortant des munitions.
— Flandin, capit., B. 29 mars 1809, bataille d'Oporto (Portugal).
— Roche (3), capit., B 12 mai 1809, évacuation d'Oporto.
— Bouchet, capit., B. 3 avril 1811, combat de Sabugal (Portugal).
— Monestier (4), s.-lieut., B. 5 mars 1813, combat d'Ohra (Dantzig).
— Decauville, lieut., B. 21 juin 1813, bataille de Vittoria.

5ᵉ Régiment. Frinquart (5). chef de bat., B. 6. }
— Poussin, capit., B. 5. } 5 et 6 juillet 1809, bataille de
— Mouroult, lieut., B. 5. } Wagram.
— Bigonnet, lieut., B. 5. }
— Lamy (6), capit. B., 25 juin 1811, siège de Tarragone (dans la batterie (n° 2).
— Teillac, s.-lieut., B. 29 août 1813, aux avant-postes en Saxe.
— Théry, capit., B. 15 sept. 1813, combat près de Bautzen. ·
— Olivier, B. 30 janv. 1814, à Vassy (Haute-Marne).
— Louis, lieut., B. 10 fév. 1814, défense du Pont de Nogent-sur-Seine (Aube).

---

(1) Cet officier appartenait au 3ᵉ bataillon qui fut fait prisonnier près d'Inspruck, le 12 avril 1909.

(2) 3ᵉ et 7ᵉ bataillons, 11ᵉ corps grande armée.

(3) Cet officier fut blessé étant à l'arrière-garde à la tête de sa compagnie.

(4) Cet officier appartenait au 4ᵉ bataillon, 1ʳᵉ 1/2 brigade provisoire, 10ᵉ corps, grande armée.

(5) 1ᵉʳ et 2ᵉ bataillons (armée d'Allemagne).

(6) 3ᵉ et 4ᵉ bataillons (armée d'Espagne).

5e *Régiment.*	Séguier, s.-lieut., B. 16 juin 1815, bataille de Ligny.
6e *Régiment.*	Caille, capit., B. 5 juin 1807, combat de Guttstadt (Prusse).
—	Gabalda, s.-lieut., B. 14 juin 1807, bat. de Friedland (Prusse Orientale).
—	Rebourceau (1), capit., B. 22 mai 1809, bat. d'Essling (près de Vienne).
—	Caille, capit., B. 23 mai 1809, combat de Santiago (Galice).
—	Rebourceau, capit., B. 6 juillet 1809, bataille de Wagram (près de Vienne).
—	Caille, capit., B. 27 sept. 1810, bataille de Busaco (Portugal).
—	Olozaga, s.-lieut., B. 13 janv. 1811, aux avant-postes, devant Torrès-Vedras (Portugal).
—	Caille, capit., B., 5 mai 1811, bat. de Fuentes d'Onôro (Espagne).
—	Ridet, s.-lieut., B. 7 oct. 1811, affaire route de Burgos (mort le 24).
—	Olozaga, s.-lieut., B. 23 déc. 1811, par des Guérillas, près d'Argamanzillas (Tolède).
—	Sèves, cap., B. 19 mai 1812, défense du fort Napoléon (Estramadure).
—	Larrieu (2), capit., B. 23 juillet 1812, pendant la retraite des Arapiles (Salamanque).
—	Dompmartin, s.-lieut., B. 29 avril 1813, combat de Weissenfels (Prusse).
—	Blanchard, s.-lieut., B. 25 juin 1813, combat de Tolosa (Guipuscoa).
—	Digeon, s.-lieut., B. 28 juillet 1813, retraite de Pampelune (Navarre.
—	Caille (3), capit., B. 30 août.
—	Patoux, lieut., B. 1er nov. } 1813, défense de Dantzig.
—	Mérand (4), capit., B. 16 oct. 1813, bataille de Leipzig (Saxe).
—	Blanchard, lieut., B. 13 déc. 1813, combat devant Bayonne.
7e *Régiment.*	Fage, capit., B. 8 fév. 1807, bataille d'Eylau.
—	Senat, lieut., B.
—	Dupuis, lieut., B. } 19 avril 1809, combat de Thann (Bavière).
—	Desplanques, lieut., 6 juillet 1809, bataille de Wagram.
—	Baoux, lieut., B., 17 août 1812, bataille de Smolensk.
—	Petit, lieut., A. M., B. 24 oct. 1812, bataille de Malojaroslawetz.
—	Devarreux (5), cap., B. et disparu, 10 déc. 1812, à Wilna (Lithuanie).
—	Jeanneney, lieut., B. 29 août 1813, affaire de Culm (Bohême).
8e *Régiment.*	Michel (6), lieut., B. 21 mai 1809, combat de Gospich (Croatie).
—	Caquelard (7), cap., B. (mort le 21).
—	Raymond, lieu., B. } 6 juillet 1809, bataille de Wagram.
—	Gautier, lieut., B.
—	Lefloch, lieut., B. 6 sept. 1813, bataille de Juterbock (Dennewitz), Brandebourg

---

(1) Cet officier appartenait au 4e bataillon. 2e corps armée d'Allemagne.

(2) Cet officier a été blessé dans une charge à la baïonnette contre la cavalerie anglaise.

(3) 4e bataillon au 10e corps, Grande Armée.

(4) 2e bataillon au 6e régiment provisoire, 3e corps de la Grande Armée.

(5) Blessé en défendant contre les Cosaques le poste de Kowno à Wilna.

(6) 1er et 2e bataillons. Armée de Dalmatie. 11e corps de l'armée d'Allemagne.

(7) 3e et 4e bataillons. Armée d'Italie.

8e Régiment. Vaujany, s.-lieut., B. 19 juin 1815, combat de Wavre (Belgique).

9e Régiment. Segond, capit., B. 17 oct. 1806, combat de Halle (Prusse).

— Segond, capit., B. } 14 juin 1804, bataille de Friedland.
— Villard, s.-lieut ; B. }

— Mussier (1), s.-lieut., B. 22 mai 1809, bataille d'Essling (Autriche).

— Mussier, s.-lieut., B. 6 juillet 1809, bataille de Wagram.

— Mussier, s.-lieut., B. 5 mai 1811 } bataille de Fuentès d'Onôro
— Cardron, s.-lieut., B. 5 mai 1811. } (Royaume de Léon).

— Mussier, s.-lieut., B. } 1er juin 1812, combat de Bornos (Pro-
— Granjean, s.-lieut., B. } vince de Séville).

— Gros, capit., B. 21 juin 1813, bataille de Vittoria (Espagne).

— Adnot, capit., T. 29. } 29 et 30 juillet 1813, devant Pampelune
— Dunoyer, capit., T. 30. } (Navarre).

— Goupry (2), s.-lieut., B. 30 août 1813, affaire de Culm (Bohême).

— Courderoy, s.-lieut., B. 30 août 1813, passage de la Bidassoa.

— Carteret, lieut., B. } 7 oct. 1813, combat du camp de Bayon-
— Grandjean, lieut., B. } nette (Pyrénées).

— Debazignan, lieut., B. 11 fév. 1814, bataille de Montmirail (mort le 17).

— Carteret, capit., B. 14 fév. 1814, affaire d'Elette, près Rabastens-
sur-Tarn.

— George (3), s.-lieut., B. 27 fév. 1814, bataille d'Orthez (Pyrénées).

— Caillot, chef de bat., B. } 10 avril 1814, bataille de Toulouse.
— Vivent, lieut., B. }

— Rayez, capit., T. 18 juin 1815, combat de Wavre (Belgique).

— Portier, capit., B. 18 juin 1815, combat de Wavre.

10e Régiment. Villien, capit., B. }
— Gandner, capit., B. } 2 déc. 1805, bataille d'Austerlitz (Moravie).
— Molter, capit., B. }

— Perrot, lieut., B. 8 fév. 1807, bataille d'Eylau (Prusse Orientale).

— Fourchy, lieut., B. } 10 juin 1807, bat. d'Heilsberg (Prusse).
— Lambrlette, s.-lieut., B. }

— Laroche, s.-lieut., B. 22 avril 1809, bataille d'Echmühl (Bavière).

— Gelinet, lieut., B. 22 mai 1809, bat. d'Essling (près Vienne).

— Massebœuf (4), lieut., B. 16 août 1812, combat sous Pampelune

— Wouters, s.-lieut., B. } 24 août 1812, combat de Carascal (Navarre).
— Taquet, capit., B. }

— Guillard, s.-lieut., B. 31 mars 1814, combat de Lérin (Navarre).

— Jarre, capit., B. 17 oct. 1813, défense de Dresde (mort le 18).

— Censier (5), lieut., B. 9 fév. 1814, défense de Mayence.

11e Régiment. Peretti, capit., B. } 1er août 1812, combat de Sivotschina de-
— Corbaletti, s.-lieut., B. } vant Pslotsk.

— Taro, lieut., B. 18 août 1812, bataille de Polotsk.

— Taro, lieut., B. } 18 oct. 1812, combat devant Polotsk.
— Fabaro, s.-lieut., B. }

(1) 4e Bataillon au 2e Corps d'armée d'Allemagne.

(2) 6e Bataillon au 14e Corps, Grande Armée.

(3) 1er et 2e Bataillon, Armée d'Espagne.

(4) 1er, 2e et 3e Bataillons, Armée d'Espagne.

(5) Cet officier appartenait au 3e bataillon.

11e Régiment. Morelli, capit., A. M., B. 28 nov. 1812, bataille de la Bérésina.

— Macognin, lieut., B.

— Panzani, lieut., B. } 16 oct. 1813, bataille de Leipzig.

— Giuliano, s.-lieut., B.

— Macognin, lieut., B.

— Chini, s.-lieut., B. } 18 fév. 1814, bataille de Montereau.

— Giuliano, s.-lieut., B. 10 janv. 1814, défense de Magdebourg (Prusse).

— Orsatelli, capit., A. M., B. 16 juin 1815, bataille de Ligny.

12e Régiment. Defailly, s.-lieut., B.
15 avr. } 1807, siège de Dantzig.

— Hubert, lieut., B. 9 mai.

— Taulier, capit., B. 10 juin 1807, bataille d'Heilsberg (mort le 20 mars 1808).

— Aubry, chef de bat., B. 10 juin 1807, bataille d'Heilbersg (Prusse).

— Sérafino, lieut., B.

— De Perthuis. lieut., B. } 14 juin 1807, bataille de Friedland.

— Millot, capit., B. 29 juillet 1808, combat d'Evora (Portugal).

— Plantaud, lieut., B. 21 août 1808, bataille de Vimeiro (Portugal).

— Larue (1), capit., B. 15 nov. 1810, près de Pirara (Portugal).

— Defailly, lieut., B. 17 fév. 1811, en escortant un courrier, en Espagne, près de Valladolid.

— Tissot (2), capit., B. 2 mai 1813, bataille de Lutzen (Saxe).

— Besse, s.-lieut., B. 21 mai 1813, bataille de Wurschen.

— Chailan, capit., B. 9 juin 1813, affaire devant Concenteyna (Espagne).

— Chailan, capit., B. 22 juillet 1813, en défendant un parc d'artillerie, route de Madrid.

— Niox (3), lieut., B. 21 juin 1813, bataille de Vittoria.

— Bouthay, chef. de bat., B. 27 juillet 1813, devant Pampelune (Navarre).

— Blanchard, s.-lieut., B. 7 oct. 1813, combat sur les Pyrénées.

— Mitaud, s.-lieut., B. 13 déc. 1813, combat devant Bayonne.

— Deshayes, s.-lieut., B. 1er fév. 1814, bataille de la Rothière (Aube).

— Simon, capit., B. 10 fév. 1814, combat de Nogent-sur-Seine (Aube).

— Niox, lieut., B. 27 fév. 1814, bataille d'Orthez.

— Lentherau, s.-lieut., B. 27 février 1814, bataille d'Orthez.

— Fontanel, s.-lieut., B. 10 avril 1814, bataille de Toulouse.

— Colin, lieut., B. 16 juin 1815, bataille de Ligny.

13e Régiment. Dupenloux, capit., B. 10 juin 1807, bataille d'Heilsberg.

— Robert, capit., B. (mort le 18 fév. 1813).

— Perrin, capit., B. } 7 sept. 1812, bat., de la Moskowa.

— Delabruguière, s.-lieut., B.

— Lemoine, lieut., B. 30 août 1813, affaire de Culm (Bohème).

---

(1) Blessé par des insurgés Portugais.
(2) 4e bataillon, 4e régiment provisoire, 3e corps, Grande Armée.
(3) 1er et 2e bataillons. Armée d'Espagne.

13e Régiment. Lemoine, lieut., B. 29 oct. 1813, défense de Dresde.
14e Régiment. Faure (1), s.-lieut., B. 26 août 1813, affaire de la Katzbach.
—   Weick, capit., B. 16.
—   Poulin, capit., R. 16.
—   Devoisin, capit., A. M., B. 16.
—   André, capit., B. 18.
—   Gobert, capit., B. 18.
—   Lalo, capit., B. 16.
—   Gaspard, capit., B. 18.
—   Crottet, lieut., B. 18.   16, 18 et 19 oct., 1813, bataille de
—   Patoux, lieut., B. 19.   Leipzig.
—   Deserville, lieut., B. 19.
—   Montheillet, s.-lieut., B. 18.
—   Grangier, s.-lieut., B. 19.
—   Grangé, s.-lieut., B. 19.
—   Deduc, s.-lieut., B. 19.
—   Bouchié, s.-lieut., B. 19.
—   Ravidas, s.-lieut., B. 19.
—   Faure, lieut., B. 26 août 1813, dans une émeute en Corse, près
              d'Ajaccio.
15e Régiment. Lenormand de Kergré, s.-lieut., B. 2 déc. 1805, bat., d'Austerlitz.
—   Serre, capit., B.   ) 19 avril 1809, combat de Thann (Bavière).
—   Visinier, cap., B.   )
—   Dhour, lieut., B.   ) 7 sept. 1812, bataille de la Moskowa.
—   Chaplet, s.-lieut., B.   )
—   Pachou, capit., B. 17 oct. 1812, bataille de Krasnoë.
—   Corbet, s.-lieut., B. 16 juin 1815, bataille de Ligny.
—   Maitre, lieut., T.   ) 18 juin 1815, bataille de Waterloo.
—   Chaplet, lieut., B.   )
16e Régiment. Levasseur, lieut., B. 8 fév. 1807, bataille d'Eylau (Prusse).
—   Humbert, s.-lieut., B. 14 juin 1807, bataille de Friedland.
—   Blanchard, s.-lieut., B. 5 mai 1811, bataille de Fuentès d'Onõro
              (Royaume de Léon).
—   Puau, capit., B.
—   Lasalle, capit., B.
—   Finot, lieut., B.   ) 16 mai 1811, bataille de la Albuhera
—   Denonain, s.-lieut., B.   )   (Estramadure).
—   Brot, s.-lieut., B.
—   Finot, lieut., T.   ) 12 janvier 1812, siège de Tarifa (Anda-
—   Rochex, s.-lieut., T.   )   lousie).
—   Degast, capit., B. 21 oct. 1812, passage du pont de Cuença (Nou-
              velle Castille).
—   Raymond (2), capit., B. 25 oct. 1812, devant Cuença (Nouvelle
              Castille).
—   Delahaye, lieut., T. 25 juillet 1813, combat du Col de Maya (Navarre).
—   Klie, s.-lieut., T. 30 juillet 1813, combat, devant Pampelune.
—   Boissière, lieut., B. 31 août 1813, passage de la Bidassoa.

(1) 3e, 4e et 7e bataillons, 11e Corps. Grande-Armée (Macdonald).
(2) Combat contre de la cavalerie anglaise.

16e Régiment. Darcq (1), capit., T. 2 nov. 1813, défense de Dantzig (Prusse).

— Bocquillet, s.-lieut., B. 10 nov. 1813, affaire de Ainhoa (Pyrénées).

— Cavé, s.-lieut., B. 13 déc. 1813, combat sur la Nive (mort le 13 janv. 1814).

— Genti, lieut., B. 1er janv. 1814, aux avant-postes sur la Nive près de Bayonne.

— Raymond (2), capit., B. 11 fév. 1814, bataille de Montmirail.

17e Régiment. Tisserand, capit., B. 16 fév. 1807, combat d'Ostrolenka (Pologne).

— Dubreca (3), s.-lieut., B. 10 mars 1809, près de Zamora (Royaume de Léon).

— Durand, lieut., A. M., B. 5 juillet 1809, en traversant le Danube (mort le 11).

— Lamy, capit., B. 5 juillet 1809, bataille de Wagram (Autriche).

— Fontaine, chirurg., A. M., B. 27 sept. 1810, bataille de Busaco (Portugal).

— Marchal, s.-lieut., B. 18 juin 1812, défense du fort de Salamanqué.

— Guy, capit., B.

— Illardeguy, capit., B. } 30 juillet 1813, combat devant Pampelune.
— Séligmann, capit., B.
— Lamps, s.-lieut., B.

— Lamps, s.-lieut., B. 31 août 1813, passage de la Bidassoa (Pyrénées).

— Meunier (4), capit., B. 16.
— Lacanche, capit., B. 18. } 16×18 oct. 1813, bataille de Leipzig.
— Morel, lieut., B. 16.
— Petitgand, s.-lieut., B. 16.

— Lamps, lieut., B. 10 déc. 1813, combat devant Bayonne.

— Grognard, s.-lieut., B. 21 mars 1814, combat d'Arcis-sur-Aube.

18e Régiment. Lacroix (5), capit., B. 28 sept. 1806, à la Gronda (Albanie).

— Simonnet de Maisonneuve, lieut., B. 1er oct. 1806, affaire de Castelnovo (Dalmatie).

— Senaux (6), capit., B. 16 avril 1809, combat de Sacile (Italie).

— Cazeaux (7), colonel, B.
— Leclerc, capit., B. } 29 avril 1809, combat d'Obrovatz (Croatie).
— Bellet, s.-lieut., B.
— Dolet, s.-lieut., B.

— Coulomb, lieut., B. 3 mai 1809, affaire de la Brenta (Italie).

— Simonnet de Maisonneuve, capit., B. 21 mai 1809, combat de Gospich (Croatie).

— Simonet de Maisonneuve, capit., B.
— Gestre, lieut., A. M. B. } 6 juil. 1809, bat. de Wagram.
— Carrier, lieut., B.

— Bureau, s.-lieut., B. 27 juillet 1812, combat de Witepsk (Lithuanie).

— Tabary, capit., B. 16 nov. 1812, devant Krasnoë.

---

(1) 4e bataillon, 10e corps, défense de Dantzig.

(2) 2e bataillon, 6e corps, Grande Armée.

(3) Blessé en escortant un convoi de munitions à Zamora.

(4) 2e bataillon, corps d'observation de Bavière (Augereau).

(5) Combat contre les Monténégrins.

(6) 3e et 4e bataillons, armée d'Italie (Prince Eugène).

(7) 1er et 2e bataillons, armée de Dalmatie (Marmont).

18e Régiment. Lorin, chef de bat., B. } 26 août 1813, bataille de Dresde.
— Casteras, lieut., B. }
— Roberjot, chef de bat., B. 6 sept. 1813, bataille de Juterbock (Dennewitz) Brandebourg.
— Lorin. chef de bat., B. 18 oct. 1813, bataille de Leipzig.
— Boisson de Quincy, s.-lieut , T. | 15 fév. 1814, combat des Echelles
— Barbier, s.-lieut., B, } (Savoie).
19e Régiment. Weingarten, capit., B. 4 fév. 1814, combat de Chalons-sur-Marne.
21e Régiment. Legros, capit., B. 14 juin 1807, bataille de Friedland, (Prusse Orientale).
— Pertuisot (1), capit., B. 8 juillet 1810, près de Ronda (Andalousie).
— Pertuisot, capit., B. 25 janv. 1811, siège de Badajoz (Estramadure).
— Luce, capit., B. 7 avril 1811, étant en colonne mobile en Estramadure.
22e Régiment. Michaud, capit., B. 2 mai 1813, bataille de Lutzen (Saxe).
— Michaud, capit., B. 8 oct. 1813, aux avant-postes de Lindenau près de Leipzig.
— Parise, capit., B. 18. }
— Michaud, capit., B. 18. } 16 et 18 oct. 1813, bat. de Leipzig (Saxe).
— Rolland, lieut., B. 16. }
— Petit, s.-lieut., B. 18. }
— Décrnéjouls, chef de bat., B. 30 oct. 1813, bataille de Hanau (Hesse-Nassau).
— Rolland, lieut., B., 30 oct. 1813, bataille de Hanau (Hesse-Nassau).
— Rolland, lieut., B. 29 nov. 1813, combat d'Arnheim (Hollande).
— Saint-Gilles, lieut , B. 3 fév. 1814, combat de la Chaussée (Marne).
23e Régiment. Davous, lieut., B. 30 oct. 1805, combat de Caldiero (Italie).
— Legobe, capit., B. 16 déc. 1808, affaire de Caldedios (Calabre).
— Lambert., s.-lieut., B. 3 mai 1811, combat devant Figuières (Catalogne).
— Sactone, s.-lieut., B. 11 juillet 1812, défense d'Astorga (Royaume de Léon).
— Garia (2), s.-lieut., B. 2 mai 1813, bataille de Lutzen (Saxe).
— Fatelay, s.-lieut., B. 18 oct. 1813, bataille de Heilpzig.
24e Régiment. Cousinard, s.-lieut., B. 2 déc. 1805, bataille d'Austerlitz (Moravie).
— Cadrès, capit , B. 3 fév. 1807, combat de Bergfried (Prusse).
— Carré, capit., B. }
— Mondat , chirurgien , } 7 fév. 1807, combat devant Eylau (Prusse).
— S. A. M.; B. }
— Cadrès, capit., B. } 5 juin 1807, combat de Lomitten (Prusse).
— Pons, lieut., A. M., B. }
— Pons, lieut., A. M., B. 10 juin 1807, bataille d'Eilsberg.
— De Dreux-Nancré , lieut., B. }
— } 14 juin 1807, bataille de Friedland.
— Lefebvre, s.-lieut., B. }
— Garré, capit., B. }
— Cadrès, capit., B. } 22 mai 1809, bataille d'Essling (Autriche).
— Lefebvre, lieut., B. }

---

(1) Blessé étant en colonne mobile dans les montagnes de Ronda.
(2) Cet officier appartenait au 3e bataillon, 3e corps (Ney).

24ᵉ Régiment. Cadrès, capit. B.
— Chevalier, lieut., B.
— Mondat, chirurg., S. A. M., B. } 6 juillet 1809, bataille de Wagram.
— Grasser, lieut., B. 19 août 1812, combat de Valoutina-Góra (Russie).
— Tinet, capit., B. 7 sept. 1812, bataille de la Moskowa.
— Hervois, s.-lieut., B. 3 nov. 1812, combat de Wiasma (Russie).
— Sigats, lieut., B. 18 nov. 1812, bataille de Krasnoë.
— Grizard, lieut., T.
— Pervieu, chef de bat., B. (mort le 30). } 27 août 1813, bataille de Dresde.
— Vallet, capit., B. 29.
— Petitiez, s.-lieut., B. 29. } 29 janv. 1814, bataille de Brienne (Aube).
— Dufau, s.-lieut., B. 1ᵉʳ fév. 1814, étant aux avant-postes près de la Rothière.
— Leduc, lieut., B. 27 fév. 1814, combat de Bar-sur-Aube.
25ᵉ Régiment. Devassy capit., B.
— Jansen, lieut., B. } 9 oct. 1805, combat de Guntsbourg (Bavière).
— Poulain, lieut., B. 3 mars 1807, combat de Guttstadt (Prusse).
— Jacquemin, capit., B.
— Devassy, capit., B. } 14 juin 1807, bataille de Friedland (Prusse).
— Taïlhade (1), s.-lieut., B. 22 juillet 1808, à Elvizo (en Espagne) par la populace.
— Popon, lieut., B. 22 mai 1809, bataille d'Esling (près de Vienne).
— Jallasson, s.-lieut., B. 13 fév. 1810, affaire d'Alba-de-Tormès (Royaume de Léon).
— Lepetit, capit., B. 12 mars 1811, combat de Rédinha (Portugal).
— Jallasson, lieut., B. 2 juillet 1811 à Esparagoza (Espagne).
— Costille, cap., B. 22 juillet 1812, bataille des Arapiles (Salamanque).
— Langlois, s.-lieut., B. 2 août 1813, aux avant-postes sur les Pyrénées.
— Voisin (2), chef de bat. B. 9 oct. 1813, défense de Dantzig (Prusse).
— Kiéné (3), capit., B. 16 oct. 1813, bataille de Leipzig.
— Voisin, chef de bat., B. 2 nov. 1813, défense de Dantzig.
— Laxague, cap., B. 15 fév. 1814, combat de Saint-Palais (Pyrénées).
— Marmy, chef de bat., B. 2 mars 1814, combat de Aire (Pyrénées).
— Dangibaud, cap., B. 10 avril 1814, bataille de Toulouse.
26ᵉ Régiment. Dufel-Jouan, capit., B.
— Lefebvre-Laboulaye, lieut., B. } 8 fév. 1807, bataille d'Eylau.
— Boize, lieut., B. 10 juin 1807, bataille d'Heilsberg (Prusse).
— Vigreux, s.-lieut., B. 14 juin 1807, combat devant Kœnigsberg (Prusse orientale).

---

(1) Cet officier était détaché au 8ᵉ régiment provisoire d'infanterie avec 4 compagnies de fusiliers de son régiment.

(2) Commandait le 4ᵉ bataillon, au 10ᵉ corps, défense de Dantzig.

(3) Cet officier commandait le 3ᵉ bataillon, 6ᵉ corps (Marmont).

26ᵉ *Régiment.* Dufel-Jouan, capit., B. 22.
— Dromer, capit., B. 22.
— Gérard, lieut., B. 21.
— Girault, lieut., B. 21.
— Ferrey, s.-lieut., B. 22.
} 21 et 22 mai 1809, bataille d'Essling.

— Dufel-Jouan (1), capit., B. 30 juin 1809, passage du Danube, près de Vienne.
— Cornu, capit., B.
— Poussy, lieut., B.
} 9 juillet 1809, combat de Hollabrünn (Autriche).

— Villeneuve, s.-lieut., B. 11 juillet 1809, bataille de Znaïm (Moravie).
— Perrot, lieut., B. 30 juillet 1812, combat près d'Oboïardszino, près de Polotsk.
— Mazain, lieut., B. 11 août 1812, combat devant Polotsk (Russie).
— Loubet, lieut., B.
— Hellemans, chirurg. A. M., B.
} 18 août 1812, bataille de Polotsk

— Vallet, s.-lieut., B. 31 août 1812, aux avant-postes de Polotsk.
— Dumoulin, lieut., A. M. B.
— Llech, lieut., A. M., B.
— Blard, lieut., B.
— Loubet, lieut., B.
— Mazain, lieut., B.
} 18 oct. 1812, bataille de Polotsk.

— Roudillon, lieut., B.
— Loubet, lieut., B.
— Fillet, s.-lieut., B.
— Ducret, s.-lieut., B.
} 28 nov. 1812 bataille de la Bérésina.

— Vigreux, capit., B.
— Devouassouz, lieut., B.
} 27 août 1813, bataille de Dresde.

— Constant, lieut., B. 16 (mort le 15 nov.).
— Godeau, capit., B. 16.
— Viret, lieut., B. 16.
} 16 oct. 1813, bataille de Leipzig.

— Marie, capit., B. 29 oct. 1813, combat devant Hanau.
— Devouassouz, lieut., B.
— Manen, lieut., B.
} 28 janv. 1814, combat de Ligny.

— Loubet, capit., B. 29 janv. 1814, bataille de Brienne.

27ᵉ *Régiment.* Lézy, capit., B. 6 nov. 1806, prise de Lubeck.
— Abraham, s.-lieut., B. 3 déc. 1808, prise de Madrid.
— Tragnié, capit., B. 6 juillet 1809, bataille de Wagram (Autriche).
— Denal, capit., B. 5 avril 1813, affaire de Wehelitz (Prusse).
— Vivien (2), capit., B. 6 mai 1813, près de Walden (Prusse).
— Orange, s.-lieut., B.
— Mortier, s.-lieut., B.
} 21 mai 1813, bataille de Wurschen (Saxe).

— Grammont, s.-lieut., B. 22 août 1813, combat de Gieshübel (Saxe).
— Collin, s.-lieut., B. 26 août 1813, bataille de Dresde.
— Daniel (3), s.-lieut., T. 31 août 1813, passage de la Bidassoa.
— Cantalet, s.-lieut., B. 31 août 1813, affaire de Grieffenberg (Saxe).

(1) Blessé dans la nuit du 30 juin dans l'Ile-Lobau.
(2) 4ᵉ Bataillon, 11ᵉ 1/2 brigade provisoire, 11ᵉ Corps, Grande Armée (Macdonald).
(3) 1ᵉʳ Bataillon. Armée d'Espagne (Soult).

27ᵉ Régiment. Lebrun, s.-lieut., B. 14 sept. 1813, combat devant Dresde.
— Duchesne, s.-lieut., B. 17 oct. 1813, défense de Dresde.
— Grammont, s.-lieut., B. 4 nov. 1813, défense de Dresde.
28ᵉ Régiment. Buthod, cap., B. 2 janv. 1809, siège de Saragosse (Aragon).
— Pépin, s.-lieut., B. 29 mars 1809, affaire devant Méquinenza (Aragon).
— Nicole, s.-lieut., B. 3 mai 1809, Combat d'Ebersberg (Bavière).
— Fétré, lieut.. B. 22 mai 1809, bataille d'Essling.
— Vanloo, s.-lieut., B. 23 juin 1809, affaire de Los-Santos (Estramadure).
— Méteyer, lieut., B. 5 juillet 1809, bataille de Wagram.
— Salles, s.-lieut., assassiné le 31 juillet 1809, dans le village de Ciempozuelos, entre Madrid et Aranjuez (dans une réquisition).
— Soulhanet, s.-lieut., B. 12 avril 1810, au village de Castillo de Las Gouardias (Espagne) (étant colonne mobile).
— Gruau, capit., B. } 26 mai 1810, combat d'Aracena (Nou-
— Planet, capit., B. } velle-Castille).
— Laborie, s.-lieut., B. } 5 oct. 1810, affaire de Valdemore (Nou-
— Meunier, s.-lieut., B. } velle Castille).
— Méteyer, lieut., B. 5 mai 1811, bataille de Fuentès d'Onôro (Roy. de Léon).
— Pichenot, capit., B. 16 mai 1811, bataille de la Albuhera (Estramadure).
— Mannoir, s.-lieut., T. 19 juillet 1812, combat de Salamanque (Roy. de Léon).
— Montagne, chirurg., S A. M., B. 21 août 1812, près de Jaen (Andalousie) en escortant un convoi de blessés.
— Jacques-Jean, capit., B. 18 sept. 1812, dans une reconnaissance route de Madrid.
— Robert(1), s.-lieut., B 30 mars 1813, combat devant Dantzig (Prusse).
— Duchêne, lieut., B. } 9 juin 1813, défense de Dantzig.
— Bordenave, s.-lieut., B. }
— Méteyer, capit., B. 21 juin 1813, bataille de Vittoria.
— Balland, s.-lieut., B. 25 juillet 1813, combat du col de Maya (Navarre).
— Rolin (2), chef de bat., B. 16 sept. 1813, combat de Peterswal (Bohême).
— Grateyrolle, lieut., B. 18 oct. 1813, bataille de Leipzig (Saxe).
— Haumont, capit., B. 3 nov. 1813, défense de Dantzig.
— Mitaut, lieut., B. 13 déc. 1813, combat de Saint-Pierre-d'Irube (Pyrénées).
— Maubisson, capit., B. 2 mars 1814, combat de Aire (Pyrénées).
— Faure, s.-lieut., B. } 10 avril 1814, bataille de Toulouse.
— Bruyant, s -lieut., B. }
29ᵉ Régiment. Nolaise, lieut., B. 27 nov. 1812, combat de Borisow (mort le 12 janv. 1813).
— De Coenens, lieut., B. 27 août 1813, bataille de Dresde.
— Dumolard, s.-lieut., B. 22 août 1813, combat de Pirna (Saxe).

---

(1) 4ᵉ Bataillon, 10ᵉ corps, Grande Armée (Rapp).
(2) 1ᵉʳ Bataillon, 3ᵉ corps, Grande Armée (Ney).

29e *Régiment.* Lézaud, capit., T. 8 fév. 1814, aux avant-postes près de Nogent-sur-Seine.

— Mattei, s.-lieut., B. 10 fév. 1814, combat de Nogent-sur-Seine.

34e *Régiment* Olivet, capit., B
— Rougeul, lieut., B. } 8 juin 1807, combat de Deppen.

— Urréchia, lieut., B. 14 juin 1807, bataille de Friedland (Prusse).

— Gay, capit., B. 1er août 1808, prise du château de Bégory (Aragon).

— Gallo, lieut., B.
— Bonnet, s.-lieut., B. } 16 janv. 1809, bataille de la Corogne (Galice).

— Galabert, lieut., B. 16 mars 1809, affaire de Chavès (Portugal).

— Rougeul (1), lieut., B. 11 mai 1809, évacuation d'Oporto.

— Gondré (2), s.-lieut., noyé le 5 juin 1809, dans le Sil (Galice).

— Balbiano (3), s.-lieut., B. 1er sept. 1810, en escortant un convoi à Valladolid.

— Olivet, chef de bat., B.
— Lémonnier de Lafosse, capit., B. } 27 sept. 1810, bataille de Busaco (Portugal).
— Deville, capit., B. (mort).
— Pontarli, lieut., B.

— Kapp, lieut., T. 19 nov. 1810, aux avant-postes de Santarem.

— Mérigie, s.-lieut., T. 20 mars 1811, dans une reconnaissance route d'Astorga.

— Fara (4), lieut., T. 21 mai 1811, affaire près de Valladolid.

— Paul, s.-lieut., T.
— Fontan, s.-lieut., T. } 13 mars 1812, affaire de Peñafiel (Valladolid).

— Fabre, chirurg., S. A. M. B. 25 mai 1812, montagne de Santa-Cruz (Tolède).

— Grosse, s.-lieut., T.
— Lémonnier de Lafosse, capit., B. } 22 juillet 1812, bataille des Arapiles.

— Libault de la Barossière, lieut., B. 12 août 1812, affaire près de Vittoria.

— Navarra (5), capit., T.
— Pontarli, lieut., B. } 19 sept. 1812, affaire contre les bandes de Mina, à Salvatiera (Navarre).
— Sévelinges, lieut., B.

— Fabre, chirurg., S. A. M. B. 21 juin 1813, bataille de Vittoria.

— Sévelinges, lieut., B. 7 oct. 1813, combat du pont de Béra (mort le soir).

— Bunier, s.-lieut., B. 7 oct. 1813, combat du pont de Béra. (mort le 18).

— Gothmann, capit., T. 10 nov. 1813, combat de Sarre (Pyrénées).

— Tieci, capit., B.
— Vernal, s.-lieut., B. } 10 avril 1814, bataille de Toulouse.

— Deffert, capit., B. 12 mai 1814, dans une rebellion à Lavaur (Tarn).

---

(1) Cet officier fut blessé aux portes de la ville en ralliant les hommes de son régiment.
(2) Noyé étant à la poursuite de brigands en Galice.
(3) Blessé dans un défilé en conduisant un convoi de blessés et malades à Valladolid.
(4) Cet officier a été tué en rentrant en France avec le cadre de son bataillon.
(5) Tué étant à la poursuite des bandes de Mina en Navarre.

32e Régiment. Corvetto, lieut., B. 21 juillet 1808, combat de la Jonquière (Catalogne).

— Scalabrino, capit., B. 3 janv. 1809, combat de Castillione (Catalogne).

— Gaulis, capit., B. 13 mars 1809, affaire de Bascara (mort fin d'avril).

— Federicci, lieut., B. 5 août 1809, combat de Buscaros (Catalogne).

— Jeandet, s.-lieut., B. 8 juillet 1809. siège de Girone (mort le 17).

— Duce, lieut., B. 16 janv. 1810, affaire en Catalogne, en escortant un convoi de blessés.

— Siallelli, s.-lieut., T. 4 mars 1810, affaire d'Hostalrich (Catalogne).

— Giovannoni, capit., B. (mort le 10 juin 1811). } 27 sept. 1810, bataille de Busaco

— Torre, s.-lieut., B. } (Portugal).

— Césari, chef de bat., B. 2 mai 1811, blocus de Figuières (Catalogne).

— Chabas, s.-lieut., T. 3 mai 1811, défense d'Almeida (Portugal).

— Scalabrino, cap., B. 14 juin 1811, siège de Figuières (Catalogne).

— Fazio (1), s.-lieut., B. 28 août 1811, près de Lasmedas (Catalogne).

— Tondelli, s.-lieut., B. 2 nov. 1812, affaire de la Garriga (Catalogne).

— Corvetto, capit., B. 20 avril 1813, combat d'Olot (Catalogne).

— Robattino, s.-lieut., B. 21 mai 1813, bataille de Würschen (mort le 21 juin).

— Vaccarezza (2), lieut., B. 28 août 1813, devant Dresde (mort le 21 sept.).

— Sambaud, s.-lieut., B. 28 août 1813, devant Dresde (mort le 3 sept.).

— Gastaldi, capit., T. }

— Odera, lieut., T. }

— Janny, s.-lieut., T. } 16 oct. 1813, bataille de Leipzig.

— Pauluaci, lieut., B. }

— Doussy, s.-lieut., B. }

— Scasso (3), capit., B. 14 nov. 1813, affaire de Palamos (Catalogne).

— Déjardin, s.-lieut., B. 1er fév. 1814, bataille de la Rothière.

— Cassolino, s.-lieut., B. 14 fév. 1814, combat de Vauchamps (Marne).

— Corvetto, capit., B. 1er mars 1814, dans une rencontre avec des contrebandiers (Catalogne).

— Durbec, s.-lieut., B. 20 mars 1814, combat de Pierre-Chatel (Ain).

— Gasquet, s.-lieut., B. 20 mars 1814, combat devant Lyon.

— Daguin, s.-lieut., B. 30 mars 1814, bataille de Paris.

33e Régt (4). Touyarot, lieut., B. } 16 nov. 1812, affaire de la Maison de

— Guillemin, s.-lieut. B. } Poste, route de Smolensk.

— Camp, s.-lieut., B. 17 nov. 1812, bataille de Krasnoë (mort).

34e Régiment. Villefranche, capit., B. 27 août 1811, combat près de Ponferrade (Roy. de Léon).

— Servan de Bézavon, s.-lieut., B. 19 janv. 1812, défense de Ciudad-Rodrigo (Province de Salamanque).

— Seraines, capit., B. } 29 nov. 1812, combat de Sédano (Es-

— Pierson, s.-lieut., B. } pagne) près Burgos.

(1) Blessé étant à la poursuite de brigands dans les montagnes de la haute Catalogne.

(2) 2e et 3e bataillons, 6e corps, Grande Armée.

(3) 1er Bataillon. Armée de Catalogne.

(4) Ex-régiment de chasseurs à pied Hollandais.

34e Régiment. Lavit, capit., B.
— Humblot, lieut., A. M. B. } 28 juillet 1813, retraite de Pampelune
— Poccard, s.-lieut., B. } (Navarre).
— Gilbert, capit., B. 10 déc. 1813, combat devant Biarritz (Pyrénées).
— Naylies, capit., B. 25 fév. 1814, au pont d'Orthez.
— Lugol, lieut., B. 10 avril 1814, bataille de Toulouse.
35e Régt (1). Berthelot, lieut., B. } 13 fév. 1813, combat de Kalisch (Po-
— Dugué, lieut., B. } logne).
— Léon, lieut. B. 24 août 1813, combat devant Villach (Illyrie).
— Girodin, s.-lieut., B. 18 sept. 1813, combat de Santa-Hermajor
(Italie).
36e Régt (2). Dutertre, capit., B. 15 nov. 1812, combat de Wolkowisk (Li-
thuanie).
— Fasnagel, lieut., B. 18 oct. 1813, bataille de Leipzig.
37e Régt (3). Collin, s.-lieut., B. 16 oct. 1813, bataille de Leipzig.
— Pierrucci, lieut., B. 11 janv. 1814, affaire de Saint-Avold (Moselle).
— Gibon, major, B. 1er fév. 1814, bataille de la Rothière.

X

TROUPES HORS-LIGNE

Garde Municipale de Paris

2e Régiment . . Deshallas, s.-lieut., B. 14 juin 1807, bataille de Friedland (Prusse).

Bataillon de Tirailleurs Corses

Bataillon. . . . Poli, lieut., B. 6 juillet 1809, bataille de Wagram (Autriche).

Chasseurs Corses

Baton du Liamone. Poli, chef de bat., B. 15 janvier 1808, affaire contre des bri-
gands près de Sartène (Corse).
— Maunarini, lieut., B. 17 janvier 1809, à bord de la Gabarre la
Durance (Côtes de Corse).
— Quenza, capit., B. 2 mars 1809, étant à la poursuite de bandits
en Corse.
— Colombani, lieut., B. 27 juin 1809, défense de la batterie des
Sanguinaires (Corse).
1er Baton du Golo. Pascalis, capit., B. 28 mai 1808, dans une batterie de Côte
en Corse.

---

(1) Ex-1er régiment de la Méditerranée.
(2) Ex-régiment de Belle Ile.
(3) Formé en 1813, avec des détachements des compagnies de réserve.

—	Silvestri, lieut., B. 27 juin 1810, combat de la Goélette le Jean-Bart, près de Bastia.
2e Bat^on du Golo.	Padovani, capit., B. 1er fév. 1809, étant en colonne mobile en Corse.
—	Paoli, lieut., B. 23 mars 1809, dans une batterie de côtes près de Bastia.

Légion Corse (1).

Infanterie. — Rocca–Serra, capit., B. 18.
— Taddeï, s.-lieut., B. 12. } mai 1806, siège de Gaëte (Naples).
— Porri, capit., B. 18 août 1806, en escortant un convoi de poudres en Calabre.

Légions de réserve.

3e Légion . . . Rataud, capit., B
— Michelot, s.-lieut., B. } 19 juillet 1808, bataille de Baylen (Province de Jaen).
1er Régt supplém. Durel, chef. de bat., B.
— Scholtus, capit., B.
— Coignet, capit., B. } 14 juillet 1808, bataille de Médina del Rio-Seceo (Roy. de Léon).
— Terret, s.-lieut., B.
— Terret (2), s.-lieut., assassiné en déc. 1808, près de Promista (Espagne).
2e Régiment . Rabié, colonel, B. 28 juin.
— Rabié, colonel, B. 5 août. } 1808, siège de Saragosse (Aragon).

Compagnies de Réserve départementale.

Bataillon . . . Cadaux, lieut., B. 5 juillet 1808, au blocus de Figniéres (Catalogne).

Bataillons auxiliaires d'infanterie.

2e Bataillon . Denier de la Belleourie, s.-lieut., B. 11 novembre 1810, au passage de la Robla (Roy. de Léon).
3e Bataillon . Maire, s.-lieut., B. 7 juillet 1810, défense de Santona (Vieille-Castille).
7e Bataillon . Ferrery, s.-lieut., B. 18 juillet 1810, en Catalogne en escortant le trésor à Barcelone.

Chasseurs des Montagnes.

1er Bataillon . Utzy, capit., B. 3 déc 1810, étant en colonne mobile en Espagne (Catalogne).
— Valat, capit., B. 20 déc. 1810, affaire du Pont-Major (Catalogne).
— Dupuy, capit., B. 6 août 1811, dans la vallée d'Aran en escortant un convoi (Catalogne).

---

(1) Passée au service de Naples, en 1806, sous le titre de Royal-Corse.
(2) Cet officier fut assassiné par des contrebandiers.

1ᵉʳ Bataillon . . Utzy, capit., B. 20 mai 1812, dans une reconnaissance sur les
　　　　　　Pyrénées.
Infanterie . . . Régiment du Roi de Rome (1).
　— — 　　Couessin, lieut., B. 29 août 1813, défense de Dantzig.
　— 　　Dezilles, lieut., B. ⎫
　— 　　Marcillé, s.-lieut., B. ⎬ 2 sept. 1813, défense de Dantzig.

XI

TROUPES COLONIALES

Guides Coloniaux. . . . Savary, lieut., B. 24 janv., 1809, défense de Santo-
　　　　　　Domingo (Antilles).
Régᵗ de l'Ile de France. . Jauffret, L.-Colonel, B. 7 août 1806, à Java par des
　　　　　　Indigènes révoltés.
　— 　　Gnénant, lieut., B. 21 sept. 1809, combat de Saint-
　　　　　　Paul (Ile-de-France).
　— 　　Rivot, capit., B., 1ᵉʳ déc. 1810, combat de la Baie des
　　　　　　Tombeaux (mort le 3 mars 1811) (Ile-de-France).
Batⁿ de Chasseurs Coloniaux. Sanon-Desfontaine, major, B. 27 janv. 1809, défense
　　　　　　de Santo-Domingo (Antilles).
Troupes de Java. . . . Sustel, capit., B. 1807, dans une affaire à Batavia
　　　　　　contre les indigènes.
　— 　　Henriet, Lᵗ.-Colonel, T. 24 oct. 1809, à Java, par des
　　　　　　Insurgés.
　— 　　Landry, Lᵗ-Colonel, B. 6 avril 1810, combat de Ban-
　　　　　　tam (Java).
　— 　　Canel, capit., B. 6 juin 1811 à Java, dans un débar-
　　　　　　quement des Anglais.
　— 　　Landry, Lᵗ-Colonel, B. 18 juillet 1811, dans une affaire
　　　　　　à Java, contre les Anglais.
　— 　　Fauquet, Lᵗ-Colonel, B. ⎫ 26 août 1811, défense de Mees-
　— 　　Desarbres, lieut., B. ⎬ ter-Cornelis (Java) (Assaut
　　　　　　　　　⎭ de la place par les Anglais).
1ᵉʳ Batⁿ Expéditionnaire (2). Laneau, capit., B. ⎫
　— 　　Daudier, capit., B. ⎬ 20 mai 1811, combat naval
　— 　　Blanc, lieut., B. ⎭ de Tamatave (Madagascar).
4ᵉ Batⁿ de Pionniers Colon. Hillico (3), lieut., B. juillet 1814 à Belle-Ile dans une
　　　　　　révolte (mort le 18).
6ᵉ Dépôt Colonial. . . . Latapie, capit., B. 1808, au Moulin du Roi (Catalogne).

---

(1) Régiment formé à Dantzig en 1813, par le général Rapp, avec les employés des
administrations de la Grande Armée restés dans cette place.

(2) Ce bataillon a été formé le 1ᵉʳ novembre 1810, à Brest.

(3) Blessé mortellement en réprimant la révolte d'un bataillon du 36ᵉ léger

XII

GARDE NATIONALE, CORPS FRANCS ET DOUANIERS

Garde nationale des Arrondissements maritimes.

2e Régiment d'Anvers. . . . . Dubois, capit., B. 21 déc. 1813, défense de Gorcum (mort).

1er Régiment de Toulon. . . . . Pélissier, capit., B. 14 mars 1814, affaire de Port-Maurice, près de Gênes.

— — de Castellane, colonel, B. 16 avril 1814, défense de Gênes.

2e — — Domeny de Rienzi, lieut., B. 11 mars 1814, combat de Mâcon.

Régiment de Rochefort. . . . . Viennot-Vaublanc, lieut., B. 14 fév. 1814, combat près de Nogent-sur-Marne.

Garde nationale des Départements.

Ariège. 1er Bataillon 1814. . . . Dubruelh, lieut., B. 31 déc. 1813, par des contrebandiers près de Perpignan.

Calvados. 1er Bataillon 1814. . . . Canel, s.-lieut., B. 14 févr. 1814, défense de Soissons.

Escaut. Bataillon d'Elite 1809. . . de Mahieu (A.) cap., B. { 7 sept. 1809, dans
— — de Mahieu (L.). s.-lieut., B. } l'île de Catzand.

Eure. Régiment d'Elite 1813. . . Louvet-Dumesnil, capit., (A. M.), B. 14 fév. 1814, défense de Soissons.

Eure-et-Loire. Bat. d'Elite 1814. . Soissons, lieut., B. 25 mars 1814, combat de Fère-Champenoise.

Haute-Garonne. 1er Bataillon 1814. Daumas, lieut., B. 10 avril 1814, bataille de Toulouse.

Ille-et-Vilaine. 1er Bataillon 1814. Lequereau (1), capit., B. 18 fév. 1814, près d'Orléans, par des Cosaques.

— — Gauchard, capit., B. 30 mars 1814, bataille de Paris.

Loiret. 1er Bataillon d'Elite 1814. . Roujou, lieut., B. 25 mars 1814, combat de Fère-Champenoise (mort le 12 avril).

Marne. 9e Bataillon d'Elite 1815. . Riohon, lieut., B. 27 juin 1815, défense de Maubeuge (Nord).

Haute-Marne. Bataillon d'Elite 1814. Lanson, lieut., B. 27 fév. 1814, défense de Neufbrisac (Haut-Rhin).

Moselle Régiment d'Elite 1814. . Delavis, capit., B. 21 mars 1814, défense de Landau (Bas-Rhin).

---

(1) Etant en reconnaissance à la tête de sa compagnie.

Nord. 11e Bataillon d'Elite 1815. . Duchêne, lieut., B. 22 juin 1815, défense d'Avesnes (Nord).

Bas-Rhin. 5e Bataillon d'Elite 1815 Delohe, chef de bat., B. 11 juillet 1815, affaire de Chatenois près Schelestadt.

Haut-Rhin. Régiment d'Elite 1814 . Duzer, major, B. 6 janv. 1814, défense de Schelestadt (Bas-Rhin).

Haute-Saône. 1er Régt d'Elite 1814. Jouart, chef de bat., B. 22 déc. 1813.

—   —   Mondelet (M.), lieut., B. 22 déc. 1813.

—   —   Mondelet (M), lieut., B. 25 déc. 1813   } 1813-1814, défense de Huningue (Haut-Rhin).

—   —   Mongeot, chef de bat., T. 8 janv. 1814.

— *5e Bataillon d'Elite 1815* Mondelet (S.), lieut., A. M, B. 4 juillet 1815, combat devant Belfort.

Saône-et-Loire. 5e Batn d'Elite 1815. Roussitot, chef de bat., B. 27 juin.   } 1815, défense de Belfort.

— *5e Bataillon* . Courbette, lieut., B. 4 juillet.

Tarn-et-Garonne. Batn d'Elite 1811. Lévêque, lieut., B. 4 mars 1812, affaire près de Figuières (Catalogne)

Légion d'Elite des 10e et 11e Dons Mres. Bonneval, s.-lieut., B. 28 sept. 1809, affaire près de Sanguessa (Navarre).

Martinique. Chasseurs à cheval . . Faup de Saint-Cyr, s.-lieut., B. 1808, attaque de Marie-Galante (Antilles).

Garde Nationale des provinces Illyriennes.

Bataillon des Bouches du Cattaro. . Albori, capit., B 17 juin 1812, affaire contre des Albanais près de Cattaro.

—   —   Spadich, lieut., B. 19 déc. 1812, affaire près de Castel-Nova (Illyrie).

Bataillon d'Istrie . . . . . . Cravini, capit., B. 9 janv. 1812, affaire contre des Brigands en Istrie.

Compagnie de Budua . . . . Micula capit., B 12 juillet 1813, affaire contre des Brigands près de Budua (Illyrie).

Corps Francs.

Corps des Partisans du Nord 1814. De Champeron, chef d'escadron., B. 1814, affaire de Breda.

1er Corps Franc de la Seine 1814. . Rollin, capit., B. 28 mars 1814, aux avant-postes près de Paris.

—   Rencorelle, chef d'escad., B. } 30 mars 1814,

—   Dechez, chef d'escad., B. } bat. de Paris.

Cie franche des Tiraill. du Doubs 1814. Delasoy. lieut., T. 3 mars 1814, dans une sortie de Besançon.

—   Courbet, s.-lieut., B. 1er avril 1814, défense de Besançon.

1er Corps Franc de la Moselle 1815. Jacquin, chef d'escad., B. juin 1815, près de Sarrebruck (Sarre).

2e Corps Franc de la Moselle 1815. Foulot, capit., B. 2 juillet 1815, défense de Longwy (Moselle).

Compagnie Franche de Longwy 1814 Gardier, capit., B. 18 mars 1814, défense de Longwy.

2e Corps Franc des Ardennes, 1815. Drevet, chef d'Escad., B. 25 juin 1815, près de Rethel (Ardennes).

Corps Franc de l'Isère, 1814 . Lonchamps, capit., B. 5 fév. 1814, combat près de Grenoble (mort le 13).

1er Batn corps Franc du Léman, 1814. Besse, capil., B. 10 avril 1814, au pont de Montmeillan (Savoie).

Corps des Douanes.

Jullien, lieut., B. 7 sept. 1808, dans une descente des Anglais près de la Ciotat (B.-du-Rhône).

Monchot, s.-lieut., B. 3 avril 1812, affaire près de Spalato (Dalmatie) (mort le 30).

Madoulès, s.-lieut . B. 14 avril 1813, affaire d'Osterburg près de Brême (mort le 25 juillet).

Beny, lieut., B. 15 août 1813, affaire contre des contrebandiers près de Minden.

Patrice, lieut., B. 16 sept. 1813, combat de Goerde, près de Hambourg.

Pelollio, lieut., B. déc. 1813, défense du fort de Clissa (Illyrie).

Stuers, lieut., B. 3 janv. 1814, étant à la poursuite de contrebandiers près de Givet.

Drouet, lieut., B. 16 fév. 1814, défense de Hambourg.

Lami-Hinault, lieut., B. 17 fév. 1814, combat de Harbourg, près de Hambourg.

Samson, lieut., B. mars 1814, défense de Maubeuge (Nord).

Forget, lieut., B. 14 juillet 1815, défense de Belfort.

XIII

TROUPES AUXILIAIRES

Infantérie Suisse.

1er Regiment . . . . . Huntziker, lieut., B. 28 août 1812, aux avant-postes devant Polotsk.

2e Régiment . . . . . Weiland, capit., B. 25 mars 1809, affaire devant Chavès (Portugal).

— Lumpert, lieut , T. 26 nov. 1810, à Fuente-del-Sauço (Espagne).

— Breitembach, capit., B. 18 oct. 1812, combat de Polotsk.

— Balthasar, lieut., B. 28 nov. 1812, bataille de la Bérésina.

3e Régiment . . . . Goguel, s.-lieut., B. 28 nov. 1812, bataille de la Bérésina.

4e Régiment. . . . . . . De Christen, chef de bat. B. (mort le 29 août).

— Zehender, capit., B. (mort le 22 août).

— Gatschet, lieut., B. (mort le 20 août).

— Isler, B. lieut. (mort le 29).

— Lecoutre, s.-lieut., B. (mort le 27).   19 juillet 1808, affaire

— Marty, capit., B.   de Baylen (Anda-

— Landolt, capit., B.   lousie).

— Bonzanigo, capit., B.

— Sonnenberg, lieut., A. M., B.

— Estermann, lieut., B.

— Kratzer, s.-lieut., B.

— Buachler, s.-lieut., B.

— Gantin, capit., B. 28 nov. 1812, bataille de la Bérésina.

Régiments Étrangers.

1er Régiment (1). . . . . . Bouttier, cap., B.   12 oct. 1806, combat en

— Laqueu, s.-lieut., B.   Calabre.

— Franchereau, s.-lieut., B. 1806, prise de Montes-sano (Naples).

— Komiérowski, lieut., B. 19 juin 1807, Combat de Campo-Ténèse (Naples).

— Dupnits de Maconnex, capit., B. 3 mai 1809, par des brigands Napolitains (Calabre).

— Pebermad, s.-lieut., T. 4 oct. 1809, par des Brigands entre Bologne et Ferrare (Italie).

— Lyon, capit., B. 10 nov. 1813, Combat d'Ala (Tyrol).

2e Régiment (2) . . . . . Délalandelle, lieut., B. oct. 1807, en Calabre (Roy. de Naples).

— De Sade-Mazan (3), lieut., assassiné le 9 juin 1809, près de Mercugliano (Avelino).

— Rizzardi, capit., B. 16 août 1810, affaire près de Bilbao (Biscaye).

— D'Houdouart, lieut., B. 26 oct. 1810, dans la plaine de Sainte-Euphénie (Calabre).

— De Linage, capit. B. 10 août 1812, près de Corfou (Iles Yéniennes).

---

(1) Ex-Régiment de la Tour d'Auvergne.
(2) Ex-Régiment d'Issembourg.
(3) Fils du trop célèbre marquis.

2ᵉ *Régiment*	D'Houdouart capit., B. 7 oct. 1813, Combat de Muhlbach (Tyrol).
2ᵉ *Régiment (Suisse), 1815*.	. Varena (1), lieut., B. ⎱ 18 juin 1815, Combat de
—	Ernst. lieut., B. ⎰ Wavre.
3ᵉ *Régiment* (2)	. Cordier, chirurg. A. M. B. 29 août 1813, affaire du Bober (Silésie).
—	Swanton, s.-lieut., B. 1ᵉʳ sept. 1813, près de Bautzen (Saxe).
—	Dupuget, lieut., B. 13 janv. 1814, combat devant Anvers.
4ᵉ *Régiment* (3).	Hautal, lieut., B. 29 mars 1809, devant Oporto (Portugal).
—	Hautal, lieut., A. M. B. 27 août 1810, à Almeïda (Portugal).
—	Hautal, lieut., B. 4 avril 1811, aux avant-postes en Portugal.
Régiment d'Illyrie. . . .	. Pauly, chef de bat., B. ⎱ 18 nov. 1812, bataille
—	Vandenbossch, lieut., B. ⎰ de Krasnoë.
—	Grille, s.-lieut., B.
—	Pauly, chef de bat., B. 6 sept., 1813, bataille de Juterbock (Dennewitz).
—	Bouery de Saint Venant, s.-lieut., B. 18 oct. 1813, bataille de Leipzig.
—	Fouque, lieut., B. 4 avril 1814, défense de Juliers (Roer).
Bataillon de Tirailleurs du Pô.	Pavesio, s.-lieut., B. 2 déc. 1805, bataille d'Austerlitz (Moravie).
—	Provana, lieut., B. 6 nov. 1806, combat de Lubek (Prusse).
—	Provana, lieut., B 8 fév. 1807, bataille d'Eylau (Prusse).
—	Séliman, s.-lieut., B. 22 mai 1809, bataille d'Essling (près de Vienne).
—	Corso, capit., B. 6 juillet 1809, bataille de Wagram (Autriche).
Légion du Midi (Inf^{ie}). . .	. Luccio, capit., B. ⎱ 5 mai 1811, bataille de
—	Vachino, s.-lieut., B. ⎰ Fuentès d'Onôro
—	Vacquine, s. lieut., B. ⎰ (Roy. de Léon).
Cⁱᵉ *de Police de Rome*. . .	. Benoist, lieut., B. 15 juillet 1813, près de Rome, étant à la poursuite de brigands.
—	Baxis, capit., B. 17 août 1813, affaire près de Velletri, contre des contrebandiers.
—	Stifourt, lieut., B. 21 août 1813, route de Ferrentino, en escortant le trésor.
—	Pernin, capit., B. 3 sept. 1813, dans une embuscade près de Viterbe.

(1) Blessé à la défense du pont de Wavre.
(2) Ex-Régiment Irlandais.
(3) Ex-Régiment de Prusse.

Légion Hanovrienne (Infⁱᵉ) . .	Sandfort, lieut., B. 12 janv. 1809, combat de Benavente (mort le 28 mars) (Province de Zamora).
—	Vogt, capit., B. 27 sept. 1810, bataille de Busaco (Portugal).
— —	Zoepffel, lieut., T. Baïr, s.-lieut., T. } 5 mai 1811, bataille de Fuentès d'Onôro. (Province de Léon).
—	Dauvergne, lieut., T. 10 mai 1811, retraite d'Almeïda (Portugal).
Légion Hanovrienne (Cavalerie).	Evers, colonel, B. Romain, s.-lieut., B. } 16 avril 1806, combat de Civitella-del-Tronto (Naples).
—	Recken, s.-lieut., B. 2 janv. 1809, combat près d'Astorga (mort le 15).
—	De Chabannes, s.-lieut., B. 6 juillet 1809 bataille de Wagram.
—	Tieman, lieut., B. 22 août 1810, affaire contre les Anglais (Portugal).
—	Uhlman, chef d'Escad., B. 20 déc. 1810, affaire sur le Tormès (Roy. de Léon).
Bataillon de Pionniers Noirs (1).	Dugazon, capit., B. 9 déc. 1805, attaque de Fiumé (Italie).
— —	Mamet, capit., B. (mort le 16), Dugazon, capit., B. } 15 mai 1806, siège de Gaëte.
1ʳᵉ Légion du Nord (2).	Devaivre, lieut., B. 13 mai 1807, siège de Dantzig (Prusse).
Lég. de la Vistule, 1ᵉʳ rég. d'Inf⁰ⁿ (3).	Mutrecy, capit., B. Borowski, lieut., B. } 4 juillet 1806, combat de Sainte-Euphémie (Calabre).
—	Borakowski, lieut., B. 15 juin 1808, devant Saragosse (Aragon).
—	Walewski (I.), capit., B. 4 août 1808, attaque de Saragosse.
—	Narwoyn, lieut., B. 10 mars 1810, combat d'Alventosa (Catalogne)
—	Kielkiewiez, capit., B. 10 sept. 1812, combat près de Mojaïsk (Russie).
—	Bielinski, chef de bat., 28 nov. 1812, bataille de la Bérésina.
Lég. de la Vistule, 2ᵉ rég. d'Inf⁰ⁿ.	Glowezeski, lieut., T. 2 juillet 1808, devant Saragosse (Aragon).
—	Aranowski, s.-lieut., B. 4 août 1808, attaque de Saragosse (mort le 19 sept.).
—	Drzewiecki, lieut., B. 1ᵉʳ janv. 1811, prise de Morella (Roy. de Valence).

---

(1) Ce bataillon est passé au service de Naples. — Sous le titre de régiment Royal-Africain, en 1806.

(2) Devenue 5ᵉ régiment d'infanterie du Grand-Duché de Varsovie, en 1808.

(3) Ex-légion Polonaise d'Italie. Devenue Légion de la Vistule, en 1808.

Lég. de la Vistule 2ᵉ Rég. d'inf^{te}. Kechowiez, capit., B. 7 sept. 1812, bataille de la Moskowa.

— Zienkowiez, lieut., B. 3 nov 1812, combat de Wiasma.

— Zienkowiez, lieut., B. 28 nov. 1812, bataille de la Bérésina.

Lég de la Vistule 3ᵉ Rég. d'inf^{te}. Mazewski, capit., B ⎰ 4 août 1808, attaque
Ciszewski, s -lieut., B. 18. ⎱ de Saragosse (Aragon)

— Zinkiewicz, lieut , B. 18 juin 1809, combat de Belchite (Aragon).

— Ciszewski, s.-lieut., B. 13 juillet 1809, en escortant le trésor à Saragosse.

Lég. de la Vistule 4ᵉ Rég. d'inf^{te}. Smulikowski, capit., B. 15 juin 1810, par des Guérillas, près de Burgos.

— Balazsa, lieut., B. 18 oct. 1810, en escortant un courrier à Quintilla-del-Monte près d'Astorga (Roy-de-Léon).

Lég. de la Vistule 1 ᵉʳ Rég^t de Lanc^{ers}. Schultz (L.), capit., B. ⎱ 15 mai 1807, affaire
— Stchultz (L.), lieut., B. ⎱ de Salzbrunn (près
— Fialkowski, lieut., B. ⎰ de Kantz.).

— Walewski, capit., B. ⎱ 4 août 1808, attaque
— Fialkowski, capit., B. ⎰ de Saragosse
— Stokowski, capit., B. ⎰

— Stawiaski, s.-lieut., B. 24 mars 1809, combat de Juvenez (Espagne).

— Konopka, capit., B. 5 mai 1809, affaire près d'Olmedo (Valladolid).

— Tanski (1), capit., B. 6 juillet 1809, bataille de Wagram.

— Skarzyoski, s.-lieut, B. 22 juillet 1810, affaire près d'Elbas (Espagne).

— Pruszak, capit., B. 2 nov. 1810, combat de Baza (Province de Grenade).

Rég^t Espagnol-Joseph-Napoléon. Bender, s.-lieut., B. 19 oct. 1813, bataille de Leipzig.

Légion Portugaise 1 ᵉʳ Régiment. Lobo, s.-lieut., B. 17 août 1812, bataille de Smolensk.

— — Emmanuel, s.-lieut., B. 19 août 1812, combat de Valoutina-Gora (Russie).

Lég. Portugaise 13ᵉ demi-brigade. Batalha, lieut., B. 6 juil. 1809, bataille de Wagram.

Lég. Portugaise 3ᵉ Régiment. Batalha, capit., B. 28 nov. 1812, bataille de la Bérésina.

Inf^{te} Croate 1 ᵉʳ Rég. provisoire. Krekowich, s.-lieut., B. 25 juillet 1812, combat d'Ostrowno.

— — Krekowick, lieut., B. 16 nov. 1812, bataille de Krasnoë.

— — Vukelich, s. lieut., B. 28 nov. 1812, bataille de la Bérésina.

---

(1) Cet officier était détaché et servait près du général Bertrand.

Inf^{ie} Croate 1er Rég^t provisoire. Mracovich (1), lieut , B. 27 août 1813, combat de Lübnitz (Prusse).

—   —   Curtil (2), s.-lieut., B. 10 nov. 1813, défense de Glogau (Silésie).

—   —   Résich, capit., B. 7 avril 1813, défense de Glogau.

— 2e Rég^t provisoire. Chillot, s.-lieut., B. 2 mai 1813, bataille de Lutzen (Saxe).

Régiments provinciaux Croates.

Infanterie. — 1er Rég^t (Licca). Stratico, capit., B. 25 juin 1810, escortant un convoi à Trieste (Illyrie).

—   —   Knessevich (3), capit., B. 27 avril 1811, près de Trieste par des brigands.

—   —   Andreosi, lieut., B. 16 mars 1813, affaire contre des brigands près de Gospich.

— 2e Rég^t (Ottochatz). Sokolovich, capit., B. 20 juin 1810, en colonne mobile près d'Ottochatz.

—   —   Paunovich (4), capit., B. 17 mai 1811, route de Trieste à Laybach.

—   —   Delarue, lieut., B. 11 juin 1813, dans une batterie de Côte près de Zara.

—   —   Bizza, lieut., B. 12 sept. 1813, en escortant un convoi de Zara à Trieste.

— 3e Rég^t (Ogulin). Baudisson, chef de bat., B. ⎫

—   —   Czergollern, capit., B. ⎪

—   —   Rendulich, capit., B. ⎪

—   —   Lukavina, capit., B. ⎬ 16 mars 1810, combat

—   —   Faraskovich, capit., B. ⎪ de Zerzatz contre

—   —   Stipetich, lieut., B. ⎪ les Turcs (Croatie).

—   —   Terbukovich, lieut., B. ⎪

—   —   Tchermell, lieut., B. ⎪

—   —   Sertich, s.-lieut., B. ⎭

—   —   D'Albiczy, lieut. A. M. B. 15 oct. 1813, défense du fort de Castelnuovo (Albanie).

— 4e Rég^t (Szluin). Mamula, chef de bat., B. ⎫ 16 mars 1810, combat

—   —   Delzons, lieut , B. ⎬ de Zerzatz, contre les révoltés Turcs.

—   —   Jankovich (5), capit., B. 17 juin 1811, affaire route de Carlstadt.

—   —   Gyurich (6), lieut., B. 1er août 1812, route de Raguse à Cattaro.

---

(1) Le 2e bataillon pris part à la défense de Magdebourg.

(2) Le 1er bataillon était renfermé à Glogau.

(3) Blessé étant en colonne mobile.

(4) Blessé en défendant la voiture qui conduisait le trésor à Laybach (entre Adelsberg et Zirknitz).

(5) Blessé étant d'escorte d'un convoi de munitions.

(6) Cet officier conduisait un détachement de recrues à Cattaro.

Infanterie. — *4e Rég^t (Szluin),* Musulin, s.-lieut., B. mai 1813, étant à la poursuite des brigands, route de Raguse.

— — Poignard, s.-lieut., B. 9 janv. 1814, défense de Raguse (Illyrie).

— *5e Rég^t(1er Bannat).* Rodich, capit., B. 1er sept.1812, dans une batterie près de Trieste.

— — Tellar, lieut., B. 23 janv. 1813, étant en colonne mobile, route de Zara.

— — Todorovich, lieut., B. 23 janv. 1813, affaire près Fiume (Illyrie).

— — Leyder, major, B. 23 août 1813, affaire de Clissa (Illyrie).

— — Rodich, capit., B. 25. } 25 août 1813, combat
— — Mraovich, enseigne, B.25. } près de Clissa.

— *6e Rég^t(2e Bannat).* Smargya, lieut., B. } 16 mars 1810, combat de Zerzatz, contre les Turcs (Croatie).
— — Janossevich, lieut., B. }

— — Rishauer, s.-lieut., B. 10 mai 1812, dans une batterie de Sebenico (Illyrie).

— — Ivanchich, s.-lieut., B. avril 1812, dans une batterie de Côte (Sebenico).

— — Javanovich, capit., B. août 1813, affaire contre des insurgés, route de Petrina (Illyrie).

— — Totorovich, capit., B. } sept. 1813, blocus de
— — Ostorich, lieut., B. } Trieste.

Bataillons Étrangers.

1er Bataillon . . . . Etienne, capit., B. 17 juillet 1807, dans une batterie de côte, près de Cherbourg.

— Saillard, capit., B. 12 mai 1810, dans une reconnaissance sur les côtes près de Cherbourg.

— Barrier (1), s.-lieut., B 12 avril 1811, affaire près de Naarden.

— Sue, capit., B. } 12 oct. 1813, défense du
— Saltet, lieut., B. } Helder.

— Stein, s.-lieut., B. 5 mars 1814, défense du Helder.

2e Bataillon . . . . Oskierka, capit., B. 15 mai 1807, dans une batterie près de Bastia.

— Lioseph, lieut., B. } 25 mai 1809, défense de l'île
— Paulus, s.-lieut., B. } de la Pianosa (Ile d'Elbe).

— Thibault, s.-lieut., B. 19 janv. 1810, dans une batterie de l'île de Capraja (Ile d'Elbe).

— Fiorio, capit., B. 16 août 1813, affaire près de Porto d'Anzo (ile d'Elbe).

(1) Blessé étant en colonne mobile.

3e *Bataillon*. . . . . Roger, (1), capit., B. (5 juillet 1809, dans une embuscade en Catalogne.

— Eynard, capit., B. } 27 juillet 1810, en poursuivant
— Avril, s.-lieut., B. } des contrebandiers près de Corte (Corse).

— Bruyère, s.-lieut., B. 11 mai 1811, étant à la poursuite de brigands dans les environs de Servione.

— Lapointe, lieut., B. 14 déc. 1813, défense de Livourne.

— Botti, capit., B. } 15 mars 1814, dans une batterie
— Sippel, s.-lieut., B. } de Porto-Ferrajo (Ile d'Elbe).

XIV

TROUPES A CHEVAL

Carabiniers.

1er *Régiment*. Fauconnet, chef d'escad., B. 14 juin 1807, bataille de Friedland (Prusse).

— Cruquembourg, s.-lieut., B. 23 avril 1809, combat de Ratisbonne (Bavière).

— Labeille, chef d'escad., B. } 7 sept. 1812, bataille de Moskowa.
— Cruquembourg, capit., A. M. B. }

— Gaillard, s.-lieut., B. et disparu, 10 déc. 1812, route de Wilna (Lithuanie).

— De Pessailhan (2), s.-lieut., B. 7 sept. 1813, combat devant Magdebourg (Westphalie).

— Pierson, s.-lieut., B. 18 oct. 1813, bataille de Leipzig.

— Cruquembourg, capit., B. 30 oct. 1813, bataille de Hanau (Hesse-Nassau).

— De Pessailhan (3), s.-lieut., B. 15 fév. 1814, défense de Magdebourg.

2e *Régiment*. Morel, lieut., B. 7 sept. 1812, bataille de la Moskowa.

— Courtemanche, s.-lieut., B. 18 oct. 1813, bataille de Leipzig.

— Reynaud, chef d'escad., B. }
— Saint-Mard, chef d'escad., B. } 18 juin 1815, bataille de Waterloo.
— Prudhomme, s.-lieut., B. }
— Fontaine, s.-lieut., B. }

(1) Cet officier conduisait un détachement du 25e léger, au 6e Corps en Espagne.
(2) 4e Escadrons, prend part à la défense de Magdebourg.
(3) Blessé dans une affaire contre des Cosaques.

Cuirassiers.

1er Régiment. De Berlaymont (1), s.-lieut., B. 16 nov. 1812, près de Krasnoë.
— Guérin, lieut., B. 16 oct. 1813, bataille de Leipzig.
— Bécœur, chirurg., M. B. 30 oct. 1813, bataille de Hanau.
— Bourzac, s.-lieut., B. 30 mars 1814, bataille de Paris.
— Leroux, s.-lieut., B. 18 juin 1815, bataille de Waterloo.
2e Régiment. Lodin de Mauvoir, lieut., B.   ⎰ 6 juillet 1809, bataille de Wa-
— Séréville, s.-lieut., B.   ⎱ gram.
— Barlier, s.-lieut., B. 25 juillet 1812, combat d'Ostrowne.
— Gilardin, s.-lieut , B. 7 sept. 1812, bataille de la Moskowa.
3e Régiment. Lacroix, lieut., B. 14 juin 1807, bataille de Friedland.
— Decoppin, s.-lieut., B. 22 mai 1809, bataille d'Essling (près de Vienne).
— Lecharpentier, capit., B. 6 juillet 1809, bataille de Wagram (Autriche).
— Lecharpentier, chef d'escad., B. 7 sept. 1812, bataille de la Moskowa.
— Bauzil, s.-lieut., B. 10 fév. 1814, bataille de Champaubert.
— Benoit, lieut., B. 25 mars 1814, combat de Fère-Champenoise.
— Benoit, lieut., B. 18 juin 1815, bataille de Waterloo.
4e Régiment. Baratte, lieut., B. 22 mai 1809, bataille d'Essling.
— Detreau, s.-lieut., B. 6 juillet 1809, bataille de Wagram.
— Beauchamp, capit., A. M. B. 28 nov. 1812, bataille de la Bérésina mort dans un incendie).
— De Boussies (2), capit., B. 25 nov. 1813, affaire près de Schwerin.
— De Boussiès, capit., B. 9 fév. 1814, combat devant Hambourg.
— Mauprivez, lieut., B. (mort). ⎫
  Lebrun, capit., A. M., B.   ⎬ 18 juin 1815, bataille de Waterloo.
— Breusse, lieut., B.   ⎪
— Vicat, lieut., B.   ⎭
5e Régiment. De Miramont (J. P. V.), s.-lieut., T. 22 mai 1809, bataille d'Essling.
— De Jouvancourt, capit., B.   ⎰ 7 sept. 1812, bataille de la Mos-
— Dubois, lieut., B.   ⎱ kowa.
— Vernerey, capit , B.   ⎰ 4 oct. 1812, combat de Kalouga.
— Dupré, s -lieut., B.   ⎱
— Perrin des Isles, lieut., T. 18 oct. 1812, combat de Winkowo (près de Moscou).
— Dupré, lieut., B. 10 mars 1814, combat devant Laon (Aisne).
6e Régiment. De Cauvigny, s.-lieut., B. 7 sept. 1812, bataille de la Moskowa (mort le 18 oct.).
— Lasalle, capit., B. 6 sept. 1813, dans une reconnaissance en Saxe.
— De Chasteler, lieut., B. 2 janv. 1814, dans une reconnaissance sur le Rhin.
7e Régiment. Codère, lieut., B.   ⎰ 21 mai 1809, bataille d'Essling.
— Dancourt, s.-lieut., B.   ⎱
— Ordener, s.-lieut., B. 18 oct. 1812, combat de Polotsk.

---

(1) Blessé dans une affaire contre des Cosaques.
(2) Cet officier appartenait au 4e escadron.

7ᵉ *Régiment.* Rous de la Mazelière, s.-lieut., B. 28 nov. 1812, bataille de la Bérésina.

8ᵉ *Régiment.* De Bailliencourt (L.), lieut., B. 10 juin 1807, bataille d'Heilsberg (Prusse).

— De Bailliencourt (L.), capit., B. ⎱ 22 mai 1809, bataille d'Essling.
— Henrionnet, s.-lieut., B. ⎰

— Hoffmann, s.-lieut., B. 6 juillet 1809, bataille de Wagram.

— Dien (1), s.-lieut., B. 9 fév. 1814, combat de Willembourg (Hambourg).

9ᵉ *Régiment.* Frémeaux, lieut., B. 23 avril 1809, combat de Ratisbonne (Bavière).

— Guyon, s.-lieut., B. 6 juillet 1809, bataille de Wagram (Autriche).

10ᵉ *Régiment.* Schlincker, s.-lieut., B. 20 nov. 1805, dans une charge au village de Holonitz (près de Brünn).

— Doumet, capit., B. 22. ⎱ 21 et 22 mai 1809, bataille d'Essling.
— Masson, s.-lieut., B. 21. ⎰

— Scherb, s.-lieut., B. 4 oct. 1812, combat en avant de Moscou.

— Scherb, s.-lieut., B. 18 oct. 1812, combat de Winkowo près de Moscou.

— Ferroussat, major, B. 29 fév. 1814, affaire devant Provins (Seine-et-Marne).

11ᵉ *Régiment.* Morand, capit., B. 7 sept. 1812, bataille de la Moskowa.

12ᵉ *Régiment.* D'Ambrun, capit., B. 22 avril 1809, bataille d'Eckmuhl (Bavière).

— D'Ambrun, chef d'escad., B. 7 sept. 1812, bataille de la Moskowa.

— Kaltembacher, capit., B. ⎱ 24 nov. 1812, combat d'Orcha (Russie).
— Fayolle, s.-lieut., B. ⎰

13ᵉ *Régiment.* Vichard, s.-lieut., B. 23 avril 1810, combat de Lérida (Catalogne).

— Courtilloles, s.-lieut., B. 26 déc. 1811, dans une reconnaissance en Catalogne.

14ᵉ *Régiment.* Van-Styrum, s.-lieut., B. 18 oct. 1812, combat de Polotsk.

— Renno, capit., B. ⎱ 18 oct. 1813, bataille de Leipzig.
— Anouit, s.-lieut., B. 19. ⎰

Dragons.

1ᵉʳ *Régiment.* De Coupigny s.-lieut., B. 25 déc. 1808, combat de Tarançon (Nouvelle-Castille).

2ᵉ *Régiment.* Charpentier, capit., B. 14 oct. 1806, bataille d'Iéna (Prusse).

— Péridiez, chef d'escad., B. 7 fév. 1807, dans une reconnaissance près d'Eylau.

— Mollien, s.-lieut., B. 8 fév. 1807, bataille d'Eylau (Prusse).

— Mollien, s.-lieut., B. 28 mars 1809, bataille de Meddelin (Estramadure).

— Lachance (2), capit., B. 17 déc. 1811, devant Tarifa (Province de Cadix).

— Garran, capit., B. 20 sept. 1812, près de Guadix (mort le 21) (Province de Grenade).

____

(1) Le 4ᵉ escadron prend part a la défense de Hambourg.
(2) Blessé au siège de Tarifa.

2e Régiment. Fayau (1), lieut., B. 27 avril 1813, combat devant Dantzig (Prusse).

4e Régiment. Mulot (2), lieut., B. sept. 1808, à Elvas (Portugal) (mort le 5 avril 1809).

— Piot (3), s.-lieut., B. 25 fév. 1814, dans une reconnaissance (mort le 13 mars).

5e Régiment. Salignac-Fénelon, lieut., noyé le 31 mars 1809, en traversant la Jarama (Espagne).

— Maingot, s.-lieut., B. 3 nov. 1810, combat devant Baza (Province de Grenade).

— Poirier, lieut., B. 18 juin 1815, combat de Vavre (Belgique)

— Letellier, chef d'escad., B. 1er juillet 1815, combat de Versailles.

6e Régiment. Berlaymont, s.-lieut., B. 28 oct. 1806, combat de Penzlow (Prusse).

— Berlaymont, s.-lieut., B 3 fév. 1807, combat de Bergfried (Prusse).

— Lalande-Lebiez, lieut., B. 14 juin 1807, bataille de Friedland (Prusse).

— Davout, chef d'escad., B. 16 juin 1815, bataille de Ligny (Belgique).

7e Régiment. Seron, capit., B.
— Robert, lieut., B. } 8 mai 1809, bataille de La Piave (Italie).

— Granthil, lieut., B. 26 juillet 1812, combat d'Ostrowno (Russie).

— Laveran, lieut., B. 7 sept. 1812, bataille de la Moskowa.

— De Labordère (4), lieut., B. 1er avril 1814, défense de Magdebourg (Westphalie).

— Bellancourt, capit., B. 18 juin 1815, bataille de Waterloo.

8e Régiment. Bourgeois, lieut., B. 24 déc. 1806, combat de Nazielsk (Prusse).

9e Régiment. Robert, capit., B. 10 mars 1807, affaire de Willemsdorff (Prusse).

10e Régiment. Gard, capit., B. 5 mai 1811, bataille de Fuentès d'Onôra (Province de Léon).

11e Régiment. Frayssé (5), s.-lieut., B. 1er août 1811, affaire d'Arrevallo (Espagne).

— Duhan, lieut., A. M., B. 30 oct. 1813, bataille de Hanau (Hesse-Nassau).

— Joanet, s.-lieut., B. 25 mars 1814, dans une reconnaissance près de Saint-Dizier (Haute-Marne).

12e Régiment. Zethelly, capit., B. 4 fév. 1807, combat d'Allenstin (Prusse).

— Massé, s.-lieut., B. 16 juin 1815, bataille de Ligny (Belgique).

13e Régiment. De Lasteyrie du Saillant, s.-lieut., B. 26 déc. 1806, combat de Pultusk (Prusse).

— Brixhe, s.-lieut., B. 13 nov. 1810, affaire contre des brigands, près de Mora (Manche).

— Saget, capit., B. 13 avril 1813, dans une reconnaissance près de Sépulveda (Espagne).

— Garnot, s.-lieut., B. 14 oct. 1813, combat de Wachau (près de Leipzig).

14e Régiment. Dumesnil, capit., B. 19 fév. 1811, bataille de la Gébora (devant Badajoz).

---

(1) Cet officier appartenait au 4e escadron.

(2) Blessé dans une émeute.

(3) Blessé dans les environs de Bar-sur-Aube.

(4) Cet officier appartenait à un régiment de marche.

(5) Blessé en escortant un courrier qui se rendait à Madrid.

14e Régiment. D'Inglemare, lieut., B. 26 mars 1814, combat de Saint-Dizier (Haute-Marne).

15e Régt — Roger-Ducos, s.-lieut , B. 2 fév. 1807, affaire de Schemiopoli (Pologne).

— Lemoyne (1), s.-lieut., B. 21 août 1808, bataille de Vimeiro (Portugal).

— Lemoyne (2), lieut., B. 26 avril 1811, étant d'escorte près du général Montbrun, en Espagne.

— Durochat (3), lieut., B. 13 sept. 1812, à Modor en avant de Ciudad-Rodrigo (Province de Salamanque).

— Billoer, s.-lieut., B. 1er fév. 1814, bataille de la Rothière (Aube).

— Sache, lieut., B. 30 mars 1814, bataille de Paris.

16e Régiment. Esmez, s.-lieut., B. 8 fév. 1807, bataille d'Eylau.

— Tison-Larivière, s.-lieut., B. 5 fév. 1810, devant Malaga (défense d'un convoi).

18e Régiment. Séguiers (4), s.-lieut., B. assassiné 7 déc. 1808, à Lédrija (Andalousie).

19e Régiment. Cayla (5), s.-lieut., B. 5 mars 1813, défense de Dantzig (mort le 17 avril).

— Guilbert, s.-lieut., B. 26 août 1813, bataille de Dresde.

— Ducurtyl, s.-lieut., B. 14 oct. 1813, combat de Wachau (près de Leipzig.

20e Régiment. Favre, capit., B. 24 juin 1807, combat près de Liebstadt (Prusse).

— Favre (6), capit., B. 2 déc. 1808, combat devant Madrid.

— Dudoignon, s.-lieut., T. 25 mai 1811, combat d'Usagre (Estramadure).

21e Régiment. Chaillot, lieut., B 28 déc. 1808, passage du Tiétar (Prov. d'Avila).

— De Lafage, s.-lieut., B. 2 déc. 1810, en protégeant les travaux de la route du fort de Marbella (près de Malaga).

— De Lafage, lieut., B. 25 mars 1814, combat de Fère-Champenoise.

22e Régiment. Gautray, lieut., B. 26 déc. 1806, combat de Pultusk (Prusse).

— Maës, s.-lieut., B. 7 mai 1807, affaire près d'Olterbourg (Prusse).

— Maës (7), s.-lieut., B. 3 mars 1809, en escortant le Trésor près d'Aranjuez).

— Schmitt, s.-lieut., B. 7 mai 1811, combat route de Grenade (Andalousie).

— Fabre, s.-lieut., B. 11 août 1812, combat de Las-Rosas (Province de Madrid).

— Hébert, s.-lieut., B. 23 août 1813, affaire de Gross-Beeren (Prusse).

— De Spada, capit., B. 25 janvier 1814, à Saint-Dizier (Haute-Marne).

— Massoulle, s.-lieut., B. 29 janv. 1814, bataille de Brienne (Aube).

23e Régiment. Villiod, s.-lieut., B. 〳

— Butant, s.-lieut., B. 〳 7 sept. 1812, bataille de la Moskowa.

— Longsweiller, s.-lieut., B. 〳

---

(1) Cet officier appartenait au 4e escadron.

(2) Cet officier commandait l'escorte du général Montbrun, commandant la réserve de Cavalerie de l'armée de Portugal.

(3) Blessé en escortant un parc de siège.

(4) Assassiné par la populace de Lédrija étant prisonnier de guerre.

(5) Cet officier appartenait au 4e escadron.

(6) Cet officier appartenait à un detachement servant d'escorte au maréchal Victor.

(7) Blessé en escortant le tresor d'Aranjuez à Madrid.

23ᵉ Régiment. Nogerée, s.-lieut., B. 28 nov. 1812, aux ponts de la Bérésina.
—   Benoit, capit., B.
—   Holmberg, lieut., B.
—   Bédulli, s.-lieut., B.   } 18 oct. 1813, bataille de Leipzig.
—   Bédulli, s.-lieut., B.

26ᵉ Régiment. Darnaud, lieut., B. 16 mai 1811, bataille d'Albuhera (Estramadure).
—   Coulomb, capit., B. 24 fév. 1814, combat de Rozoy, route de Sens (Yonne).
—   Boucher, s.-lieut., B. 7 mars 1814, bataille de Craonne (Aisne).
—   Chalus, chef d'escad., B. 10 mars 1814, bataille de Laon (Aisne).

27ᵉ Régiment. Campagne(1), s.-lieut., B. 3 juillet 1808, prise de Jaen (Andalousie).
—   Berlaymont, s.-lieut., T. 26 mars 1809, combat de Pont d'Avé (Portugal).
—   Marzac, s.-lieut., B. 16 mai 1811, bataille d'Albuhera (Estramadure).
—   De Grandcourt, s.-lieut., B. 30 oct. 1813, bataille de Hanau.

28ᵉ Régiment. Blanc (2), lieut., B. 3 oct. 1807, affaire près de Reggio (Calabre).
—   Labergère, lieut., B. 7 sept. 1812, bataille de la Moskowa.
—   Duval, capit., B.
—   Bertholus, s.-lieut. B.   } 18 oct. 1813, bataille de Leipzig.

29ᵉ Régiment. Gontard, s.-lieut., B. 20 fév. 1807, étant à la poursuite de brigands dans les Abruzzes.
—   Renaud, lieut., B. 10 fév. 1807, étant en colonne mobile dans les Calabres (affaire contre des brigands).

30ᵉ Régiment. Charpentier, chef d'escad., B. 7 sept. 1812, bataille de la Moskowa (mort en janv. 1813).
—   De Grasse (3), s.-lieut., B. 12 oct. 1812, près de Mojaïsk, route de Moscou.

Chevau-Légers.

1ᵉʳ Régiment. Watrin, lieut., A. M., B. 16 oct. 1813, bataille de Leipzig.
2ᵉ Régiment. Warmé, s.-lieut., B. 2 mars 1814, combat devant Troyes.
3ᵉ Régiment. André, s.-lieut., B. 18 juin 1815, bataille de Waterloo.
4ᵉ Régiment. Genty, s.-lieut., B. 18 oct. 1812, combat de Winkowo (Russie).
—   Guesde, lieut., B.
—   Sébile, s.-lieut., B.   } 18 juin 1815, bataille de Waterloo.
5ᵉ Régiment. Grandjean, lieut., B. 22 sept. 1813, combat de Fraunstein (Silésie).
—   Dumas, s.-lieut., B. 2 fév. 1814, combat de la Chaussée, près de Châlons.
6ᵉ Régiment. Vitry, capit., B.
—   Boschatel, s.-lieut., B.   } 7 sept. 1812, bataille de la Moskowa.
—   Farrenc, s.-lieut., B. 18 nov. 1812, à Krasnoé.
—   Delabarre, capit., T.
—   Castellamonte, s.-lieut., B. (mort le 25).   } 18 oct. 1813, bataille de Leipzig.
—   Ouvrard (4), chef d'escad., B. 10 déc. 1813, affaire en avant de Hambourg.

---

(1) Cet officier appartenait au 1ᵉʳ régiment provisoire de dragons.
(2) Blessé de la même balle qui tua son trompette près de lui.
(3) Blessé par des Cosaques entre Moscou et Mojaïsk.
(4) Commandait un régiment provisoire de Dragons formé à Hambourg.

7e Régiment. Burzynski, lieut., B. 19 sept., 1813, combat près de Naumbourg.
— De Carneville, cap., B. 1er nov. 1813, combat devant Magdebourg.
— De Carneville (1), capit., B. 22 fév. 1814, affaire près de Magde-
bourg.
8e Régiment. Roman (V.), capit., B. 24 sept. 1812, aux avant-postes de
Polotsk.
9e Régiment. Roloff, lieut., B. 25 juillet 1812, combat d'Ostrowno (Russie).
— Roloff (2), lieut., B. 27 août 1812, affaire route de Moscou.

Chasseurs.

1er Régiment. Bureau, chef d'escad., B. 14 oct. 1806, bataille d'Auerstaedt (Prusse).
— Exelmans, colonel, B. 6 fév. 1807, dans une charge près de Je-
gothen (Prusse).
— Dilizy, s.-lieut., B. 24 avril 1809, combat de Neumarck (Antriche).
— Niclasse, s.-lieut., B. 24 sept 1813, aux avant-postes devant
Muhlberg (Saxe).
2e Régiment. Thuillier, capit., B. 2 déc. 1805, bataille d'Austerlitz (Moravie).
— Noury, capit., B. 14 oct 1806, bataille d'Auerstaedt (Prusse).
— Noury, capit., B. 13 juin 1809, combat devant Raab (Corinthie).
— Ador, capit., B. (mort le 30).
— Noury, capit., B. (mort le 21 déc.). } 7 sept. 1812, bataille de
— Bedouet, lieut., B. } la Moskowa.
— Chastellus, s.-lieut., B.
— Revin, lieut., B. 18 oct. 1813, bataille de Leipzig.
3e Régiment. Pariset (3), lieut , B. 21 mai 1809, bataille d'Essling.
— Pariset, lieut., B. 9 juillet 1809, combat d'Hollabrunn (Autriche).
4e Régiment. de Pétriconi, lieut., B. 29 juillet 1809, près de Sainte-Euphémie
par des brigands calabrais.
— Bardot (4), capit., B. } 9 août 1812, affaire de Roudnia (Russie).
— Jacquemin, lieut., B. }
— Delahaye-Dumény, s.-lieut., B. 19 août 1812, combat de Valoutina-
Gora (Russie).
— D'Espremesnil, capit., B. } 7 sept. 1812, bataille de la Moskowa.
— De Jarnac, lieut., A. M. B. }
— Delahaye-Dumény, capit., B. 18 oct. 1813, bataille de Leipzig.
— Levavasseur, lieut., B. 12 juin 1815, bataille de Waterloo.
5e Régiment. Wesolowski, s.-lieut., B. 8 fév. 1807, bataille d'Eylau.
6e Régiment. Dupont, s.-lieut., B. 6 juillet 1809, bataille de Wagram.
— Touchebœuf, lieut., B. 7 sept. 1812, bataille de la Moskowa.
— Crepel, capit., B. 4 oct. 1812, combat devant Moscou (mort le
11 janvier 1813).
— Touchebœuf, lieut., B. 21 août 1813, combat devant Lowenberg
(Silésie).

---

(1) Cet officier était détaché près du général gouverneur de Magdebourg comme officier d'ordonnance.
(2) Blessé par un parti de Cosaques.
(3) Commandait le peloton d'escorte du maréchal Masséna.
(4) Blessé près de Polotsk.

7ᵉ *Régiment.* Maugery, capit., B. 5 juin 1807, combat de Guttstadt (Prusse).
— Testu, capit., B. 〈 16 oct. 1813, bataille de Leipzig.
— Michonet, s.-lieut., B. 〉

8ᵉ *Régiment.* Fischer, s.-lieut., B. 14 juin 1809, combat près de Raab (Carinthie).
— Vermot, s.-lieut., B. 18 oct., 1812, combat de Winkowo (près de Moscou).
— Lambert, capit., B. 24 déc. 1812, pendant la retraite route de Kœnigsberg (Prusse-Orientale).
— Vermot, lieut., B. 19 sept. 1813, affaire de Borach (Saxe).
— Guéroult-Delapalière, s.-lieut., B. 18 oct. 1813, bataille de Leipzig.

9ᵉ *Régiment.* Debonnaire (1), churg, M. T. 8 mai 1809, bataille de la Piave (Italie).
— De Corday, s.-lieut., B. 6 juillet 1809, bataille de Wagram.

10ᵉ *Régiment.* Thinus, capit., B. 5 juin 1807, combat de Guttstadt (Prusse).
— Michault, capit., B. 14 juin 1807, bataille de Friedland (Prusse-Orientale).
— Cullet (2), lieut., B. 17 mars 1810, à Mirabueno (Guadalajara).
— Cullet, lieut., B. 23 mars 1810, affaire de Siguentia route de Ronda (Andalousie).
— Pourrieux, s.-lieut., B. 11 oct. 1813, étant en reconnaissance en avant de Lepzig.
— Cullet, capit., B. 7 déc. 1813, devant Bayonne (aux avant-postes).
— Poupardin, s.-lieut., B. 3 janv. 1814, dans une reconnaissance près de Neuss (Prusse).
— Martin, s.-lieut., B. 13 mars 1814, combat de Viella (Gers).

11ᵉ *Régiment.* Vieilh, lieut., B. 8 fév. 1807, bataille d'Eylau.
— Crooy, capit., B. 7 sept. 1812, bataille de la Moskow (mort le 19).

12ᵉ *Régiment.* Dejean, capit., B. 3 fév. 1807, affaire d'Allenstein (Prusse).
— Détroyat (3) s.-lieut., B. 30 mars 1813, combat de Werben près de Magdebourg).

13ᵉ *Régiment.* Golombel, capit., B. 2 fév. 1807, aux avant-postes devant Kosno près de Guttstadt (Prusse).
— Toussaint, s.-lieut., B. 8 fév. 1807, bataille d'Eylau (Prusse).
— Estignard, s.-lieut., B. 22 mai 1809, bataille d'Essling (Autriche).
— Leclerc, s.-lieut., B. 14 juin 1809, bataille de Raab (Carinthie).
— Devaux, lieut., B. 23 oct. 1812, combat de Villodrigo (Province de Burgos).
— Sas, s.-lieut., B. 16 mars 1814, affaire de Plaisance (Gers).
— Sas, s.-lieut., B. 10 avril 1814, bataille de Toulouse.

14ᵉ *Régiment.* Pruès, capit., B. 30 oct. 1805, combat de Caldiero.
— Jehennot, s.-lieut., B. 22 mai 1809, bataille d'Essling.
— Jehennot, capit., B. 14 oct. 1813, combat de Wachau (devant Leipzig).

15ᵉ *Régiment.* De Mahy (4), s.-lieut., B. 2 mai 1808, insurrection de Madrid.
— De Mahy, s.-lieut., B. 12 juillet 1809, étant d'escorte près du général en chef route de Léon.
— Garnier, capit., B. 28 nov. 1809, combat d'Alba de Tormès (Province de Salamanque).

---

(1) Tué en chargeant avec son régiment contre une batterie Autrichienne.
(2) Blessé en escortant le général Lafon-Blaniac, aide de camp du Roi Joseph, à Madrid.
(3) Cet officier n'ayant pu rejoindre son régiment était enfermé à Magdebourg.
(4) Cet officier appartenait au 3ᵉ régiment provisoire de chasseurs.

BIBLIOTHÈQUE NATIONALE R. F.

7

15e Régiment. Leguay, s.-lieut., B. 23 oct. 1812, combat de Villodrigo, près de Burgos.
— Herbinghen, s.-lieut., B. 21 juin 1813, bataille de Vittoria.
— Herbinghen, s.-lieut., B. 10 avril 1814, bataille de Toulouse.
16e Régiment. Leclerc, s.-lieut., B. 16 fév. 1807, à Ostrolenka (Pologne).
— Richot, s.-lieut., B. 6 juillet 1809, bataille de Wagram.
— Richot, capit., B. 7 sept. 1812, bataille de la Moskowa.
19e Régiment. Gesmer, capit., B. 11 nov. 1805, combat sur le Tagliamento (Italie).
— Valory de Chatelas, s.-lieut., B 16 nov. 1812, bataille de Krasnoé (mort le 28 mars 1813).
— De Pontécoulant (1), s.-lieut., B. 24 nov. 1812, pendant la retraite route de Wilna (Lithuanie).
— Tamburin, s.-lieut., B. 5 sept. 1813, affaire près de Goerlitz (Saxe).
20e Régiment. Desroziers, chef d'escad., B. 9 fév. 1807, affaire près de Mulhausen (Prusse).
— Praediger, capit., B. 10 juin 1807, bataille d'Heilsberg (Prusse).
— Letermelier, s.-lieut., B. 14 juin 1807, bataille de Friedland.
— Praediger, capit., B. 9 mai 1809, par la populace des faubourgs de Vienne.
— Monseu, lieut., B. 14 juin 1809, combat devant Raab.
— Letermelier, lieut., B. 6 juillet 1809, bataille de Wagram.
— Vincent, capit., B. 18 oct. 1812, combat devant Polotsk.
— { Guibert, lieut., B. 16. } 16 et 18 oct. 1813, bataille de Leipzig.
— { Vivier, s.-lieut., B. 18. }
— Tisse, s.-lieut., B. 23 fév. 1814, aux avant-postes près de la Saussotte (Aube).
— Laussat (2), s.-lieut., B. 3 mars 1814, route de Reims (Marne).
21e Régiment. Caillot, s.-lieut., B. 16 oct. 1813, bataille de Leipzig.
22e Régiment. Quentin de Champlot, s.-lieut., B. 11 mai 1809, évacuation d'Oporto (Portugal).
— De Tournfort (3), s.-lieut., B. 12 mai 1809, retraite d'Oporto.
— Simonin, s.-lieut., B. 10 avril 1814, bataille de Toulouse.
23e Régiment. Durbach, capit., B. 18 oct. 1812, combat devant Polotsk (Russie).
25e Régiment. Loubet, s.-lieut., B. } 7 septembre 1812, bataille de la Moskowa.
— Silvestre, s.-lieut., B. }
— Jarrin, lieut., B. 17 fév. 1814, défense de Besançon (mort le 19).
— Silvestre, lieut., B. 23 mars 1814, défense de Besançon.
26e Régiment. Magny, s.-lieut., B. 2 déc. 1805, bataille d'Austerlitz (Moravie).
— Giordano, chef d'escad., B. 1er mai 1810, sous les murs de Ciudad Rodrigo (Roy. de Léon).
— Daziano, s.-lieut., B. 18 juin 1813, près de Vittoria contre la cavalerie anglaise.
— de Filley, capit., B. 31 déc. 1813, combat de Sainte Croix (Bas-Rhin).
— de Filley, capit., B. 3 fév. 1814, affaire entre Chalons et Vitry (Marne).
27e Régiment. Dineur (4) lieut., B. 11 janv. 1809, à Mayorga (Espagne). Roy. de Léon.

---

(1) Blessé en chargeant sur des cavaliers Kalmoucks.
(2) Blessé près de Reims, en escortant un convoi de munitions.
(3) Cet officier fut blessé en chargeant de la cavalerie anglaise.
(4) Etant d'escorte près du général.

27e Régiment. Muteau, chef d'escad., B. 24 août 1810, affaire près de Moguer (Andalousie).

— Dineur (1), lieut., B. 7 août 1811, près de Mondragon (Province de Guipuscoa).

— Delobel, s.-lieut., B. 21 juin 1813, bataille de Vittoria.

— Sasmayous, capit., B. 30 oct. 1813, bataille de Hanau (Hesse-Nassau).

— Sasmayous, capit., B. 29 janv. 1814, bataille de Brienne.

— Delobel (2), lieut., B. 3 fév. 1814, à Vitry-le-Français (Marne).

28e Régiment. Bava, capit., B. 1er sept. 1809, devant Girone (Catalogne).

— Grassi, capit., B. 19 mars 1811, dans une affaire (Asturies).

— Papy, capit., B. 28 nov. 1812, aux ponts de la Bérésina.

— Cervini, s.-lieut., B. 6 déc. 1813, défense de Hambourg.

— Grassi, capit., B. 17 fév. 1814, combat de Willemsbourg (Hambourg).

29e Régiment. Maymat, chef d'escad., B. 3 janv. 1811, combat de Tarréga (Province de Lerida).

34e Régiment. Catuffe, chef d'escad., B. 23 oct. 1812, combat de Villodrigo (Province de Burgos).

— Veck, s.-lieut., B. 23 août 1813, affaire de Gross-Beeren (Prusse).

— Malbois, lieut., B. 16 oct. 1813, bataille de Leipzig.

— Spaey, capit., B.   ⎫
— Brion, s.-lieut., B. ⎬ 8 fév. 1814, bataille du Mincio (Italie).
                      ⎭

Hussards.

1er Régiment. Le Rouvillois, lieut., B. 19 fév. 1811, bataille de la Gebora (Province de Badajoz).

— Leblanc (3), s.-lieut., B. 11 juin 1811, affaire route de Salamanque à Tordesillas.

— Leblanc, s.-lieut., B. 21 oct. 1811, dans une affaire près de Salamanque.

— Jubié, s.-lieut., B. 23 oct. 1812, combat de Villodrigo (près de Burgos).

— Fleddermann (4), lieut., B. 10 fév. 1814, au pont de Borghetto (Italie).

— Laigre de Grainville, capit., A. M., B. 26 juin 1815, combat de Villers-Cotterets (Aisne).

2e Régiment. Weber, capit., B. 14 juin 1807, bataille de Friedland (Prusse-Orientale).

— Veron, s.-lieut., B. 19 fév. 1811, bataille de la Gebora (Province de Badajoz).

3e Régiment. Darhour, capit., B. 20 fév. 1809, combat de Tanoris, près de Saragosse (Aragon).

— Devienne, chef d'escad., B. 9 mai 1811, combat Pombal (Estramadure).

— Thérouenne, s.-lieut., B. 18 juillet 1812, combat de Salamanque (Roy. de Léon).

---

(1) Cet officier était d'escorte d'un convoi de munitions.
(2) Blessé dans une sortie de la place.
(3) Cet officier était en mission près du général Reynier.
(4) Blessé étant en parlementaire.

3e Régiment. Ducroc de Chabannes, lieut., B. 21 fév. 1813, dans une reconnaissance près de Madrid.

4e Régiment. Poynaut (1), s.-lieut., B. 25 nov. 1811, à Monforté (Aragon).

5e Régiment. Orthenin, lieut., B. 10 juin 1807, bataille d'Heilsberg (Prusse).

— Gougeon de la Thibaudière, s.-lieut., B. 6 juillet 1809, bataille de Wagram (près de Vienne).

— Barthélemy, s.-lieut., B. 26 juillet 1812, dans une charge près de Witepsk.

— Mossarts, capit., B.
— Duval de Beaulieu, lieut., B. } 7 sept. 1812, bataille de la Moskowa.
— Muller, s.-lieut., B.

— Epinat, lieut., B.
— Pfulb, lieut., B. { 18 oct. 1812, combat de Winkowo
— Billette, s.-lieut., B. { (près de Moscou).
— Soyart, s.-lieut., B.

— Mossarts, capit., B. 26 nov. 1812, aux ponts de la Bérésina (mort)

6e Régiment. Guide (2), s.-lieut., B. 16 août 1812 devant Smolensk.

— Julia, s.-lieut., B. { 18 oct. 1813, bataille de Leipzig.
— Simonot, s.-lieut., B. {

7e Régiment. Gerbaulet, s.-lieut., B. 14 juin 1809, bataille de Raab.

— Lepidi, s.-lieut., B. { 6 juillet 1809, bataille de Wagram.
— Wilmoth, s.-lieut., B. {

— Gerbaulet, capit., B. 19 août 1812, combat de Valoutina-Gora.
— Finet, capit., B. 3 nov. 1812, combat de Wiasma (Russie).
— Dey, chef d'escad., B. 16 oct. 1813, bataille de Leipzig.
— Thietry, s.-lieut., B. 18 juin 1815, bataille de Waterloo

8e Régiment. Larchantel, lieut., B. 14 oct. 1806, bataille d'Iéna (Prusse).

— Delaporte (3), s.-lieut., B. 6 juin 1807, combat de Güttstadt (Prusse).
— Lévêque, capit., B. 8 juin 1807, combat de Kleinenfeld (Prusse).

— Curie, capit., B. (mort le 29). { 6 juillet 1809, bataille de Wagram.
— Pierre, s.-lieut., B. (mort le 14). {

— Zimmer, s.-lieut., B. 25 juillet 1812, combat sur la Wilia (Lithuanie).
— Lajolais, s.-lieut., 26 juillet 1812, combat d'Ostrowno (Russie).
— Martin, capit., B. 7 sept. 1812, bataille de la Moskowa.
— Power, capit., B. 5 avril 1813, combat de Mockern, près de Magdebourg.

9e Régiment. Goossens, capit., B. 6 juillet 1809, bataille de Wagram.

— Chassaing, s.-lieut., B. 30 oct. 1813, bataille de Hanau

10e Régiment. Lecorbeiller, lieut., B. 28 oct. 1806, aux avant-postes en Prusse.

— Lambert, lieut., B. 2 mai 1813, bataille de Lutzen (Saxe).

11e Régiment. Cotti, s.-lieut., B. 21 août 1813, combat de Bunzlau (Silésie).

— Frost, s.-lieut., B. 9 oct. 1813, aux avant-postes près de Schilda (Saxe).

— Cotti, s.-lieut., B. 25 janv. 1814, affaire près de Landrecies (Nord).

---

(1) Cet officier fut blessé en escortant un convoi de munitions à Saragosse.

(2) Blessé près du général Chastel dont il commandait l'escorte.

(3) Blessé dans une charge.

12e Régiment. Matheret, capit., B. 13 oct. 1810, près de Tudela (Navarre).
— Ruffio, s.-lieut., B. 5 nov. 1811, affaire près de Pampelune (Navarre).
— Luguet, s.-lieut., B. 8 nov. 1812, combat d'Errera, sur l'Ebre (Aragon).
14e Régiment. Weigel, chef d'escad., B. 6 sept. 1813, combat devant Dresde.

XV

ARTILLERIE, GÉNIE, TRAIN DES ÉQUIPAGES

Artillerie.

Etat major particulier. . . . Cronier, conducteur, B. 27 sept. 1810, bataille de Busaco (Portugal).
— Klie, chef de bat., B. 3 nov. 1812, combat de Wiasma (Russie).
— Doguereau, colonel, B. 9 fév. 1813, passage du Tiétar (Espagne), province d'Avila).
— Berthier, chef de bat., 21 mai 1813, bataille de Wurschen (mort le 25).
1er Régiment à pied . . . . Ditch, lieut., B. 1er mai 1807, siège de Neiss.
— Lasseront, chef de bat., B. 24 sept. 1810, au col d'Auriol (Catalogne), mort le 31 janv. 1811.
— Villotet, lieut., B. mars 1811, siège de Cadix.
— Pichon, lieut., B 5 avril 1813, combat près de Magdebourg (Prusse).
— Calcin, lieut., B 15 sept. 1813, défense de Dresde (mort le 24).
— Elias, lieut., B. 13 déc. 1813, combat devant Bayonne.
— Even (1), capit., B. 23 mars 1814, affaire de Sompuis (Marne).
2e Régiment . . . . Beaumont (2), capit., B. 3 déc. 1811, route de Fiume à Zara, par des brigands (Illyrie).
— Chapeau, lieut., B. 24 oct. 1812, bataille de Malojaroslawetz (Russie).
— Personne, lieut., B. 18 juin 1815, bataille de Waterloo.
3e Régiment. . . . . . . Dardenne, chef de bat., B. 8 fév. 1807, bataille d'Eylau (Prusse Orientale).
— Heuraux (3), lieut., B. 28 juin 1808, retraite de Valence (Espagne)

---

(1) Blessé dans une charge de cavalerie.
(2) Cet officier voyageait seul.
(3) Blessé en repoussant les Espagnols qui voulaient s'emparer de ses pièces.

3e Régiment à pied	Maugras, lieut., B. 16 janv. 1809, bataille de la Corogne (mort le 26).
—	Lafitte, lieut., B. sept. 1813, en défendant un parc d'artillerie, route de Dresde.
—	Mathieu, capit., B. 11 oct. 1813, défense de Stettin (Prusse-Poméranie).
—	Mathieu, capit., B. 1er fév. 1814, bataille de la Rothière (Aube).
4e Régiment	Bobillier, chef de bat., B. 24 juin 1812, en conduisant un convoi de munitions à Barcelone (Catalogne).
—	Véfond, capit., B. 7 sept. 1812, bataille de la Moskowa.
—	Guillot (1), lieut., B. 16 avril 1814, affaire d'Albaro près de Gênes.
5e Régiment	Roussot, capit., B. 2 déc. 1805, bataille d'Austerlitz (mort le 6 août 1806).
—	Doyer, capit., B. 21 juin 1811, siège de Tarragone (Catalogne).
—	Morel de Duesme, lieut., B. 26 août 1813, affaire de la Katzbach (Silésie).
6e Régiment	Beltz (2), capit., B. 3 juillet 1806, au fort de Campanelle (Naples).
7e Régiment	De Bouteiller, capit., B. 21 mai 1813, bataille de Wurschen (Saxe).
—	Couradeau, lieut., B. 27 août 1813, bataille de Dresde.
8e Régiment	Feinthest, lieut., B. 16 nov. 1812, combat de Krasnoë (mort le 3 janv. 1813).
—	Brès, lieut., B. 3 oct., 1813, passage de l'Elbe (Saxe).
—	N. capit., B. mars 1814, défense de Soissons.
9e Régiment	Vifquain, lieut., B. 17 fév. 1814, combat de Nangis (Seine-et-Marne).
1er Régiment à cheval	Mathieu, capit., B. 7 sept. 1812, bataille de la Moskowa.
—	Mayol de Luppé, lieut., B. 18 oct. 1812, bataille de Winkowo (Russie).
—	Carlier, lieut., B. 2 mai 1813, bataille de Lutzen (Saxe).
—	Paris (3), capit., B. 12 nov. 1813, défense de Dantzig (Prusse).
—	Mathieu, capit., B. 13 fév. 1814, bataille de Montmirail (Marne).
2e Régiment	Robillard, lieut., B. 27 sept. 1810, bataille de Busaco (Portugal).

---

(1) Blessé au moment où il plaçait sa section en batterie.

(2) Cet officier était détaché de son régiment.

(3) Cet officier étant tombé malade resta à Dantzig.

2e Régiment	Robillard, lieut., B. 23 oct. 1812, combat de Villodrigo (Province de Burgos).
—	Daspet, capit., B. 21 juin 1813, bataille de Vittoria (Espagne).
4e Régiment	Lenoble, capit., A. M., B., 24 oct. 1812, bataille de Malojaroslawetz (route de Moscou).
—	Vergnaud, lieut., B. 6 sept. 1813, combat de Feistriz (Illyrie).
—	Vergnaud, lieut., B. 10 oct. 1813, affaire de Pontalba (Italie).
5e Régiment	Nottret, lieut., B. 9 mars 1806, devant Gaëte (Roy. de Naples).
—	Séruzier, chef d'escad., B. 14 juin 1807, prise du fort de Pillau (Prusse).
6e Régiment	Dabadie, lieut., B. 3 nov. 1812, combat de Wiasma (Russie).
1er Bataillon de Pontonniers.	Lieffroy, lieut., B. 10 mai 1807, siège de Dantzig (Prusse).
—	Moutonnet, capit., B. 11 août 1809, défense de Flessingue (Hollande).
2e Bataillon (Principal) du Train.	Prinet, s.-lieut., B. 16 mai 1810, à Santa-Maria près de Cadix (mort le 25 juillet).
2e Bataillon (bis) —	Prinet, lieut., B. 28 juillet 1809, bataille de Talavera de la Reyna (mort le 25 août).
3e Bataillon (Principal) —	Vierbel, lieut., B. 29 nov. 1809, défense de Belchite (Aragon).
3e Bataillon (bis) —	Thomas, lieut., B. 8 fév. 1807, bataille d'Eylau (Prusse).
4e Bataillon (bis) —	Maréchal s.-lieut., B. 28 mars 1809, bataille de Medellin (Estramadure).
5e Bataillon (bis) —	Rolland (1), lieut., B. 3 nov. 1810, route de Santarem (mort le 26). Portugal.
5e Bataillon (bis) —	Paquel, s.-lieut., B. 20 sept. 1812, au fort de Chinchilla (Andalousie).
6e Bataillon (principal) —	Poupet, s.-lieut., B. 28 nov. 1812, aux ponts de la Bérésina.
7e Bataillon (principal) —	Fourcade, s.-lieut., B. 30 mars 1814, bataille de Paris.
7e Bataillon (bis) —	Gérard, s.-lieut., B. 25 mars 1814, combat de Fère-Champenoise (Marne).
8e Bataillon (principal) —	Savalle, s.-lieut., B. 28 nov. 1812, aux ponts de la Bérésina
8e Bataillon (principal) —	Castella, s.-lieut., B. 8 avril 1814, dans une sortie de Strasbourg.
9e Bataillon (principal) —	Finet, lieut., B. 6 juillet 1809, bataille de Wagram (près de Vienne).
9e Bataillon (principal) —	Gleizes, lieut., B. 6 nov. 1813, défense de Dresde.
9e Bataillon (bis) —	Gaby, s.-lieut., B. 18 oct. 1813, bataille de Leipzig.

(1) Blessé en conduisant un convoi de munitions au parc de l'armée de Portugal.

9ᵉ Bataillon (bis)   —   Gaby, s.-lieut., B. 7 mars 1814, bataille de Craonne (Aisne).

10ᵉ Bataillon (principal)   —   Véran de Lamollière, lieut., T. 28 juillet 1809, bataille de Talavera de la Reyna (Province de Tolède).

11ᵉ Bataillon (principal)   —   Brasseur, s.-lieut., B. 17 nov. 1812, bataille de Krasnoë (Russie).

11ᵉ Bataillon (bis)   —   Deudon, s.-lieut., B. 18 oct. 1812, combat de Polotsk (Russie).

11ᵉ Bataillon (bis).   —   Deudon, s.-lieut., B. 18 oct. 1813, bataille de Leipzig.

13ᵉ Bataillon (bis).   —   Simonnot, s.-lieut., B. 19 sept. 1809, siège de Girone (Catalogne).

Compagnies d'ouvriers (16ᵉ) .   . Bouquero, lieut., B. 17 juillet 1808 (par des brigands en Italie) route de Milan à Pavie.

Comp. de Canonniers Vétérans . Laplace, capit., B. 13 août 1809, défense de Flessingue (Hollande).

Canonniers Gardes Côtes (84ᵉ Cⁱᵉ). De Pissot (1), lieut., B. 23 juillet 1813, dans une batterie de la pointe Cepet (Var).

XVI

GÉNIE.

Etat-Major Particulier. . . . Merdier, capit., B. 15 mai 1806, au siège de Gaëte (Royaume de Naples).

—   Lenternier lieut., B. 26 nov. 1806, prise d'Hameln (Prusse).

—   Maillard de Bois Saint-Léger, capit., B. 7 avril 1809, assaut du fort de Saint-Jéronie près de Santo-Domingo.

—   Thyrus de Pautrizel, capit., B. fév. 1810, à la Guadeloupe (Antilles).

—   Dunoyer, capit., B. 25 août 1810, au siège d'Almeïda (Portugal).

—   Liédot, colonel, B. 27 juillet 1812, combat devant Witepsk (mort le 29).

—   Dunoyer capit., B. 1ᵉʳ août 1812, combat de Jacobova (Russie).

—   Dunoyer, capit., B. 18 août 1812, bataille de Polotsk.

—   Girardin (2), chef de bat., B. 9 nov. 1812, à Smolensk.

---

(1) Blessé par un boulet parti d'une frégate anglaise.
(2) Blessé au combat livré par la brigade Augereau, en avant de Smolensk.

Etat-Major Particulier. . . . Maillard, chef de bat., B. 16 oct. 1813, bataille de Leipzig.

— Garin (1), capit., B. 14 déc. 1813, défense de Livourne (Toscane).

1er Bataillon de Mineurs . . . Regalia, lieut., B. 14 juin 1809, bataille de Raab (Carinthie).

1er Bataillon de Sapeurs . . . Mécusson, lieut., B. 18 juin 1815, bataille de Waterloo

2e Bataillon . . . . . Samain, lieut., B. 8 fév. 1807, bataille d'Eylau (Prusse).

2e Bataillon . . . . . Gravier, capit., B. 30 mars 1814, bataille de Paris.

3e Bataillon . . . . . Poulain, capit., B. 21 déc. 1808, siège de Roses (Catalogne).

4c Bataillon . . . . . Melin (2), lieut., T. 23 avril 1809, près de Mérida (Estramadure).

Bataillon du Train . . . . Micheau, lieut., B. 12 oct. 1810, au siège de Tortose (Catalogne).

XVII

TRAIN DES ÉQUIPAGES

1er Bataillon . . . . . Tonnet (3), capit., B. 16 juillet 1815, affaire des Casernes de Nîmes (mort le 31).

2e Bataillon . . . . . Brunel, lieut. B. 18 nov. 1812, bataille de Krasnoë (Russie).

2e Bataillon . . . . . Persac, s.-lieut., B. 28 nov. 1812, aux ponts de la Bérésina.

2e Bataillon . . . . . Pantoustier, s.-lieut., B. 18 juin 1815, bataille de Waterloo.

3e Bataillon . . . . . Piolle de Champflorin, s.-lieut., B. 10 avril 1814, bataille de Toulouse.

3e Bataillon . . . . . Muller, s.-lieut., B. 25 mars 1814, combat de Fère-Champenoise.

9e Bataillon . . . . . Letz, s.-lieut., B. nov. 1813, défense de Torgau (Prusse).

10e Bataillon . . . . . Deville, capit., B 28 nov. 1812, aux ponts de la Bérésina.

12e Bataillon . . . . . Ruauf, lieut., B. 17 nov. 1812, bat. de Krasnoë.

12e Bataillon . . . . . Roederer (4), lieut., B. 10 déc. 1812, combat devant Wilna (Lithuanie).

(1) Blessé en repoussant et en forçant les Anglais à se rembarquer.
(2) Tué en rejoignant le maréchal Soult à Oporto.
(3) Blessé par la populace.
(4) Blessé en défendant une des portes de Wilna. Cet officier était près du maréchal Ney.

14e Bataillon . . . . Cuny, lieut., B. 9 nov 1812, combat devant Smolensk.

14e Bataillon . . . . Mélienski, lieut., B. } 28 nov. 1812, aux

14e Bataillon . . . . de la Pommeraye, capit., B. } ponts de la Bérésina.

14e Bataillon . . . . Starken, s.-lieut., B. 10 déc. 1812, devant Wilna (mort le 29).

15e Bataillon . . . . Daquet, s.-lieut., B. 14 oct. 1812, dans un fourrage près de Moscou.

15e Bataillon . . . . Dutartre, s.-lieut., B. 30 mai 1813, surprise d'un convoi en Saxe.

17e Bataillon . . . . Prieur (1), s.-lieut., B. 29 sept. 1813, près de Dresde.

17e Bataillon . . . . Zawistowski, s.-lieut., B. et disparu le 19 oct. 1813, à Leipzig.

18e Bataillon . . . . Pilon, capit., B. 28 nov. 1812, aux ponts de la Bérésina.

20e Bataillon . . . . Desnoyers, s.-lieut., B. 29 nov. 1812, près de la Bérésina (présumé mort).

22e Bataillon . . . . Billiot, capit., B. 29 nov. 1812, affaire route de Wilna.

Brigades de Mulets de bat. . . . Drevet, s.-lieut., B. avril 1813, dans la forêt de Ledesma (Salamanque).

Cies de soldats d'ambulance. . . Fontenau-Dufresne, centenier, B. 6 juillet 1809, bataille de Wagram.

— Delaverna, centenier, B. oct. 1814, dans une émeute à Saint-Girons (Ariège).

XVIII

MARINE

Artillerie de la Marine (2).

1er Régiment. Barbé, capit., T.
— Nogaret, capit., T.
— Michel, capit., T.
— Antoine, capit., T.
— Chevallier, lieut., T.
— Huerne, lieut., T.
— Labarre, s.-lieut., T.
— Michel, s.-lieut., T.
— Dufresne, capit., A. M. D.

} 2 mai 1813, bataille de Lutzen (Saxe).

(1) Blessé en conduisant ses charrois vides à Leipzig.

(2) Les 4 régiments passent à la guerre en février 1813.

1ᵉʳ Régiment. Rieu, capit., B.
— Parot, capit., B.
— Barthez, capit., B.
— Raby, capit., B.
— Fournier, lieut., B.
— Bruix, lieut., B.
— Verse, lieut., T.
— Weiss, lieut., T.
— Caillard, s.-lieut., T.
— Ferret, s.-lieut., T.

} 2 mai 1813, bataille de Lutzen (Saxe).

— Berthier, chef de bat., B. (mort le 25).
— Giraud, capit., B.
— Joumel, cap., B.
— Blond, capit., B.
— Mauvais, lieut. B.
— Siry, lieut., B.
— Herbel, s.-lieut., B.
— Guilman, s.-lieut., B.
— Benier, s.-lieut., B.

} 21 mai 1813, bataille de Wurschen.

— Fournier, lieut., B. 26 août 1813, bataille de Dresde.

— Lassus, capit., B.
— Ramu, capit., B.
— Chappate, capit., B.
— Morte, s.-lieut., B.
— Billet, s.-lieut., B.
— Schnoeck, s.-lieut., B.

} 29 août 1813, combat devant Pirna (Saxe).

— Frick, lieut., T. 16.
— Pringet, colonel, B. 16.
— Maréchal, major, B. 16.
— Sergent, capit., A. M., B. 16.
— Collombel, capit., B. 16.
— Coste, lieut., B. 19.
— Michel, lieut., B. 16.
— Ducant, s.-lieut., B. 16.
— Billet, s.-lieut., B. 16.
— Secondé, s.-lieut. B. 16.
— Costelet, s.-lieut., B. 16.

} 16 oct. 1813, bataille de Leipzig.

— Schnoeck, capit., T.
— Valentin, chef de bat. T.
— Goujon, s.-lieut., T.
— Leborgne, s.-lieut., B. (mort le 28).
— Dejean, lieut., B.

} 1ᵉʳ fév. 1814, bataille de la Rothière (Aube).

— Luxembourg, capit., B.
— Cartault de la Verrière, lieut., B.
— Mourgues, lieut., B.
— Desjardins, s.-lieut., B.
— Bailly, s.-lieut., B.

} 2 fév. 1814, combat de Rosnay (Marne).

— Liard, s.-lieut., B. 14 fév. 1814, combat de Vauchamps.
— Brichteeau, s.-lieut., B. 5 mars 1814, défense de Soissons.

1er *Régiment*. Caumont (1), s.-lieut., B. 30 mars 1814, bataille de Paris.
2e *Régiment*. Havard, capit., T, nuit du 1er oct. 1809, dans une alerte à Belle-Ile-en-Mer (Morbihan).

— Pons, major, B. ⎫
— Guérin, chef de bat., B. ⎪
— Henry, capit., B. ⎬ 2 mai 1813, bataille de Lutzen (Saxe).
— Dupuis, capit., B. ⎪
— Maillard, s.-lieut., B. ⎭

— Foucard, capit., T. ⎫
— Cossard, lieut., T. ⎪
— Trébuchet, s.-lieut., B. mort le 22). ⎬ 20 mai 1813, bataille de Baut-
— Piquant, capit., B. ⎪ zen (Saxe).
— Quinet, capit., B. ⎪
— Paris, s.-lieut., B. ⎭

— Ollandini, capit., T. ⎫
— Beauvalais, capit., B. ⎬ 29 août 1813, combat devant Pirna
— Dusourbier, lieut., B. ⎭ (Saxe).

— Carlin, capit., T. 16. ⎫
— Dargeneuil, lieut., T. 18. ⎪
— Sybers, lieut., T. 16. ⎪
— Harroire, s.-lieut., T. 16. ⎪
— Chavant, s.-lieut., T. 16. ⎪
— De Bisschop, capit., B.16 (mort le 20). ⎪
— Durand, chef de bat., B. 16. ⎪
— Paris, chef de bat., B. 18. ⎪
— Rappello, capit., B. 16. ⎪
— Friquegnon, capit., B. 16. ⎪
— Viennet, capit., B. 18. ⎪
— Soufflier, capit., B. 16. ⎪
— Cayol, lieut., B. 16. ⎪
— Mayer, lieut., B. 16. ⎬ 16 et 18 octobre 1813, ba-
— Lapaire, lieut., B. 16. ⎪ taille de Leipzig.
— Duthil, lieut., B 16. ⎪
— Courtois, lieut., B. 18. ⎪
— Garnison, lieut., B. 16. ⎪
— Lafond, s.-lieut., B. 18. ⎪
— Pérez, s.-lieut., B. 16. ⎪
— Martin, s.-lieut., B. 18. ⎪
— Deplanies, s.-lieut., B. 16. ⎪
— Gery, s.-lieut., B. 18. ⎪
— Grillet, s.-lieut., B. 16. ⎪
— Trouilloud, s.-lieut., B. 16. ⎪
— Jude-Larivière, s.-lieut., B. 16. ⎪
— Delsanto, s.-lieut., B. 16. ⎭

— Guérin, chef de bat., B. 29. ⎫
— Rouland, lieut., B. 30. ⎬ 29, 30 et 31 oct. 1813, bataille de Ha-
— Mayer, lieut., B. 31. ⎭ nau (Hesse-Nassau).

— Bécus, capit., B. 2 fév. 1814, combat de Rosnay (Marne).

---

(1) Blessé en défendant avec sa section la barrière du trône.

2e Régiment. Duprez, capit., B. } 10 fév. 1814, combat de Champau-
— Cervetto, lieut., B. } bert (Marne).
— Buffarin, lieut., B. 14 fév. 1814, combat de Vauchamps (Marne).
— Sielté, capit., B. 27 fév. 1814, combat de Meaux (Seine-et-Marne).
— Martin, s.-lieut., B. 6 mars 1814, défense de Soissons (Aisne).
— Préaux, chef de bat., B. } 30 mars 1814, bataille de Paris.
— De Lanthonnye, capit., B. }

3e Régiment. Guérin (1), capit., B. 20 sept. 1811, dans une batterie de Port-
Cros (Iles d'Hyères).
— Goulard, chef de bat., B. } 2 mai 1813, bataille de Lutzen
— Denizet, capit., B. } (Saxe).
— Lepaíge, lieut., B. } 21 mai 1813, bataille de Wurschen
— Didier, lieut., B. } (Saxe).
— Bardouille, lieut., B. (mort le 12 sept.) }
— Jaulein, s.-lieut., B. (mort le 1er sept.) } 31 août 1813, aux avant-
— Arnould, lieut., B. } postes en Saxe.
— Gourdin, s.-lieut., B. }
— Olivier, capit., T. 16.
— Chatelain, capit., T. 16.
— Lepaige, lieut., T. 16.
— Cazeau, lieut., T. 16.
— Melin, s.-lieut., T. 16.
— Pépion, s.-lieut., T. 16.
— Solmininhac, major, B. 16.
— Henry, capit., A. M. B. 16.
— Othenin, capit., B. 16.
— Guérin, capit., B. 16.
— Denizet, capit., B. 16. 16 et 18 oct. 1813, bataille de
— Faurès, capit., B. 16. Leipzig.
— Souvestre, capit., B. 16.
— Didier, lieut., B. 16.
— Delamour, lieut., B. 19.
— Béace, lieut., B. 16.
— Brasseur, lieut., B 16.
— Raoult, lieut., B. 16.
— Pérodeau, lieut., B. 16.
— Diénot, s.-lieut., B. 16.
— Gobillot, s.-lieut., B. 16.
— Lequeux, s.-lieut., B. 18.
— Ducrocq, chef de bat., T. } 31 oct. 1813, bataille de Hanau.
— Becus, lieut., B. }
— Rouzeau, lieut., B. 29 janv. 1814, bataille de Brienne (Aube).
— Guiot, lieut., B. 2 fév. 1814, combat de Rosnay (Marne).
— Henry, capit., A. M., T. } 3 mars 1814, défense de Soissons.
— Chambonnas, lieut., T. }
— Lefebvre, lieut., B. 26 mars 1814, dans la retraite de Sézannes.
— Ollandini, capit., B. } 30 mars 1814, bataille de Paris.
— Lafond, s.-lieut., B. }

(1) Blessé par un boulet parti d'un vaisseau anglais.

4ᵉ Régiment. Harion, capit., B. 21 oct. 1805, bataille navale de Trafalgar (côtes
         d'Espagne).
—   Toutain, s.-lieut., B. (mort) ⎫
—   Hardy, capit., B.   ⎬ 2 mai 1813, bataille de Lutzen (Saxe).
—   Bachant, capit., B.   ⎭
—   Herfort, s.-lieut., T. 20.
—   Jupin, capit., B. 20 (mort).   ⎫
—   Laroche, chef de bat., B. 20. ⎪ 20 et 21 mai 1813, bataille de Baut-
—   Gallin, lieut., porte Aigle, B. 20. ⎬   zen et de Wurschen (Saxe).
—   Dumont, lieut., B. 20.   ⎭
—   Victor, s.-lieut., T.   ⎫
—   Gail, s.-lieut., T.   ⎪
—   Leport, capit., B.   ⎬ 29 août 1813, combat de Pirna
—   Godard, capit., B.   ⎪   (Saxe).
—   Seuce, lieut., B.   ⎭
—   Guitter, lieut., T. 16.   ⎫
—   Pocquet, s.-lieut., T. 16.   ⎪
—   Maréchal, capit., B. 16 (mort le 22 fév. 1814). ⎪
—   Cardier, lieut., B. 16 (mort le 18). ⎪
—   Denoue, lieut., B. 16 (mort).   ⎪
—   D'Hubert, capit., B. 16.   ⎪
—   Noël, capit., B. 16.   ⎬ 16 et 18 oct. 1813, ba-
—   Legaigneur, capit., B. 16.   ⎪   taille de Leipzig.
—   Bachant, capit., B. 16.   ⎪
—   Maneille, capit., B. 18.   ⎪
—   Ségaud, s.-lieut., B. 16.   ⎪
—   Cassagne, s.-lieut., B. 16.   ⎪
—   Fauconnier, lieut., B. 16.   ⎭
—   Macdermott, lieut., B. 31 oct. 1813, bataille de Hanau
         (mort).
—   Descormes, capit., B. 5 mars 1814, défense de Soissons.
—   Debrabant, lieut., B. 30 mars 1814, bataille de Paris.

Equipages de la Flotte.

Landry, aspirant, B. 30 mars 1805, combat de Vimereux devant Boulogne.
Lepoitevin, aspirant, T. 21 oct. 1805.   ⎫ bataille navale de Trafalgar (Côtes
Depras-Carros, aspirant, B. 21 oct. 1805. ⎬   d'Espagne).
                  ⎭
Marquisan, aspirant, T.   ⎫
Letellier, capit. de vaisseau, B.   ⎪
Gard, lieut. de vaisseau, B.   ⎪
Ollivier, enseigne, B.   ⎬ 4 nov. 1805, combat du Cap Ortegal
Estelle, aspirant, B.   ⎪   (Côtes d'Espagne).
Gourdan, aspirant, B.   ⎪
Bocq, aspirant, B.   ⎪
Dalen, aspirant, B.   ⎭
Dufresne, enseigne, T. 27 nov. 1805, combat de la Canonnière, 272, devant
    Boulogne.
Morin, lieut. de vaisseau, B. ⎫
                 ⎬ 24 déc. 1805, combat de la frégate la *Libre*.
Préaux, enseigne, B.   ⎭

Candeau, lieut. de vaisseau, B.) 6 fév. 1806, combat naval de Santo-Domingo (An-
Dessart, enseigne, B.   ) tilles).
Meyronnet (1), capit. de frégate, B. 9 nov. 1806, affaire devant Glogau.
Guillard, aspirant, B. 12 oct 1806, combat de la flûte la *Salamandre*.
Lambert, lieut. de vaisseau, B. 29 déc. 1806, combat du Lougre les *Deux-Frères*.
Cassouwert, enseigne, disparu en 1807, à bord du transport *Jeune-Marie*.
Bourdé, lieut. de vaisseau, T. en fév. 1808, à bord du brick le *Requin*.
Deslandes, lieut. de vaisseau, B.   ) 16 janv. 1809, combat de la corvette le
Pottier-Dumanoir, agent-comptable, B.) *Colibri*.
Cunéo, capit. de Corsaire, B. 28 janv. 1809, combat du Corsaire, la *Bonne
    Volonté*.
Laporte, lieut. de vaisseau, disparu, le 31 janv. 1809, à bord du transport
    le *Cerf*.
Durup de Baleine, aspirant, B. 23 fév. 1809, combat de la frégate la *Calypso*, de-
    vant les Sables-d'Olonne.
N.   lieut., de Corsaire, B. 19 juin 1809, combat du Chebeck, la *Fortune*, dans
    le golfe d'Ajaccio.
Roux, capit., de Corsaire, B. 27 juin 1810, combat de la Goelette le *Jean-Bart*.
Pérez, aspirant (mort).)
Vieillard, enseigne, B.)
Olivier, aspirant, B.) 23 août 1810, combat du Grand-Port (Ile-de-
Vigoureux (A. L.), aspirant B.) France).
Fautrel, aspirant B.)
Collin, chirurg. S. A. M., B. 5 mars 1811, combat de Chiclana (devant Cadix).
Pichez lieut., de vaisseau T. 5 juin 1812, combat de la Gabare la *Dorade*.
De Sorgher, enseigne, B. 5 fév. 1814, défense d'Anvers.
Ripeau de Montlandevère, lieut. de vaisseau, B. 23 fév. 1814, à bord de la corvette
    la *Sapho*, défense de Bayonne (mort le 2 mai).

Ouvriers militaires de la Marine.

Bat. du Danube. Pirard (2), capit., T. 25 sept. 1812, près de Moscou, par des Cosaques.
    —   Fauchet, lieut., T.)
    —   Singery, s.-lieut., B. et disparu.) 18 nov. 1812, bataille de Kras-
    —   Chambraille, lieut , B.) noë (Russie).
    —   Hamart, capit., B. 10 déc. 1812, combat de Wilna (Lithuanie).
2r Bat. Escaut. Deschamps (3), s.-lieut., T. avril 1813, près de Glogau (Silésie).
    —   Fouquet, lieut., B. 5 nov. 1813, défense de Torgau (présumé
        mort).
    —   Zédé, s.-lieut., B. 12 déc. 1813, défense de Torgau.
3e Bat. Escaut. Raverot, lieut., A. M., B. 13 janv. 1814, combat de Mersheim près
        d'Anvers.
Bat. d'Espagne (4). Delruc, capit., B. 10 juillet 1810, combat d'Almazan (Province
        de Soria).

---

(1) Aide-de-camp du prince Jérôme Napoléon.
(2) Tué en escortant un convoi de vivres à Moscou.
(3) Tué dans une reconnaissance par des partisans Prussiens.
(4) 8e Bataillon d'Ouvriers de la marine en 1813.

Bat. d'Espagne. Cliaton, lieut., B. (mort le 20).   } 18 décembre 1811, affaire du
—   Hénin, lieut., B.   }   Trocadéro (devant Cadix).
—   Accolas, lieut., B. 15 décembre 1812, aux avant-postes près d'Avila
        (Vieille Castille).
8e Bataillon. Dullos, lieut., B. 5 nov. 1813, défense de Torgau (Prusse).

XIX

TROUPES ALLIÉES

TROUPES ITALIENNES

Garde Royale.

Cie de Gardes d'Honneur. Prind (1), lieut., B. 16 fév. 1814, combat de Salo (Italie).
Rég. de Grenadiers à pied. Berchet, capit., B. 5 mai 1813, affaire de Gesdorf.
Régiment de Vélites. Gollin, capit., B. 30 avril 1809, combat d'Illasi (Italie).
— Tonelli, s.-lieut., B. 5 mai 1809, aux avant-postes de
     Caldiero.
— Pellequia, lieut., B. 21 oct. 1812, bataille de Maloja-
     roslawetz.
— Bonatelli, s.-lieut., B. 14 nov. 1812, combat devant
     Smolensk.
— Clermont, capit., B. ⎫
— Gambini, lieut., B. ⎬ 8 sept. 1813, affaire près de
— Marabelli, lieut., B. ⎪   Laybach.
— Caprotti, lieut., B. ⎭
Rég. de chasseurs à pied (2). Brusati, capit., B. 24 oct. 1812, bataille de Maloja-
     roslawetz.
— Marinetti, capit., B. ⎫
— Grandi, capit., B.   ⎪
— Gorla, lieut., B.   ⎪
— Fabri, s.-lieut., B.   ⎬ 16 sept. 1813, combat de Veis-
— Rusconi, s.-lieut., B. ⎪   selbourg (Laybach).
— Tignani, s.-lieut., B. ⎪
— Gelmi, s.-lieut., B   ⎭
— Coeffier, lieut., B. 12 sept. 1813, combat de S. Mary
     (Laybach).
— Angeli, s.-lieut., B. 16 fév. 1814, combat de Salo (Italie).
Régiment de Dragons. Corner, capit., B. ⎫ 16 sept. 1813, combat de Veis-
— Reboulin, lieut., B. ⎬   selbourg (Laybach).
— Berteux, lieut., B.   ⎭

(1) Blessé etant d'escorte près du Prince Eugène.
(2) Ex-régiment de Conscrits de la Garde Royale.

Régiment de Dragons.	Cart (1), lieut., B. 27 nov. 1813, affaire de Legnago.
—	Lonati, capit., B.
—	Reboulin, lieut., B. } 8 fév. 1814, bataille du Mincio.
—	Beau, s.-lieut., B.
Gendarmerie d'Elite.	Durand, lieut., B. 14 juin 1809, bataille de Raab.
Cies du Train d'artillerie.	Assalini, capit., B. 26 juillet 1812, affaire près d'Ostrowno.

Infanterie de ligne.

1er Régiment. Jaques, capit., B. 14 mars 1807, siège de Colberg (Poméranie).
— Ponti, chef. de bat., B.)
— Loviton, capit., B.
— Donadeo, lieut., B. } 19 mai 1813, combat de Kœnigswartha.
— Parisot, s.-lieut., B.)
— Bianchi, capit., B.)
— Donadeo, lieut., B.
— Fedrazzoni, lieut., B.
— Ballotta, s.-lieut., B. } 6 sept. 1813, bataille de Juterbock.
— Menazzini, s.-lieut., B.
— Parisot, s.-lieut., B.
— Sironi, s.-lieut., B.)

2e Régiment, Rougeot, s.-lieut., B. 16 avril 1809, combat de Sacile (Italie).
— Antonini, capit., T.)
— Della-Era, capit., T.
— Boretti, lieut., T.
— Salici, lieut., T. } 24 oct. 1812, bataille de Malajaroslawetz.
— D'Arco, lieut., T.
— Magnanini, lieut., T.
— Pavia, capit., B.
— De Laï, capit., B.)
— Rougeot, capit., B. 30 nov. 1812, affaire près de Borisow.
— Vigaud (2), s.-lieut., B. 27 fév. 1813, aux avant-postes en Prusse.
— Viviani, s.-lieut., T.)
— Saladini, capit., T.
— Cortellini, s.-lieut., T. } 7 sept. 1813, combat de Lippa (Illyrie).
— Lécuyer, capit., B. (mort le 24).
— Favia, capit., B.)
— Praigoni, s.-lieut., T.)
— Dubois, colonel, B.
— Ferretti, chef de bat., B.
— Petitjean, capit., B. } 14 sept. 1813, combat près de Fiume (Lippa).
— De Lai, capit., B.
— Montalégri, lieut., B.
— Valsecchi, s.-lieut., B.)

(1) Blessé près du général Pino, commandait le peloton d'escorte.
(2) Blessé route de Berlin à Magdebourg.

2e Régiment. Minio, capit., B. 7.
—   De Lai, capit., B. 8.   } 7 et 8 nov. 1813, combats de
—   Boudreau, capit., B. 8.   } Bellune.
—   Valsecchi, s.-lieut., B. 7.

3e Régiment. Roussier, chef de bat., B. 27 mai 1809, combat de Tarvis.
—   Sessa, capit., B. 14 juin 1809, bataille de Raab.
—   Mariani, capit., T.
—   Lodi, s.-lieut., T.
—   Bellone, s.-lieut., T.
—   Robaglia, s.-lieut., T.
—   Polli, capit., B.
—   Agliati, capit., B.
—   Duplan, capit., B.
—   Démontes, lieut., B.   } 24 oct. 1812, bataille de Malojaroslawetz.
—   Riquier, lieut., B.
—   Ancini, lieut., B.
—   Boldrini, lieut., B.
—   Roupe, lieut., B.
—   Paoli, s.-lieut., B.
—   Morichini, s.-lieut., B.
—   Mombelli, s.-lieut., B.
—   Beretta (1), lieut., B. 28 nov. 1812, affaire près de Borisow.
—   Cortesi (2), s.-lieut., B. 28 nov. 1812, aux ponts de la Bérésina.
—   Benigher, lieut., T.   { 27 sept. 1813, affaire de Mawnitz (Il-
—   Picoletti, capit., B.   }   lyrie).
—   Margaritis, s.-lieut., B. 9 mars 1814, défense de Peschiera (Italie).

4e Régiment. Ravier, lieut., B. 26 juin 1807, siège de Colberg (mort le 10 juillet).
—   Langlade, lieut., B. 18 janv. 1809, combat de la Montagne (Noire), Catalogne.
—   Guidicelli, lieut., B. 6 fév. 1809, étant d'escorte d'un convoi en Catalogne.
—   Tiberio (3), capit., T. 25 mars 1811, combat sur le Llobrégat (Catalogne)
—   Guidicelli, lieut., B. 11 avril 1811, combat devant Figuières.
—   Mozzoni, chef de bat., B. 7 nov. 1811, combat devant Valence.
—   Magistrelli, chef de bat., B. 26 déc. 1811, attaque de Valence.
—   Bertelli, lieut., T.
—   Zorzi, s.-lieut., B.   } 23 août 1813 (4), affaire de Gross-Beeren.
—   Angelini, s.-lieut., B. }
—   Costa, s.-lieut., B.
—   Stampa (5), capit., T. 6 sept. 183, bataille de Juterbock.

----

(1) Blessé en repoussant les cosaques près du pont de Borisow.

(2) Blessé par des éclats de bois étant sur un des ponts de la Bérésina.

(3) Tué étant à l'arrière-garde par les bandes de Mina.

(4) Le régiment enlève un drapeau Prussien à l'affaire de Gross-Beeren.

(5) Le régiment s'étant formé en carré tous ces officiers furent tués ou blessés par le feu de deux batteries Prussiennes.

4e Régiment. Dasso, s.-lieut., T.
— Rudil, capit., B.
— Corsico, capit., B.
— Canevali, capit., B.
— Langlade, capit., B.
— Cerri, capit., B.
— Monzano, capit., B. } 6 sept. 1813, bataille de Juterbock.
— Pistocci, lieut., B.
— Pasinetti, lieut., B.
— Belloni, s.-lieut., B.
— Ferrari, s.-lieut., B.
— Masini, s.-lieut., B.
— Pozzi, lieut., T.
— Genaille, capit., B.
— Molinari, capit., B. } 3 oct. 1813, combat de Wartembourg.
— Colombara, s.-lieut., B.
— Orgiazzi, s.-lieut., B.
— Langlade (1), capit., B. 30 oct. 1813, bataille de Hanau.
— Angelini (2), s.-lieut., B. 8 nov. 1813, aux avant-postes (Italie).
— Cervi, capit., B.
— Tacconi, lieut., B. } 10 fév. 1814, combat sur le Mincio.
— Ferrari, chirurg., M. B.
— Billon, chef de bat., B. } 10 mars 1814, affaire de Castelare (de-
— Tosati, capit., B. } vant Mantoue).
— Langlade, capit., B.

5e Régiment. Barba, s.-lieut., B. août 1809, siège de Girone (mort le 5 oct.).
— Bagnalatra, capit., B. 26 juillet 1810, affaire contre des contre-
bandiers (Catalogne).
— Tonelli, lieut., B. 6 juin 1811, devant Sagonte.
— Vandoni (3), lieut., B. 5 mai 1813, affaire de Mulda près de Ey-
benstoek.
— Conti, s.-lieut. B. 20 mai 1813, bataille de Bautzen.
— Pisa, colonel en 2e. T. } 18 août 1813, prise de Lahn sur le Bober
— Turchetti, capit., B. } (Silésie).
— Siripoldi, lieut., B.
— Casabianca, capit., B.
— Grua, lieut., B. } 19 oct. 1813, bataille de Leipzig.
— Francinetti, lieut., B.
— Rinaldi, lieut. B.

5e Régiment. Casabianca, capit., B. 30 oct. 1813, bataille de Hanau.
6e Régiment. Caprini, lieut., B. 14 mars 1810, étant à la poursuite de brigands
en Catalogne.
— Diedo, lieut., B. 15 janv. 1811, combat de Vals (Catalogne).
— Estoupan, lieut., B. 2 oct. 1811, défense du couvent de Calatayud
(Aragon).

---

(1) Blessé en combattant contre de la cavalerie Bavaroise.
(2) Blessé par des eclaireurs Autrichiens.
(3) Blessé en transmettant un ordre du général Zucchi dont il était l'officier d'ordonnance

6e Régiment. Bossi (1), lieut., B. 30 déc. 1811, devant Valence (mort le 19 janv. 1812).

— Jude, capit., B. 12 janv. 1812, passage du Guadalaviar (Roy. de Valence).

— Caprini, capit., B. 12 déc. 1812, dans une reconnaissance près de Valence.

— Crotti, chef de bat., B. 19 mai 1813, combat de Kœnigswartha (Saxe).

— Olivari, capit., T. 23 août 1813, affaire de Gross-Beeren.

— Testa, capit., B.

— Bianchi, capit., B.

— Longpré, capit., B.

— Guarnieri, lieut., B.

— Mantegazza, lieut., B. } 6 sept. 1813, bataille de Juterbock.

— Vacis, s.-lieut., B.

— Cavalli, s.-lieut., B.

— Bollicini, s.-lieut., B.

— Crotta, s.-lieut., B.

— Karis, chef de bat., T. } 5 nov. 1813, affaire sur l'Ariége près de Vérone

— Zonga, capit., T.

— Caraffa, capit., T.

— Longpré, capit., B. ; 14 fév. 1814, affaire de Pont-Sareno (Italie).

— Mironneau, s.-lieut., B. }

7e Régiment. Clair, lieut., B. 19 mai 1813, combat de Kœnigswartha (Saxe).

— Manesclou, capit., A. M., B.

— Blot, capit., B.

— Grenier, capit., B.

— Auray, capit., B.

— Thiéry, lieut., B. } 6 sept. 1813, bataille de Juterbock.

— L'Ecuyer, lieut., B.

— Saufront, s.-lieut., B.

— Péronet, s.-lieut., B.

— Guido, s.-lieut., B.

— Provani, s.-lieut., B.

— Grenier, capit., B, 8 fév. 1814, bataille de Mincio.

Infanterie Légère.

1er Régiment. Spinola, lieut., B. 5 juillet 1809, prise de Palamos (Catalogne).

— Castan, capit., B. 4 mai 1810, assaut d'Hostalrich (Catalogne).

— Cassetti, s.-lieut., T. 24 oct. 1812, bataille de Malojaroslawetz.

— Estran, capit., T.

— Ronco, s.-lieut., T.

— Merenda, s.-lieut., T. } 6 sept. 1813, bataille de Juterbock.

— Picoletti, capit., B.

— Guidetti, capit., B.

— Ferrari, capit., B.

(1) Etant en tirailleur avec sa compagnie.

1er Régiment. Bartilli, lieut., B.
—   Disporcia, s.-lieut., B. } 6 sept. 1813, bataille de Juterbock.
—   Néri, s.-lieut., B. 3 sept. 1813, affaire devant Wittemberg.
—   Favre (1), lieut., B. 18 sept. 1813, près d'Erfurth.
—   Forestieri (2), capit., T. 1er oct. 1813, aux avant-postes en Saxe.
—   Léonardi, s.-lieut., T.
—   Reggiani, lieut., B. } 3 oct. 1813, combat de Wartembourg.
—   Zunza, chef de bat., T.
—   Reggiani, capit., B.
—   Ferrari, capit., B.
—   Martini, capit., B. } 31 oct. 1813, bataille de Hanau.
—   Tagliabue, s.-lieut. B.
—   Lattini, capit., B.
—   Favre, lieut., B. } 8 fév. 1814, bataille de Mincio.
—   Arnoux, s.-lieut., B.
2e Régiment. Loubers, lieut., B. } 18 mai 1807, au siège de Colberg
—   Marinetti, s.-lieut., B. } (Poméranie)
—   Luccini, lieut., B. 16 oct. 1808, affaire de Cara de Do (Catalogne).
—   Crouvivier, lieut., B. 17 fév. 1809, combat de San-Magi (Catalogne).
—   Legros, lieut., B. 1er avril 1809, affaire sur les hauteurs de Torazza.
—   Spinola, s.-lieut., B. (mort le 22).
—   Mouzetti, chirurg, A. M. B. } 10 janv. 1810, combat en Catalogne.
—   (mort le 25).
—   Cotti, colonel, B. (mort le 2 juin).
—   Lavallette, capit., B. } 3 mai 1810, au siège d'Hostalrich.
—   Svanini, capit., T. 9 nov. 1811, affaire devant Valence.
—   Drouault, lieut., B. 28 mars 1812, dans une reconnaissance près de Valence.
—   De Antoni, capit., B. 2 mai 1813, bataille de Lutzen.
—   Bassi, capit., B. 5 mai 1813, combat de Waldhein.
—   Crouvisier, capit., B. 7 mai 1813, combat de Lienbach.
—   Gaudais, capit., B. 11 mai 1813, affaire devant Dresde.
—   Taddei, lieut., B. 15 mai 1813, aux avant-postes, près de Bautzen.
—   Benvenuti, lieut., T. 21 mai 1813, bataille de Wurschen.
—   Lenardi, capit., T. } 18 août 1813, prise de Lahn, sur le
—   Besenzi, lieut., B. } Bober (Silésie).
—   Laudi, s.-lieut., B. 16 sept. 1813, combat de Lippa (Illyrie).
—   Lucini, capit., B. 28 sept. 1813, aux avant-postes en Saxe.
—   Dondini, major, B. 19.
—   Jaques, chef de bat., B. 10. } 17 et 19 oct. 1813, bataille de Leipzig.
—   Revial, capit., B. 19.
—   Carbonari, capit., B. 17.
—   Rizzardi, lieut., B. 5 avril 1814, affaire de Governolo (Italie).

---

(1) En escortant un convoi de munitions.
(2) Tué par des cavaliers Prussiens.

3e Régt (1).	Vanufel, lieut., B. 21 déc. 1808, près de Cattaro (Illyrie).	
—	Raimondi, capit., B.	⎰ 19 mars 1809, dans une révolte à
—	Bussi, lieut., B.	⎱ Monténéro (Dalmatie).
—	Camuri, capit., T	
—	Angeli, capit., B. (mort le 2 janv. 1813).	
—	Grassi, capit., B.	24 oct. 1812, bataille de Malojaros- lawetz.
—	Brusati, capit., B.	
—	Bajardi, capit., B.	
—	Schuller, s.-lieut., B.	
—	Doynel de Montécot, s.-lieut., B. 25 oct. 1812, aux avant-postes.	
—	Rosati, s.-lieut., B. 27 août 1813, affaire de Loeben.	
—	Busini, s.-lieut., B. 30 août 1813, combat de Krainbourg.	
—	Calegaris, s.-lieut., B. 1er sept. 1813, affaire route de Fiume.	
—	Colonna, capit., T. 7 sept. 1813. combat de Lippa (Illyrie).	
—	Canali, s.-lieut., B. 8 sept. 1813, affaire de Kuplavafs.	
—	Fédérigo, chef de bat., B. 14 sept. 1813, affaire de Lippa.	
—	Maggi, capit., B.	⎰ 27 sept. 1813, combat de Zirknitz.
—	Faleini, s.-lieut., B.	⎱
—	Tafiani, s.-lieut., B. 10 nov. 1813, combat d'Ala).	
—	Langeron, capit., B. 8 fév. 1814, bataille du Mincio.	
—	Bagolini, lieut., B. 26 fév. 1814, défense de Mantoue.	
—	Casati, s.-lieut., B. 10 mars 1814, combat de Castiglione.	
4e Régt (2).	Callamand, capit., B. 18 juin 1813, défense de l'Île de Giuppana (Illyrie).	
—	Collière (3), lieut., T.	27 sept. 1813, combat sur les hauteurs de Laybach.
—	Sauvage, capit., B.	
—	Pedrotti, capit., B.	
—	Reynaud, lieut., B.	
—	Joch, s.-lieut., B.	
—	Babou, capit., B.	déc. 1813, combat de San-Géorgio.
—	Gorla, s.-lieut., B.	
—	Marzorato, capit., B.	
—	Vigourel, lieut., B.	déc. 1813, défense de Palma-Nova.
—	Miari, s.-lieut., B.	
—	Soldo, s.-lieut., B.	
—	Santa-Croce, capit., B. fév. 1814, défense de Venise.	
Régt Dalmate.	Tampieri, capit., T.	24 octob. 1812, bataille de Malojaros- lawetz.
—	Lupi, capit., T.	
—	Stanchi, s.-lieut., T.	
—	Baio, s.-lieut., T.	
—	Cambiotti, capit., B.	
—	Maina, capit., B.	
—	Veruncich, capit., B.	
—	Sardo, capit., B.	

(1) Formé en 1810.
(2) Formé en 1811.
(3) Les officiers qui prirent part au combat du 27 septembre 1813 appartenaient à un régiment d'élite formé des compagnies de Grenadiers et de Voltigeurs du 4e régiment.

Rég. Dalmate. Draghichevich, capit., B.
— Thor, capit., B.
— Bollubanovich, lieut., B.
— Papich, lieut., B. } 24 oct. 1812, bataille de Malojarosla-
— Combatti, lieut., B. wetz.
— Busicchio, s.-lieut., B.
— Cosianzi, chirurg. M. B.
— Radovani, capit., B. } 28 nov. 1812, aux ponts de la Bérésina.
— Orlandi, lieut., T. 29 nov. 1812, affaire d'arrière-garde (Russie).
— Ecli, lieut., B. 7 mai 1813, défense de Glogau.
— Resich, capit., B. } 25 sept. 1813, combat de Zirknitz
— Jovi, s.-lieut., B. } (Carniole).
— Gelmi, lieut., B. 26 oct. 1813, combat de Pietra (Tyrol).
— D'Antoni, s.-lieut., B. 28 oct. 1813, combat de San-Marco (Tyrol).
— Dabovich, capit., B. } 11 fév. 1814, combat de Valtrompia.
— Brassich, s.-lieut., B.
Bat{on} Garde Munic{le} de Milan. Giudicelli, capit., B.
— Cicogna, capit., B. } 19 mai 1813, combat de Kœ-
— Cros, s.-lieut., B. } nigswartha (Saxe).
— Sucini, s.-lieut., B. 21 août 1813, aux avant-postes en Saxe.
— Defour, lieut., B. 18. } 18 et 19 oct. 1813, bataille de
— Faure, lieut., B. 18. } Leipzig.
— Cros, s.-lieut., B. 19.
Rég{t} Sédentaire de Venise. Cousin, capit., B. } déc. 1813, défense de Venise.
— Medin, lieut., B. }
— Verneda, capit., B. { 15 janv. 1814, sortie de Bron-
— Saint-Priest, lieut., B. { dolo (Venise).
Régiment Colonial (1) . . Miovilovich capit., B 2 juillet 1811, dans une batterie
près de Longone.
— Mayan, lieut., B. 11 août 1812, affaire contre des
brigands près d'Ajaccio.
— Sauvage, lieut., B. 2 sept. 1813, dans une batterie de
Côte, en Corse.
2e Régiment de Volontaires. Falsacappa, lieut., T.
— Fioraventi, capit., B.
— Salvatori, capit., B. } 2 mars 1814, défense du
— Raffanelli, capit., B. } Simphon.
— Tamburini, lieut., B.

Gendarmerie.

Légions départementales . Barrié, capit., B.
— Amagliani, lieut., B. } 8 déc. 1813, affaire près de
— Mora, lieut., B. } Ravennes.
— Albuzzi, capit., B. } 8 janv. 1814, affaire du Lac
— Matioli, s.-lieut., B. } de Garde.
— Savy, lieut., B. } 14 fév. 1814, affaire de Ponte
— Majocchi, s.-lieut., B. } Sareno.

----

(1) Régiment formé en 1812.

Cavalerie.

Rég¹ *Dragons de la Reine* (1). Vatin, capit., T. 16 nov. 1812, combat de Krasnoë.

— Lanzoni, s.-lieut., T. 29 nov. 1812, aux ponts de la Bérésina.

— Pessina, capit., T. 16 sept. 1813, dans une reconnaissance près de Laybach.

— Galletti, lieut., B. 15 nov. 1813, affaire près de Caldiero.

— Galletti, lieut., B. 8 fév. 1814, bataille du Mincio.

Rég¹ *Dragons-Napoléon* (2). Malacrida lieut., B. / Ramoletti, lieut., B. — 20 déc. 1810, combat de Borias-Blancas (Catalogne).

— Malacrida, lieut., T. 3 janv. 1811, affaire près de Tarrega (Catalogne).

— Capetti, lieut., B. 27 mai 1813, affaire près de Goldberg.

— Toffoli, capit., T. 16. \
Raoul, capit., B. 16. — 16 et 18 oct. 1813, bataille de Leipzig. \
Bonsergeant, lieut., B. 18. \
Chérubini, s.-lieut., B. 16.

1ᵉʳ Rég¹ *de chasseurs* (3). Balbis, capit., B. 26 août 1813, bataille de Dresde.

— Bruner, lieut., B. \
Daste, s.-lieut., B. — 30 août 1813, affaire de Culm. \
Pavon, s.-lieut., B.

2ᵉ *Régiment* (4). . . . Castel, capit., B. \
Rocca, s.-lieut., B. — 22 juillet 1812, affaire de Béchenkovitchi. \
De Bourjoly, s.-lieut., B.

— Ramini, lieut., T. \
Bucchia, chef d'escad., B. — 29 juillet 1812, affaire de Welissa.

— Nava, capit., T. 7 sept. 1812, bataille de la Moskowa.

— Ferreri-Garetti, chef d'esc., T. \
Merlotti, s.-lieut., B. — 7 sept. 1813, défense de Dresde.

— Parravicini, lieut., B. 15 nov. 1813, affaire près de Caldiero.

— Parravicini, lieut., B. 8 fév. 1814, bataille du Mincio.

3ᵉ *Régiment* (5). . . . Sormani, s.-lieut., T. \
Cuppini, s.-lieut., B. — 7 sept. 1812, bataille de la Moskowa.

— Storti, capit., B. 4 mars 1813, affaire près de Berlin.

— Storti, capit., B. 5 avril 1813, combat sur l'Elbe.

— Gatti, lieut., T. 21 oct. 1813, combat de Ceneda (Italie).

— Simonetti, capit., B. 22 oct. 1813, aux avant-postes, près de Ceneda (Italie).

— Castelli, s.-lieut., B. 8 fév. 1814, bataille du Mincio.

— Degli-Azzi, lieut., B. 25 fév. 1814, affaire de Mantoue.

(1) 1ᵉʳ Régiment de l'arme.
(2) 2ᵉ Régiment.
(3) Chasseurs Royaux.
(4) Chasseurs du Prince Royal.
(5) Régiment formé en 1810.

3e Régiment.	Simonetti, capit., B. 3 mars 1814, combat de Parme.
—	Brunetti, lieut., B. 31 mars 1814, dans une reconnaissance près de Milan Italie.
4e Régiment (1). . . .	Boutmy, lieut., B. 22 fév. 1813, combat de Munchberg, près de Berlin.
—	De Montfort, lieut., B. } 26 août 1813, combat
—	Porcher, lieut., B. } de Leignitz (Silésie).
—	De Montfort, lieut., B. 17 oct. 1813, aux avant-postes devant Leipzig.
—	Assalini, capit., B. 15 nov. 1813, combat de Caldiero.

Artillerie.

Régiments à pied et à cheval.	Giordano, lieut., B. 10 mai 1809, affaire de Roveredo.
—	Migliorini, lieut., B. } 6 sept. 1813, bataille
—	Giordano, lieut., B. } de Juterbock.
—	Carafolli, lieut., B. 19 mai 1813, combat de Kœnigswartha (Saxe).
—	Zoboli, capit., B. 30 oct. 1813, bataille de Hanau.
—	Gaburri lieut., T. 3 oct. 1813, combat d'Altenbourg.

Génie.

Bataillon de sapeurs, . .	Benciolini, lieut., B. 8 juillet 1809, au siège de Girone.
—	Le Roy, capit., B. 6 sept. 1813, bataille de Juterbock (mort le 16 novembre).

Train des Équipages et Compagnies d'Ambulances.

Train des Equipages. . .	Lindenmeyer, capit., B. }
—	Marchesani, lieut., B. } 24 oct. 1812, bataille
—	Liegard, lieut., B. } de Malojaroslawetz.
—	Carré (2), lieut., B 9 nov. 1812, affaire près de Smolensk.
—	Bertau, s.-lieut., B. 28 nov. 1812, aux ponts de la Bérésina.
—	Souplet, s.-lieut., B. 10 déc. 1812, dans les rues de Wilna.
Compagnies d'ambulances	Josseraud, capit., B. 28 nov. 1812, à la Bérésina.

Marine.

Bataillon d'Artillerie . .	Siron, capit., B. janv. 1814, défense de Venise.
—	Tourneur, capit., B. 12 fév. 1814, défense de Venise.
Equipages de la Flotte . .	Tornès, enseigne de vaisseau, B. 9 juin 1812, affaire près de Spalato (Illyrie).
—	Davanzo, aspirant, T. } 23 avril 1813, combat
—	Remedelli, enseigne de vais., B. } devant Spalato.
—	Alberti, lieut., de vaisseau, B. 15 mars 1814, combat du Lac de Garde.

(1) Régiment formé en 1811.
(2) Affaire de la brigade Augereau.

Garde Nationale.

Bataillon de Vicence. . . . De Thiène, colonel, B. 1811, étant à la poursuite de brigands dans les montagnes d'Arcignano, près de Vicence.

TROUPES NAPOLITAINES

Garde Royale.

Régᵗ de Grenadiers à pied. Dionnet, capit., B. 11 avril 1807, affaire de Fiume-Freddo (Calabre).

— Collinet (1), capit., B. 1ᵉʳ août 1810, au camp de Piale (Calabre).

1ᵉʳ Régᵗ de Vélites à pied. Mamès de Saint-Marc, capit., B. 10 juin 1809, en s'opposant à un débarquement des Anglais en Pouille.

— De Lapoype (2), lieut., B. 11 déc. 1812, route de Wilna à Kowno (Lithuanie).

— N., capit., B.
— N., lieut., B. } 14 déc. 1812, affaire d'arrière-garde près de Kowno.
— N., lieut., B.

Régᵗ de Vélites à cheval. Lanfranchi, s.-lieut., B. 26 sept. 1809, affaire de Casal (Pouille).

— Lanfranchi. lieut., B. 4 déc. 1812, affaire près d'Osmiana (Lithuanie).

Cⁱᵉ d'artillerie à cheval. Thibaud, capit., B. 20 mai 1813, bataille de Bautzen (Saxe).

Infanterie de Ligne.

1ᵉʳ Régiment. Ambrosio, chef de bat., B.
— Baymalata, capit., B. } 20 juin 1808, combat devant Girone.
— Dupont, capit., B.
— Brunetti, lieut., B.

— Notaris, capit., T.
— Estengo, capit., B. } 23 juillet 1808, affaire près de Girone.
— Tomaselli, lieut., B.

— Benafi, s.-lieut., B. août 1808, combat devant Girone (mort le 25 sept.).

— Lecerf, s.-lieut., B. 5 déc. 1808, combat de la Croix-Couverte (Catalogne).

2ᵉ Régiment. Piccioli, lieut., B. } 23 juillet 1808, affaire près de Girone.
— Falsacappa, s.-lieut., B.

---

(1) Cet officier a été blessé par un boulet parti d'une canonnière anglaise. Blessé par des Cosaques.

2e *Régiment.* Guillemain, s.-lieut., B. 4 sept. 1808, combat de la Jonquière (mort le 26 déc.).

— Ranaldi, s.-lieut., B. 5 fév. 1810, dans une affaire en Catalogne (mort le 9 mars).

3e *Régiment.* Larrue, lieut., B. 11 sept. 1810, étant à la poursuite de brigands en Calabre.

— N., lieut., B. 6 janv. 1811, dans une batterie de côte en Calabre.

5e *Régiment.* Primaldi, lieut., B.

— Odiardi, capit., A. M., B. } 2 sept. 1813, défense de Dantzig.

6e *Régiment.* Balathier, chef de bat., B.

— Sourda, capit., B. } 29 août 1813, défense de Dantzig.

— Ghivandier, capit., B.

7e *Régiment.* Lavenade, s.-lieut., B. 14 fév. 1807, affaire de Scaléa (Calabre).

— Galvani (1), chef de bat., B. 4 fév.

— Reneaud, lieut., B. 4 fév.

— Galvani, chef de bat., B. 9 juin. } 1813, défense de Dantzig.

— Dugazon, capit., B. 29 août.

— Reneaud, lieut., B. 2 sept.

8e *Régiment.* Blanc, lieut., B.

— N., lieut., B. } 8 juillet 1813, combat devant Saragosse.

Infanterie Légère.

1er *Régiment.* Pompei, chef de bat., B. 24 sept. 1810, dans une reconnaissance en Catalogne.

— N. capit., B.

— N. lieut., B. } 25 juillet 1811, étant en colonne mobile dans les Abbruzzes.

2e *Régiment.* Gavini, s.-lieut., B. 10 mars 1810, dans la traversée d'Otrante à Corfou.

— Deshorties, chef de bat., B. 16 déc. 1812, défense de Capri.

— N. capit., B.

— N. lieut., B. } 12 mai 1813, défense de Capri.

3e *Régiment.* Orticoni, s.-lieut., B. 10 fév. 1807, assaut d'Amantea (Roy. de Naples.

— Lanfranchi, s.-lieut., B. 24 août 1809, à Viticusso (Terre de Labour).

— Ottore, capit., B. 14 juillet 1809, combat en Calabre.

— Giovanetti, lieut., B. 16 mai 1810, étant en colonne mobile dans les Calabres.

— Lanfranchi (2), lieut., B. 11 sept. 1810, à Pontemielle (Calabre).

— Pierraggi, lieut., B. 10 juillet 1811, dans une batterie de côte près de Naples.

— Pozzi, capit., B. 22 mai 1812, dans une batterie près de Naples.

---

(1) Cet officier supérieur a commandé le régiment depuis le départ du colonel Macdonald jusqu'en 1814.

(2) Cet officier a été blessé étant en colonne mobile.

4e Régiment. Deluva, lieut., A. M., B.
(mort le 26 juillet).

— Ritucci, chef de bat., B.
— Gavini, capit., B. } 21 mai 1813, bataille de Wurschen.
— Paoli, lieut , B.
— Maddalena, capit., B.

— Belsito, capit., B.
— Pelosio, s.-lieut., B. } 16 oct. 1813, bataille de Leipzig.

Régt d'Elite(1). Larrue, lieut., B. 2 mai 1813, bataille de Lutzen (Saxe).
— Poirrier, lieut , B. 21 mai 1813, bataille de Wurschen.
— Nicoletti, capit., B.
— Barilla, lieut., B. } 18 oct. 1813, bataille de Leipzig.
— Lambert, s.-lieut., B.

Cavalerie.

1er Régt de Chasseurs. N., lieut., B. 20 mai 1810, dans une reconnaissance en Catalogne.
— Renaud, lieut., B. 26 déc. 1811, affaire près de Valence.
— N., lieut., B. 9 janv. 1812, affaire route de Saragosse.
2e Régiment. Christopharo, s.-lieut., B. 2 janv. 1809, combat près de Barcelonne.
— Violante, s.-lieut., B. août 1809, dans une reconnaissance près de Girone.
— Fauchon, s.-lieut., B. 19 sept. 1809, combat devant Girone.
— Malet, lieut., B. 2 mai 1813, bataille de Lutzen.
— Journé, lieut., B.
— Pétrosini, s.-lieut., B. } 23 août 1813, combat de Goldsberg (Silésie).
— Montanaro, chef d'escad., B.
— Pierrar, lieut., B. } 18 oct. 1813, bataille de Leipzig.
— Staffa, lieut., B.
— Laurenzana, capit., B. 19 oct 1813, retraite de Leipzig.

Artillerie.

Regt d'Artillerie à pied. Girod, capit., B. 15 sept. 1810, dans une batterie à Reggio.
— N., lieut., B. 16 juin 1811, affaire dans l'île de Capri.
— N., capit., B. 2 sept. 1812, dans une batterie près de Montléone.

Génie.

Bat. de Sapeurs-Mineurs. Petitjean, lieut., B. 6 nov. 1808, étant en expédition dans les Abruzzes.
— Rasquinal, capit., B.
— Del-Rie, lieut., B. } 15 sept. 1810, affaire sur les côtes près de la Sicile.

(1) Ce régiment a été formé à Dantzig, avec les compagnies de grenadiers et de voltigeurs des 5e, 6e et 7e régiments d'infanterie de ligne.

Bat. de Sapeurs-Mineurs. Petitjean, capit., B. 18 sept. 1810, dans le débarquement en Sicile.

—   Perris, capit., B. 10 avril 1813, affaire près de Reggio.

Gendarmerie.

Légions . . . . . . Bonnemain, lieut., B. 10 juillet 1810, affaire contre des
brigands près d'Agnone (Abruzzes).

—   Delavalle, capit., B. 17 août 1810, étant en colonne mobile, route de Salerne.

—   Bressler, lieut., B. 11 mai 1811, route de Castrovilari
(Calabre).

—   Lavernade, lieut , B. 19 juin 1812, étant en colonne
mobile route de Rossano (Calabre).

Marine.

Artillerie . . . . . . Balsamo, lieut., B. 16 oct. 1812, dans une batterie de
côte près de Naples.

Equipages. . . . . . Ripert, capit. de frégate, B. 12 mars 1813, dans une
batterie en Calabre.

—   Sanson, lieut. de vaisseau, B. ⎱ 5 avril 1813, dans une

—   Spinelli, lieut. de vaisseau, B. ⎰ batterie de l'Ile de Capri.

—   Carducci, lieut. de vaisseau, B. 14 avril 1813, à bord d'une
canonnière, près de Naples.

—   Roberti, lieut. de vaisseau, B. 22 juin 1813, dans une
batterie de côte près de Castellamare.

TROUPES ESPAGNOLES

Régiment de Voltigeurs. . . . Donnat, lieut., B. 15 mai 1812, affaire au pont
(Garde Royale).   d'Aranjuez (Province de Madrid).

—   Gibassier, lieut., B. 21 juin 1813, bataille de Vittoria.

—   Chaize, capit., B. 31 août 1813, affaire sur la Bidassoa.

Régiment de Chevau-Légers. . Cambolas, s.-lieut., B. ⎱ 19 nov. 1809, bataille d'Ocana
(Garde Royale).   Varin, s.-lieut., B. ⎰ (Province de Tolède).

—   Bonnot, lieut., B. 21 juin 1813, bataille de Vittoria.

—   Bonnot, lieut., B. 13 déc. 1813, combat devant
Bayonne (mort le 14 fév. 1814).

Artillerie. . . . . Bodin, lieut., B. 21 juin 1813, bataille de Vittoria.
(Garde Royale).

Régᵗ d'infanterie de la Corona. Corral, capit., T. 21 oct. 1805, bataille navale de
Trafalgar.

Régᵗ d'infanterie de Castille. N., lieut , T. 11 janv. 1812, par des brigands près
de Madrid.

—   Goffinet, capit., B. 2 juin 1812, affaire devant Salamanque (Roy. de Léon.

Rég^t d'infanterie de Castille.	Goffinet, capit., B. 10 novembre 1812, affaire entre Vittoria et Burgos.
—	Saint-Martin, lieut., B. 18 décembre 1812, combat près d'Avila (Vieille-Castille).
Rég^t Royal-Etranger. (Infanterie).	Buman, capit., 8 mai 1809, affaire route d'Avila.
—	Dumont-Isoot, lieut., B. 4 février 1812. affaire de Guadalajara (Nouvelle-Castille).
—	de Moynier de Chamborant, chef de bat., B. 4 mai 1813, affaire de Boléa (Espagne).
—	Scorsini, s.-lieut., B. 31 août 1813, passage de la Bidassoa.
Régiments Suisses.	Chagué, lieut.-col., T. (2e). } 19 juillet 1808, bataille
—	Monthéys, lieut., B. (6e). } de Baylen (Andalousie).
Cie franche d'Alcala.	Théron, capit., B. 15 sept. 1810, affaire de Torès (Andalousie).
Escadron de chass^{rs} de Zamora.	Florian, s.-lieut., B. 12 avril 1812, à Palenzuela de Santiago (Galice).
Chasseurs de Girone.	Mitaine, lieut., T. 18 nov. 1812, dans une reconnaissance près de Girone.
Cie des Partisans de Tarragone.	Vidiella, lieut., B. juin 1813, défense de Tarragone (Catalogne).
Bataillon de Chasseurs d'Ubeda.	Govantès, chef de bat., B. 22 juillet 1812, près de Veas, province de Jaen.
Cie de Miquelets.	Benxo, lieut., B. 17 nov. 1810, attaque du village d'Andocilla (Navarre)
—	Benxo, capit., B. 13 mai 1813, attaque de Roncal (Navarre).
Cie des Partisans de Catalogne.	Rouget, lieut., B. 7 août 1809, devant Girone (Catalogne).
—	Rouget, lieut., B. 10 juillet 1810, au pont d'Alba, près de Vittoria.
2e Rég. de chasseurs à cheval.	Perkès (1), capit., B. 12 août 1811, près de Baza (Province de Grenade).
—	Gonet, lieut., B. } 21 juin 1813, bataille
—	Bruyère, lieut., A. M. B. } de Vittoria.
—	Caraballo, s.-lieut., B. 31 août 1813, passage de la Bidassoa (mort le 17 avril 1814).
4e Régiment.	D'Ossaux, capit., T. 17 août 1810, au village d'Almonte (Andalousie).
Hussards de Guadalaxara	Roussel, s.-lieut., B. 26 fév. 1813, affaire de Villafranca (Espagne).
Gendarmerie.	Vidiella, lieut., B. 7 juin 1813. } défense de Tarra-
—	Gargani, s.-l., B. 26 sept. 1813. } gone (Catalogne).
Cie de Réserve de Barcelonne.	Bonin, lieut., B 19 mai 1809, dans une reconnaissance sur Vich (Catalogne).
Cie municipale de Barcelonne	Sorquin, s.-lieut., B. 3 janv. 1812, affaire près de Barcelone.

(1) Commandait la compagnie de chasseurs à cheval de Carmona.

Cie de fusiliers Aragonais . .	N. lieut., T. 15 août 1812, affaire près de Valence.
—	N. lieut., T. } 15 sept. 1812, près de Valence,
—	N. lieut., T. } (par leurs soldats révoltés).
Garde Nationale Impériale. .	Dhennezel, lieut., B. 6 déc. 1811, par des Guérillas près de Léon (mort le 21).
Corps des Douanes	Léger, lieut., B. 23 mars 1814, par des prisonniers russes à Châteauroux (Indre).

TROUPES HOLLANDAISES

2e Régiment d'infanterie. . .	Vanderkuche, lieut., B. 19 nov. 1809, bataille d'Ocana (mort le 26 mars 1810).
—	Marchand, lieut., B. 24 mai 1810, affaire contre des Guérillas (Manche).
6e Régiment —	Thomson, s.-lieut., B. 26 juin 1807, au siège de Colberg (Poméranie).
9e Régiment —	Vander-Dussen (1), capit., B. 31 mai 1809, prise de Stralsund.
Régiment Colonial.	Beyermann, s.-lieut., B. 10 mars 1808, affaire de Balam (Java).
1er Regt d'infrie de ligne de Java.	Landry, lieut.-colonel, B. 24 oct. 1809, affaire de Céram-dog-Bang (Java).
Artillerie	Dittlof, lieut., B. 24 juin 1807, au siège de Colberg (Poméranie).

TROUPES DE BERG

1er Régiment d'infanterie. . .	Hehn, s.-lieut., B. 19 sept. 1809, siège de Girone (Catalogne).
—	Graff, lieut., B. 23 déc. 1809, affaire de Saint-Laurent (Catalogne).
—	N., lieut., T. fév. 1810, étant d'escorte d'un convoi de vivres, en Catalogne.
2e Régiment —	Esslin, lieut., B. 19 sept. 1809, siège de Girone (Catalogne).
—	Devaux (2), s.-lieut., B. 6 janv. 1814, à Mimbressy (Ardennes).
1er Régiment de Chevau-Légers.	Lecerf, lieut., B. sept. 1810, en escortant un convoi de blessés à Madrid.

(1) Blessé étant à la poursuite de Schill.
(2) Blessé en conduisant un convoi de munitions à Mézières.

1ᵉʳ Régiment de Chevau-Légers. Schwiter, lieut., B. 5 mai 1811, bataille de Fuentès d'Onôro (Royaume de Léon).

— Lecerf, lieut., B. 25 sept. 1811, combat de Carpio (Espagne).

— Dangon, lieut., B. 23 oct. 1812, combat de Villodrigo, près de Burgos.

2ᵉ Régiment — Dolémans, lieut., B. 5 nov. 1812, affaire de Lukolm, route de Smolensk.

Brigade de Cavalerie. . . . Brodelet, lieut., B. 18 oct. 1813, bataille de Leipzig.

TROUPES WESTPHALIENNES (1).

Garde Royale.

Bat^{on} de chasseurs Carabiniers. Hohenhausen, lieut., B. 19 août 1812, combat de Valoutina-Gora (mort).

Régiment de Fusiliers. (2). . . Riquet, lieut., B. 20 août 1813, aux avant-postes d'Ottendorf.

— De Saint-Germain, capit., B. ⎫
— Reichard, capit., B.   ⎬ 23 août 1813, combat de Goldberg.
— Triebel, s.-lieut., B.   ⎭

— Kuster, s.-lieut., B. 25 août 1813, affaire de Kemnitz.

— Sinn, capit., B. 26 août 1813, affaire de la Katzbach.

— Vinclair, capit., A. M., B. ⎫
— Deguer, capit., B.   ⎬ 30 août 1813, combat de Grieffenberg.
— Koch, lieut., B.   ⎪
— Berkefeld, s.-lieut., B.   ⎭

— Gothard, capit., B. 4 sept. 1813, combat d'Hochkirch.

— De Saint-Germain, capit., B ⎫
— De Meibom, capit., B.   ⎪
— Maillard, lieut., A. M., B. ⎬ 18 oct. 1813, bataille de Leipzig.
— Scholing, s.-lieut. B.   ⎪
— Caspari, s.-lieut., B.   ⎪
— Kuster, s.-lieut., B.   ⎭

Régiment de Chevau-Légers. . De Sack, lieut., T. ⎫
— Geoffroy, capit., B. (mort 1ᵉʳ sept.).   ⎪
— D'Andlau, lieut., B. (mort 16 sept.).   ⎬ 19 août 1812, combat de Valoutina-Gora.
— De Busch-Münch, chef d'esc., B.   ⎪
— Spershasky, lieut., B.   ⎭

---

(1) Une partie des renseignements sur les troupes Westphaliennes nous ont été obligeamment fournis par M. le Conseiller privé Gustave Lehmann, de Berlin.

(2) Régiment formé en 1813.

Régiment de Chevau-Légers. . Knies, lieut., B.

— Kaiser, lieut., B.

— Kochler, lieut., B.

— De Brincken, lieut., B.

19 août 1812, combat de Valoutina-Gora.

— Szmauch, major, B. 7 sept. 1812, bataille de la Moskowa.

— De Cornebert, chef d'escad., B.

— De Saint-Paul, capit., B.

— Ravaison, capit., B.

— Maitre, lieut., B.

— De Brinken, lieut., B.

— Royan, lieut., B.

18 oct. 1813, bataille de Lepzig.

Infanterie de ligne.

1er Régiment. De Wautier, colonel, B. (mort le 4 juin).

— De Wautier, capit., B.

— De Eldeshorst, lieut., B.

5 mai 1809, affaire à Todendorff.

— De Hildebrand, lieut., T.

— De Lechhaber, capit., A. M.

2 août 1809, affaire de Brunswick.

— De Denop, capit., B.

— Renouard, lieut., B.

28 déc. 1812, combat près de Tilsitt.

— Otto, lieut., B. 14 janv. 1813, affaire sur la Vistule route de Dantzig.

— Schräid, capit., B. (mort).

— Schonewald, lieut., B. (mort).

— Ebeling, capit., B.

— Brauer, s.-lieut., B.

5 mars 1813, défense de Dantzig.

— Renouard, capit., B.

— Thomas, s.-lieut., B.

4 juin 1813, dans une sortie. — Dantzig.

— De Cayla, lieut., B. 29 août 1813, défense de Dantzig.

— De Stemberg, capit., B.

— Dalwich, lieut., B.

2 sept. 1813, défense de Dantzig.

2e Régiment. D'Egremont, chef de bat., T.

— Rudolph, capit., T.

— Kenerinthe, capit., B. (mort le 28 sept.).

— De Colln (1), lieut., B. (mort).

— Tilmann, lieut., B. (mort le 25).

— Holmstein, capit., B.

— De Hessberg, capit., B.

— Hantflein, lieut., B.

— Scheling, s.-lieut., B.

8 juillet 1809, assaut de Montjouy (Girone).

— Bussmann, capit., B. 10 août 1809, aux avant-postes, devant Girone.

— De Corves (2), lieut., B 30 août 1809, en escortant un convoi près de Salinas (Guipuscoa).

— De Buscheid (3), chef de bat., T. 19 sept. 1809, devant Girone.

(1) Massacré par les Espagnols.

(2) Blessé par des guérillas dans les défilés de Salinas.

(3) Tué à l'assaut de Girone.

2e Régiment. De Schlasbaum, lieut., B. 7 sept. 1812, bataille de la Moskowa.
— De Bohlen, capit., B. 26 nov. 1812, par des cosaques près de Borisow.
— De Schlosser, capit., B. 28 nov. 1812, au passage de la Bérésina.
— Pott (1), s.-lieut., B. 13 déc. 1812, à la montée de Kowno.
— Roussel, capit., B.
— Metz, capit., B.
— Claude, lieut., B.
— Briede, lieut., B.
{ 18 oct. 1813, bataille de Leipzig

3e Regiment. Chassot de Florencourt, chef de bat., T.
— Fliès, capit., T.
— Descoudres, lieut., T.
— De Geyso, chef de bat., B.
— Schumacher, lieut., B.
— De Webern, lieut., B.
— Eisleben, s.-lieut., B.
{ 8 juillet 1809, assaut de Montjouy, Girone.

— Henlig, capit., B. 1er sept. 1809, devant Girone.
— Van Der Reck, lieut., T.
— De Kospolh, lieut., T.
— De Langerie, capit., A. M., B.
— Faviès, chirurg. S. A. M., B.
{ 19 sept. 1809, assaut de Girone.

— De Bardeleben, lieut., B. 22 juillet 1810, affaire de Besalu (Catalogne).
— De Papet, capit., B.
— Anselm, lieut., B.
— Bode, lieut., B.
— Weigel, s.-lieut., B.
{ 26 août 1813, bataille de Dresde.

— Luttgen, capit., B.
— Koch, lieut., B.
— Werner, s.-lieut., B.
{ 18 oct. 1813, bataille de Leipzig.

4e Régiment. Meibom, capit., T.
— De Seybelsdorff, chef de bat. B.
— Kraff, capit., B.
— Charles-Louis, lieut., B.
— Stuns, lieut., B.
— Goutechel, s.-lieut., B.
— Koldaker, s.-lieut., B.
{ 8 juillet 1809, assaut de Montjouy (Girone).

— Plesmann, capit., B.
— Holzschue, capit., B.
{ 1er sept. 1809, devant Girone.

— De Knobel (2), capit., B. 1810, à Ripoll (Catalogne), mort.
— Fleischmann (3), s.-lieut., B. 10 nov. 1812, route de Smolensk (mort le 12).
— Kummel, lieut., B.
— Gelan, lieut., B.
{ 8 déc. 1812, affaire route de Wilna.

— Lagisse, capit., B. 23.
— De Trott, capit., B. 22.
{ 22 et 23 août 1813, défense de Custrin.

---

(1) Affaire contre des cosaques.
(2) Blessé dans une reconnaissance sur Ripoll, présumé mort.
(3) Blessé mortellement dans une affaire contre des cosaques.

5e Régiment. Brauer (1), lieut., B, mort le
12 oct.),

  — Blanchard deVillers,capit.,B.

  — Fay, s.-lieut., T.

  — Molzberger, capit., B.

  — Biesten, lieut., B.

  — Peters, s.-lieut., B. (mort).

  — Eekhardt, s.-lieut., B.

  — Kuchenbecker, s.-lieut., B.

} 31 juillet 1809, affaire d'Halber-
stadt (Westphalie).

  — Bode, capit., B.

  — Knaus, capit., B.

  — De Hadel, capit., B.

  — Martini, lieut., B.

  — Rach, lieut., B.

  — Odemar, s.-lieut., B.

  — Grimm, s.-lieut., B.

} 28 nov. 1812, bataille de la Bérésina.

6e Régiment. Knuppel (2), chirurg., S.A.M., B. 10 oct. 1812, affaire de Vérija (mort).

8e Régiment. Zwirnemann, capit., B.

  — Luther, lieut., B.

} 19 août 1813, combat de Lahn.

  — Laufer, capit., B, août 1813, affaire près d'Ottendorff.

  — D'Hauteville, lieut., B.

  — De Hille, s.-lieut., B.

  — Boehner, s.-lieut., B.

} 23 août 1813, combat de Goldberg.

  — Barthel, capit., B. 26 août 1813, affaire de la Katzbach.

  — Guntz, capit., B.

  — Eyrouds, lieut., B.

  — Lecul, lieut., B.

} 30 août 1813, combat de Greiffenberg.

  — Gelan, lieut., B.

  — D'Hauteville, lieut., B.

  — Gunther, lieut., B.

} 4 oct. 1813, combat d'Hochkirch.

  — De St-Paul, chef de b., B.

  — Nieberg, capit., A.M., B.

  — Cochard, capit., B.

  — Barthel, capit., B.

  — Gelan, lieut., B.

  — De Hille, s.-lieut., B.

  — Luther, s.-lieut., B.

} 18 oct. 1813, bataille de Leipzig.

Infanterie légère.

1er Bataillon. De Wurmb, capit., T, 19 août 1812, combat de Valoutina-Gora.

  — Kiburger, capit., B.

  — Brandau, lieut., B.

  — Rost, lieut., B.

} 26 août 1813, bataille de Dresde.

  — Ludowici, capit., B.

  — Meurer, s.-lieut., B.

} 18 oct. 1813, bataille de Leipzig.

---

(1) Ces officiers ont été tués et blessés étant à la poursuite des partisans Prussiens sous les ordres de Schilt.

(2) Blessé mortellement dans la surprise du camp de Verija, par la Cavalerie Russe.

4ᵉ Bataillon. De Long, lieut., T.
  —   Bucher, lieut., B.
  —   Burbm, s.-lieut., B.
} 8 juillet 1809, assaut de Montjouy (Girone).

  —   De Meyern, chef de bat., B. 19 sept. 1809, siège de Girone.
  —   Werner, lieut., B.
  —   Sievert, s.-lieut., B.
} 19 août 1813, combat de Lahn.

  —   Brandeau, lieut., B. 21 août 1813, aux avant-postes de Greiffenstein.
  —   Schulpe, capit., B. 23 août 1813, combat de Goldberg.
  —   Kothe, lieut., B. 27 août 1813, affaire d'Hirchberger.
  —   De Nestel, capit., B. 30 août 1813, combat de Greiffenberg.
  —   Bressler, capit., B.
  —   Hesse, s.-lieut., B.
} 4 sept. 1813, combat d'Hochkirch.

  —   Waldeck, capit., B.
  —   De Rittersholm, lieut., B.
  —   Chemnitz, s.-lieut., B.
  —   Thiemann, s.-lieut., B.
} 18 oct. 1813, bataille de Leipzig.

Cavalerie.

1ᵉʳ Régᵗ de Cuirassiers. Pujol, capit., B.
  —   Jutknechl, s.-lieut., B.
} 7 sept. 1812, bataille de la Moskowa.

  —   Hellmann, capit., B. 4 oct. 1812, affaire en avant de Moscou.
  —   Davidis, capit., B.
  —   Pulknechs, lieut., B.
} 28 nov. 1812, passage de la Bérésina.

2ᵉ Regiment . Sollnitz, s.-lieut., B. 7 sept. 1812, bataille de la Moskowa.
Régᵗ de Chevau-Légers. Graf de Münster, lieut., B. 28 juin 1809, dans une affaire à Toralba (mort le même jour).
  —   De Ehremberg, s.-lieut., T. 26 juillet 1809, affaire d'Alcabon.
  —   De Halhausen, s.-lieut., T. 25 août 1809, affaire de Montalban (Tolède).
  —   De Plessen, capit., B.
  —   De Vangerow, s.-lieut., B.
} 14 sept. 1810, combat de Cifuentès (Guadalajara).

  —   Schoenberg (1), s.-lieut., B. 10 juin 1812, affaire route de Talavera.
  —   Rolle, s.-lieut., B. 12 août 1812, route de Castellon de la Plana (Province de Tolède).
1ᵉʳ Regᵗ de Hussards (2). Schnuphase, lieut., T.
  —   Zwehl, s.-lieut. B.
} 19 août 1812, combat de Valoutina-Gora.

  —   Cary, capit., B. 7 sept. 1812, bataille de Moskowa.
  —   Lecoffe, lieut., B.
  —   Bartels, s.-lieut., B.
  —   Cary, capit., B.
} 21 août 1813, affaire de Buntzlau.

2ᵉ Regiment (2) . Thielemann, lieut., B.
  —   Stein, lieut., B.
  —   Ruppel (3), s.-lieut., B. (disparu).
} 19 août 1812, combat de Valoutina-Gora.

---

(1) Blessé étant d'escorte d'un convoi de munitions.
(2) Les deux régiments de hussards Westphaliens firent défection le 23 août au matin.
(3) Présumé mort étant prisonnier de guerre.

2e Régiment . . . Pistorius, chirurg. A. M. B. 7 nov. 1812, par des cosaques
route de Smolensk (mort).
— De Vanoise, capit., B. 29 mai 1813, affaire de Buntzlau.
— Lenhoff, capit., B. ⎱ 21 août 1813, affaire de Buntz-
— Sauzy, s.-lieut., B. ⎰ lau.

Artillerie.

Regiment mixte . . Gattoletty, lieut., B. 19 août 1812, combat de Valoutina-
Gora.
— De Radowitz, lieut., B. 16 oct. 1813, bataille de Leipzig.

TROUPES POLONAISES

1er Regt d'inf. Mochowski, major, B.
— Bojanowski, capit., A. M., B. ⎫
— Mojaczewski, capit., B. ⎪
— Puchalski, capit., B. ⎪
— Gesler, capit., B. ⎪
— Koczarski, capit., B. ⎬ 23 fév. 1807, combat de Dirschau
Jagodzinski, capit., B. ⎪ (Prusse).
— Tunicki, lieut., B. ⎪
— Typinski, lieut., B. ⎪
— Lassow, lieut., B. ⎪
— Koziarski, s.-lieut., B. ⎪
— Paprocki, s.-lieut., B. ⎭
— Swiezawski, lieut., T. 19 avril 1809, combat de Raszyn
(Pologne).
— Prek, lieut., B. 15 nov. 1812, combat de Minsk (Lithuanie).
— Leszczynski, chef de bat., B. ⎱ 24 nov. 1812, affaire près de Bori-
— Brzozowski, capit., B. ⎰ sow.
— Korczynski, capit., B.
— Prek, lieut., B. ⎰ 28 nov. 1812, bataille de la Béré-
— Bellejewski, s.-lieut., B. ⎱ sina.
— Benezet, s.-lieut., B.
— Kalmikowski, chef de bat., B. ⎱
— Clewski, lieut., B. ⎬ 9 sept. 1813, combat de Loeban.
— Dzierzowski, s.-lieut., B. ⎰
— Kolnasski, capit., B. 18.
— Korczynski (1), capit., B. 19. ⎱ 18 et 19 oct. 1813, bataille de Leip-
Benkowski, lieut., B. 19. ⎬ zig.
— Kasperowicz, lieut., B. 18. ⎰
— Chmielewski, s.-lieut., B. 18.

(1) Le pont de Leipzig ayant sauté, cet officier fut blessé en traversant l'Elster à
la nage.

2ᵉ Régiment. Zeidel, capit., B. 23 fév. 1807, combat de Dirschau (Prusse).

— Rykowsky, capit., B. } 8 mai 1807, siège de Dantzig.
— Chmielewski, lieut., B.
— Oskierko, chef de bat., B. } 14 juin 1807, bataille de Friedland.
— Swinarski, lieut., B.
— Zozawski, lieut., B. } 20 mai 1809, assaut de Zamosc.
— Raynicki. lieut., B.
— Debski (1), capit., T.
— Falinski, capit., T.
— Kosinski, capit., T.
— Denkiert, capit., T.
— Dembinski, capit., T.
— Pluskwinski, lieut., T.
— Zawadski, lieut., T. } 17 août 1812, bataille de Smolensk.
— Jordan, capit., B.
— Sieminski, capit., B.
— Romanowski, lieut., B.
— Winiewski, lieut., B.
— Obrycki, lieut., B.
— Czerwinski, lieut., B.
— Zieneicki (2), capit., T. } 7 sept. 1812, bataille de la Moskowa.
— Sieminski, s.-lieut., T
— Hoffmann, chef de bat., B.
— Jounga, capit., B. } 18 oct. 1812, combat de Winkowo.
— Radomski, lieut., B.
— Wisniecoski, lieut., B.
— Lenkiewicz, lieut., B. 1ᵉʳ oct. 1813, aux avant-postes en Saxe.
— Radomski, lieut., T. 18 oct. 1813, bataille de Leipzig.

3ᵉ Rég¹ (3). Teporowski, lieut., T. 14 juin 1807, bataille de Friedland.
— Deskur, chef de bat., B.
— Kossakowski, capit., B.
— Ossowski, capit., B.
— Tomaszewki, lieut., B. } 26 juin 1809, assaut de Sandomir.
— Kossowski, lieut., B.
— Zawisza, s.-lieut., B.
— Vierzbinski, capit., T.
— Jarocinski, capit., T.
— Podczaski, lieut. B.
— Apoznawski, s.-lieut., B. } 17 août 1812, bataille de Smolensk.
— Ragozinski, s.-lieut., B.
— Tomazewski, capit., T.
— Meyer, capit., T.
— Podzaski, s.-lieut., T. } 7 sept. 1812. bataille de la Moskowa.
— Makomaski, lieut., B.
— Ozarowicz, s.-lieut., B.

(1) Le 5ᵉ corps perdit dans la journée du 17ᵉ août 1812, à Smolensk, 19 officiers tués et 47 officiers blessés.
(2) Cet officier était détaché près du maréchal Davout comme officier de correspondance.
(3) Ce régiment fut licencié en 1813.

3e Régiment. N.   capit., T.
—   N.   lieut., T.
—   Nowicki, capit., B.
—   Kamiewski, s.-lieut., B.   } 18 oct. 1812, combat de Winkowo,
—   Rogozinski, s.-lieut., B.

4e Régiment (1). Stolzer, s.-lieut., T. 14 juin 1807, bataille de Friedland (Prusse).
—   Kozicki (2), capit., T. 11 juillet 1809, aux avant-postes en Espagne
            près de Tolède.
—   Kleniewski, s.-lieut., T.
—   Maziowski, capit., B. (mort le
            19 sept.).
—   Zambriezki, lieut., B. (mort   } 11 août 1809, bataille d'Almonacid
            le 29 nov.).   (Province de Tolède).
—   Gieyzler, lieut., B.
—   Zambrzycki, lieut., B.
—   Kielesza, capit., B.   { 19 nov. 1809, bataille d'Ocana
—   Bikart, lieut., B.   (Province de Tolède).
—   Rylski, chef de bat., B.
—   Plachewski, capit., B.
—   Maruzewski, capit., B.
—   Karsniecki, capit., B.   } 28 nov. 1812, bataille de la Bérésina.
—   Chamski, lieut., B.
—   Mazowiecki, lieut., B.
—   Strachowski, s.-lieut., B.
—   Bronisz, chef de bat., T. 14 janv. 1813, pendant la retraite (Prusse).
—   Przeskodzinski, capit., B.
—   Nieskowski, capit., B.
—   Babski, capit., B.   { 18 et 19 oct. 1813, bataille de
—   Manko, lieut., B.   Leipzig.
—   Turski, s.-lieut., B.
—   Grankowski, s.-lieut., B.
5e Régiment. Dunin, s.-lieut., B.   { 11 mai 1809, combat de Gento-
—   Gerlach, s.-lieut., B.   chowa.
—   Kielkiewicz, s.-lieut., B. 29
            août.
—   Kupse, lieut., B. 29 août.
—   Hann, capit., B. 29 août.
—   Malczewski, capit., B. 29 août.
—   Dybowski, capit., B. 1er nov.
—   Lipinski, capit., B. 1er nov.
—   Katazbinski, capit., B. 1er nov. } 1813, défense de Dantzig.
—   Dybowski, capit., B. 1er nov.
—   Meynier, capit., B. 1er nov.
—   Kiedzinski, capit., A. M. B.
            1er nov.
—   Wagrodski, capit., A. M. B.
            1er nov.

____

(1) Ce régiment est reformé en 1813, des débris des 7e et 9e régiments d'infanterie.
(2) Cet officier était attaché à l'état-major de la division comme adjoint.

5ᵉ Régiment. Hiz, capit., B. 1ᵉʳ nov. } 1813, défense de Dantzig.
— Kalesbinski, capit., B. 1ᵉʳnov. }

6ᵉ Régiment (1). Rykowski, capit., B. 8 mai. }
— Chmielewski, lieut., B. 8 mai. |
— Zarski. capit., B. 20 mai. | mai 1807, siège de Dantzig.
— Pawloski, lieut., B. 20 mai. |
— Hiz, capit., T. } 18 mai 1809, prise de Sandomir.
— Kossakowski, s.-lieut., T. }
— Witwicki, lieut., T. 14 juin 1809, affaire devant Sandomir.
— Swierzinski, lieut., B. }
— Danielecki, lieut., B. |
— Chlinski, s.-lieut., B. } 28 nov. 1812, bataille de la Bérésina.
— Marchocki, s.-lieut, B. |
— Owczarski, capit., B. }
— Drochoiowski, capit., B. } 4 avril 1813. défense de Zamosr.
— Woyciescinski, lieut., B. (mort) }

7ᵉ Régiment (2). Finmann, lieut., B. 2 avril 1809, par des brigands, route de Madrid.
— Wisniewski, capit., T. }
— Tumicki, s.-lieut., T. |
— Wielikotarski, s.-lieut., T. |
— Gaiewski, lieut., T. |
— Hourmawski, lieut., B. (mort } 11 août 1809, bataille d'Almonacid.
le 28 oct.), |
— Sierazewski, s.-lieut., B. |
— Mnyszewski, s.-lieut., B }
— Siérazewski, chef de bat., T. }
— Malczewski, s.-lieut., B. } 19 nov. 1809, bataille d'Ocana.
— Droberynski, s.-lieut, B. }
— Sierazenski, s.-lieut, T. 10 nov. 1810, par des brigands, route de Tolède.
— N., s.-lieut., T. } 9 avril 1812, affaire du défilé de Salinas.
— N., s.-lieut., T. }
— Oranowski, chef de bat., B. }
— Glogewski, capit., B. |
— Blotnitz, lieut., B. } 28 nov. 1812, bataille de la Bérésina.
— Dembicki, s.-lieut., B. |
— Troszewski, s.-lieut., B. }

8ᵉ Régiment. Chudziecki, lieut., T. }
— Debiecki, s.-lieut., T. |
— Deregouski, capit., B. |
— Laszewski, capit., B. } 19 avril 1809, combat de Raszyn.
— Arendt, s.-lieut., B. |
— Bialopiotrowicz, s.-lieut., B. }
— Kossakowski, capit., T. 18 mai 1809, prise de Sandomir.
— Blumberg, capit, T. 1ᵉʳ juin 1812, sur le Niémen, par des cosaques.

---

(1) Licencié en 1813.
(2) Licencié en 1813.

8e Régiment. Debinski, capit., T. 17 août 1812, bataille de Smolensk.
— Skrodzki, lieut.,T.5 sept.1812,étant à l'avant-garde route Borodino.
— Porczynski, capit., T.
— Rykaczewski, lieut., T.
— Zawistowski, lieut , T.
— Bobrownicki, lieut., T.
— Czernicki, lieut., T.
— Luzakowski, lieut., T.

7 sept. 1812, bataille de la Moskowa.

— Kluzewski, capit., B.
— Czernicki, capit., B.
— Clebocki, s.-lieut., B.
— Grygowski, s.-lieut., B.

18 oct. 1812, combat de Winkowo.

— Olechowski, capit., T. 11 nov. 1812, par des cosaques route de Smolensk.
— N., capit., T.
— N., lieut., T.
— Chrzanowski, capit., B.
— Chylinski, capit., B.
— Morawski, lieut., B.

9 sept. 1813, combat de Loeban.

— Daczkowski, capit , A. M., B.
— Kossecki, lieut., B.
— Dejean, lieut., B.
— Olechowski, s.-lieut , B.

18 oct. 1813, bataille de Leipzig.

9e Régiment. (1) Szeloki, chef de bat., B.
— Kierski, capit., B.
— Geister, capit., B,
— Stablewski, capit., B.
— Borkowski, lieut., B.
— Zalewski, lieut., B,
— Rudnicki, lieut., B.
— Dziergowski, s.-lieut., B.
— Paprocki, s.-lieut., B.

23 fév. 1807, combat de Dirschau.

— Zalewski, capit., T,
— Kawiacki, capit., T.
— Stablewski, capit., T.
— Gorzewski, lieut., T.
— Zelski, s -lieut., T.
— Kozutski, lieut., B.

11 août 1809, bataille d'Almonacid.

— Cyprien, capit., T. 14 mars 1811, étant à la poursuite de brigands près de Ronda (Andalousie).
Kamienski, s.-lieut., T. 15 avril 1811, affaire route de Ronda.
— Jazinski, s.-lieut., T. 3 mai 1811, étant en reconnaissance près de Malaga.
— Gorski, capit., B. 14 mars 1811, en rejoignant sa compagnie à Malaga (mort le soir).
— Larose, lieut., T.
— Denkowski, capit., B.
— Switkoswki, s.-lieut., B.

3 juin 1811, combat de Ronda (Andalousie).

(1) Licencié en 1813.

9e *Régiment.* Malinouski, capit., T.
— Chodacki, lieut., T.
— Kluczewski, lieut., T.
— Roman, s.-lieut., T.
— Koziecki, s.-lieut., B.
— Rynarzewski, capit., B.
— Switkowski, lieut., B.

> 4 nov. 1812, combat de Sienna.

> 28 nov.1812,bataille de la Bérésina.

10e *Régiment.* Jankowski, capit., B.
— Zdebinski, lieut., B.
— Gatez, lieut., B.
— Zarlinski, s.-lieut., B.
— Kczewski, s.-lieut., B.

> 3 janv. 1813, combat du pont de Labiau.

— Saterzynski, capit., B.(29 août).
— Bogatho, capit., B. (29 août).
— Jutzenka, capit., B. (28 août).
— Gatez, lieut., B. (29 A.).
— Zdebinski, lieut., B. (29 A.).
— Zbryewski, lieut., B. (29 A.).
— Suffczynski, s-lieut., B. (29 A.).
— Bazinski, s.-lieut., B. (29 A.).
— Rybinski, s.-lieut., B. 29 A.).
— Tonini, s.-lieut., B. (29 A.).
— Gliszynski, s.-lieut., B. (29 A.)
— Kczewski, lieut., B. (29 A.).
— Ponianowski, chef de bat., B. (1er novembre).
— Proprocki, capit., B. (19 nov.).

> 1813, défense de Dantzig.

11e *Régiment.* Antosiewicz, lieut., B. (mort).
Biskupski, capit., B.
— Jeziorkowski, capit., B.
— Dobrogoyski, capit., B.
— Kossecki, lieut., B.
— Dunin, lieut., B.

> 14 mai 1809, défense de la tête du pont de Thorn.

— Senowicz, capit., B. (1er nov.).
— Hwzarziewski, capit.,(1er nov.).
— Pintowski, capit., B. (1er nov.).
— Komalzki, lieut., B. (1er nov.)
— Jankowski, lieut., B. (29 août).
— Husarzewski,capit.,B.(2 sept.).
— Kowalski, s.-lieut., B.(27 oct.).
— Kmita, capit., B. (29 août).
— Ostruszewski, s.-lieut., B. (29 août).

> 1813, défense de Dantzig.

12e *Régiment.* Lubomirski, chef de bat., T.
— Politowski, capit., T.
— Cetkouski, capit., B.
— Jastrzebski, s.-lieut., B.

> 17 mai 1809, attaque de Sandomir.

— Orynski, lieut., B.
— Chlebowski, lieut., B.
— Mrowinski, lieut., B.

> 26 juin 1809, assaut de Sandomir.

12e Régiment. Thiell, s.-lieut., B. 26 juin 1809 assaut de Sandomir.
—   Murzynowski, capit., T. 1809, affaire de Grochow.
—   Podczaski, s.-lieut., T. 1809, combat de Jedlinskicm.
—   Grzymalski, lieut., T. 17 août 1812, bataille de Smolensk.
—   Dziewanowski, lieut.. T.   } 7 sept. 1812, bataille de la Moskowa.
—   Falkowski, lieut., T.   }
—   Denhoff, capit., B.
—   Hilgier, capit., B.
—   Koziarski, capit., B.
—   Hubert, lieut., B.   } 18 oct. 1812, combat de Winkowo.
—   Letowski, lieut., B.
—   Bystzanowski, lieut., B.
—   Suchodolski, major, B. 7 nov. 1812, route de Smolensk.
—   Letowski, lieut., B. 28 nov. 1812, bataille de la Bérésina.
—   N., lieut., T.
—   Jamiszynski, capît., B.
—   Kazubski, lieut., B.   } 9 sept. 1813, combat de Loeban.
—   Garowski, s.-lieut., B.   }   (Saxe).
—   Alkwist, s.-lieut., B.
—   Brzozowski, s.-lieut., B.
—   Clebowski, capit., B.
—   Chmielewski, capit., B.
—   Bratkowski, lieut., B.   } 18 oct. 1813, bataille de Leipzig.
—   Koslowicz, lieut., B.
—   Prolewicz, lieut., B.
13e Régiment. (1) Poninski, capît., B.   } 4 nov. 1812, combat sur le haut Bug.
          Haczewski, lieut., B.   }
—   Zdanowicz, capit., B.   } 15 nov. 1812, combat de Kordanowo.
          Kossecki, s.-lieut., B.   }
          Laski, capit., B.   } 16 août 1812, combat sur le Bug.
—   Koreba, s.-lieut., B.   }
—   Polakiewicz, lieut., B. 26 avril 1813, défense de Zamosc.
14e Régiment. Carol, lieut., B. 14 nov. 1812, route de Minsk.
—   Szukiewicz, s.-lieut., B.   } nov. 1812, devant Bobruisk.
—   Eysen, s.-lieut., B.   }
—   Raczynski, capit., B.   } 21 nov. 1812, combat de Borisow.
—   Heidenriech, s.-lieut., B.   }
—   Carol, lieut., B.   }
—   Loniewski, lieut., B.   } 28 nov. 1812, bataille de la Bérésina
—   Ottowski, lieut., B.   }
—   Kolsbercz, capit., B.   } 18 avril 1813, défense de Witten-
—   Eisemont, s.-lieut., B.   }   berg.
—   Krukiewicz, lieut., B.   } 21 août 1813, combat devant Wit-
—   Valentin, lieut., B.   }   tenberg.
—   Chrzanowski, capit., B.
—   Grebicki, capit., B.   } 18 oct. 1813 bataille de Leipzig.
—   Smolenski, s.-lieut., B.

(1) Ce régiment, étant renfermé dans la place de Zamosc, ne prit aucune part à la campagne de 1813, en Saxe.

14e Régiment. Block, s.-lieut., B.
— Mitrowski, s.-lieut., B.
— Jzdebski, s.-lieut., B.

} 18 oct. 1813, bataille de Leipzig.

15e Régiment. Dembinski, capit.. T.
— Bulewski, s.-lieut., T.
— Le Brun, s.-lieut., B,
— Chotowski, s.-lieut., B.
— D'Hauterive, s.-lieut., B.

{ 17 août 1812, bataille de Smolensk.

— Kasper, capit., B.
— Rozycki, lieut., B.

} 7 sept. 1812, bataille de la Moskowa.

— N., capit., T.
— N., capit., T.
— N. lieut., T.
— Bienacki, chef de bat., B.
— Podczaski, capit., B.
— Meyer, capit., B.
— Barisch, s.-lieut., B.
— Chrzanowski, s.-lieut., B.

18 oct. 1812, combat de Winkowo.

— Mycielski, chef de bat., B. 18 oct. 1812, en inspectant les avant-postes près de Winkowo.
— Albrecht, chef de bat., B. 21 nov. 1812, route de Borisow.
— Bilewski, lieut., B.
— Kossowski, lieut., B.

} 18 avril 1813, défense de Wittenberg.

— N., capit., T.
— Bruchwicki, capit., B.
— D'Hauterive, lieut., B.
— Kaszewski, s.-lieut., B.

} 9 sept. 1813, combat de Loeban.

— Radkiewicz, lieut., B.
— Kossubski, s.-lieut., B.
— Abrecki, s.-lieut., B.

} 18 oct. 1813, bataille de Leipzig.

16e Régiment. Wasilewski, chef de bat., B. (mort).
— Fergiss, lieut., B.
— Maiewski, s.-lieut., B.
— Alexandrowicz, s.-lieut., B.
— Grabowski, s.-lieut., B.

{ 7 sept. 1812, bataille de la Moskowa.

— N., lieut., T.
— Gorski, capit., B.
— Bakiewicz, lieut., B.
— Pietrowski, s.-lieut., B.
— Bogdanski, s.-lieut., B.

{ 18 oct. 1812, combat de Winkowo.

— Grabowski, lieut., B.
— Gierdziewski, s.-lieut., B.
— Dursinski, s.-lieut., B.
— Brzeczinski, s.-lieut., B.

} 9 sept. 1813, combat de Loeban.

— Daïne, chef de bat., B.
— Gorski, capit., B.
— Jelski, capit., B.
— Debowski, capit., B.
— Pietrowski, lieut., B.

} 18 oct. 1813, bataille de Leipzig.

16ᵉ Régiment. Lewskowicz, s.-lieut., B.
    —   Brzozwski, s.-lieut., B. } 18 oct. 1813, bataille de Leipzig.

17ᵉ Régiment. (1) Radwann, s.-lieut., B. } 14 sept. 1812, affaire de Pankra-
    —   Malakouski, s.-lieut., B. } towicz.
    —   Nitowski, lieut., B.
    —   Kuncewicz, s.-lieut., B. } 25 nov. 1812, affaire de Bobr.
    —   Noffok, lieut., B.
    —   Daszkiewicz, lieut., B.
    —   Drobczynski, s.-lieut., B. } 28 nov. 1812, bataille de la Bé-
    —   Jaruzelski, s.-lieut., B. } résina.
    —   Solecki, s.-lieut., B.

Cavalerie.

1ᵉʳ Régiment (Chasseurs) (2). Dombrowski, colonel, B. } 23 fév. 1807, combat
    —   Montrézor, capit., B. } de Dirschau.
    —   Zawadzki, s.-lieut., T. 19 avril 1809, combat de Raszyn.
    —   N., lieut., B. 9 juillet 1812, aux avant-postes, route de Mir.
    —   N., capit., A. M., T.
    —   Montrézor, major, B.
    —   Chylewski, capit., B.
    —   Grochulski, capit., B.
    —   Sutkowski, capit., B. } 10 juillet 1812, com-
    —   Zarski, lieut., B. } bat de Romanow.
    —   Kurowski, lieut., B.
    —   Demoradzki, s.-lieut., B.
    —   Czyzewicz, s.-lieut., B.
    —   Grochulski, capit., A. M., B. } 14 juillet 1812, affaire
    —   Jasinski, lieut., B. } du pont de Romanow.
    —   Jezierski, capit., B.
    —   Stokowski, capit., B. } 18 oct. 1812, combat
    —   Okinski, s.-lieut., B. } de Winkowo.
    —   Jezierski, capit., B.
    —   Brzezawski, capit., B.
    —   Lassowski, capit., B. } 18 oct. 1813, bataille
    —   Bockowski, s.-lieut., B. } de Leipzig.
    —   Krzyzawski, s.-lieut., B.
    —   Kurawski, lieut., B.

2ᵉ Régiment (Lanciers). Sulerzycki, lieut., B. 14 juin 1807, bataille de Friedland.
    —   Trzcinski, capit., B. 23 nov. 1812, reprise de Borisow.
    —   Wlostowski, s.-lieut., B. 28 nov. 1812, bataille de la Bérésina.
    —   Martyszewski, chef d'esc. B. } 18 oct. 1813, bataille
    —   Bzorniski, capit., B. } de Leipzig.

---

(1) Licencié en 1813.
(2· Devenu 1ᵉʳ Régiment de Lanciers le 1ᵉʳ janvier 1814.

2e Régiment (*Lanciers*) . .	Chmyclewski, capit., B.	
—	Watecki, lieut., B.	{ 18 oct. 1813, bataille
—	Goblewski, lieut., B.	de Leipzig.
—	Kuriatkowski, s.-lieut.; B.	}
3e Régiment (*Lanciers*) . .	Noskowski, s.-lieut., B.	4 juin 1809, affaire de Tognobela (Pologne).
	Storymowicz, capit., B.	} 10 juillet 1812, combat de Mir.
—	Naumann, lieut., B.	
—	Leski, lieut., B.	
—	Pestkowski, capit., B.	
—	Radziminski, lieut., B.	
—	Bogatko, lieut., B.	7 sept. 1812, bataille de la Moskowa.
—	Rutkowski, lieut., B.	
	Katerla, s.-lieut., B.	
—	Wierzchlejski, s.-lieut., B.	
	Szczepanski, s.-lieut., B.	
—	Glinski, capit., B.	18 oct. 1812, combat de Winkowo.
—	Biesiekiewski, lieut., A. M. B.	
—	Haryng, lieut., B.	
—	Kozuchowski, capit., B.	9 nov. 1812, route de Smolensk.
—	Ziemecki, chef d'escad., B.	
—	Bogulawski, capit., B.	18 oct. 1813, bataille de Leipzig.
—	Lamparski, s.-lieut., B.	
—	Slotwinski, s.-lieut., B.	
—	Koszucki, s.-lieut., B.	
—	Fryze, s.-lieut., B.	19 oct. 1813, en traversant l'Elster à la nage.
4e Régiment (*Chasseurs*) . .	Walewski, s.-lieut., B.	8 fév. 1807, bataille d'Eylau.
—	Schultz (J.), capit., B.	} 15 mai 1807, combat de Canth.
—	Fialkowski, lieut., B.	
—	Schultz, lieut., B.	
—	Zakrzewski, cap., B.	juin 1809, affaire en Galice.
—	Deverlay, lieut., B.	17 août 1812, bataille de Smolensk.
—	Stadnicki, capit., B.	
—	Kiedzynski, lieut., B.	7 sept. 1812, bataille de la Moskowa.
—	Wolzlegier, lieut., B.	
—	Slomski, s.-lieut., B.	
—	Maczynski, lieut., B.	
—	Boski, s.-lieut., B.	18 oct. 1812, combat de Winkowo.
—	Nowicki, s.-lieut., B.	
—	Delaûn, s.-lieut., B.	21 août 1813, aux avant-postes près de Wettin.
—	Dunin, capit., A. M. B.	
—	Zimmermann, capit., B.	21 août 1813, au poste de Wettin.
—	Orzowski, lieut., B.	
—	Walicki, lieut., B.	
—	Erenterich, s.-lieut., B.	
—	Siemontkowski, colonel, B.	21 oct. 1813, bataille de Leipzig.
—	Bukowski, chef d'escad., B.	

4e Régiment (Chasseurs) .	. Dunin, capit., A. M.. B.	
—	Czarnowski, capit., B.	
—	Sarnecki, lieut., B.	18 oct. 1813, bataille
—	Moroz, lieut., B.	de Leipzig.
—	Kozuchowski, s.-lieut., B.	
5e Régiment (Chasseurs) (1).	Majewski, chef d'escad. B.	
—	Starzynski, lieut., B.	14 juin 1807, bataille
—	Wesolowski, s.-lieut., B.	de Friedland.
—	Wesolowski, lieut., B.	18 avril 1809, engage-
—	Bulewski, s.-lieut., B.	ment de Grzybow.
—	Bulewski, s.-lieut., B. 18 mai 1809, prise de Sandomir.	
—	Kurnatowski, colonel, B.	
—	Fredro, major, B.	18 juillet 1812, com-
—	Siemiatowski, chef d'esc., B.	bat de cavalerie.
—	Suchecki, chef d'escad., B.	
—	Briganty, lieut., T.	
—	Lemiki, capit., B.	
—	Kobuszynski, lieut., B.	
—	Kossowski, lieut., B.	7 sept. 1812, bataille
—	Dabrowski, s.-lieut., B.	de la Moskowa.
—	Olowski, s.-lieut., B.	
—	Jézierski, capit., B.	
—	Rolski, s.-lieut., B.	
—	Jezierski, capit., B.	18 oct. 1812, combat
—	Dembinski, capit., B.	de Winkowo.
—	Bulewski, lieut., B. 6 nov. 1812, route de Smolensk.	
6e Régiment (Lanciers) .	. Kozicki, capit., B. 10 mai 1807, dans les tranchées devant Dantzig.	
—	Suleryzcki, lieut., B. 14 juin 1807, bataille de Friedland.	
—	Pagoski, colonel, B.	
—	Lojewski, chef d'escad. B.	
—	Suminski, chef d'escad. B.	7 sept. 1812, bataille
—	Zabielski, lieut., B.	de la Moskowa.
—	Mierzcyewski, lieut., B.	
—	Kisielski, capit., B.	4 oct. 1812, combat
—	Globewski, lieut., B.	de Woronowo.
—	Oborski, chef d'escad., B.	18 oct. 1812, combat
—	Boski, capit., B. B.	de Winkowo.
—	Globewski, lieut., B. 28 nov. 1812, bataille de la Bérésina.	
—	Suchorzewski, colonel, B.	
—	Mancel, capit., B.	18 oct. 1813, bataille
—	Kolaczkowski, capit., B.	de Leipzig.
—	Uminski, capit., B.	
7e Régiment (Lanciers) (2)	. Grabowski, capit., B.	10 juillet 1812, com-
—	Wilczek, capit., B.	bat de Mir.

(1) Versé au 1er Régiment de Chasseurs en 1813.
(2) Licencié en 1813.

| 7e Régiment (*Lanciers*) | Lasocki, lieut., B. | }
| — | Nestorowicz, s.-lieut., B. | 10 juillet 1812, combat de Mir.
| — | Godlewski, s.-lieut., B. |
| — | Kosko, s.-lieut., B. 6 nov. 1812, aux avant-postes de Mohilow. |
| — | Radoszkowski, capit., B. | 26 nov. 1812, combat route de Borisow.
—	Martiszewski, capit., B.
—	Rudowski, lieut., B.
—	Szemplinski, s.-lieut., B.
—	Medynski, s.-lieut., B. 28 nov. 1812, bataille de la Bérésina.
8e Régiment (*Lanciers*)	Stanowski, capit., B.	27 juil. 1812, combat de Witepsk.
—	Dabrowski, lieut., B.
—	Starozypinski, s.-lieut., B. 27 juillet 1812, étant à l'avant-garde.
—	Miaczynski, capit., B.	7 sept. 1812, bataille de la Moskowa.
—	Rydzewski, lieut., B.
—	Roswadowski, s.-lieut., B	4 oct. 1812, combat de Woronovo.
—	Jankrodzki, s.-lieut., B.
—	Stetkiewicz, s.-lieut., B. 28 nov. 1812, aux ponts de la Bérésina.
9e Régiment (*Lanciers*) (1)	Walknowski, capit., B.	14 août 1812, combat de Krasnoë.
—	Kosminski, s.-lieut., B.
—	Wolski, s.-lieut., B.
—	Ziemiecki, chef d'escad., B.	7 sept. 1812, bataille de la Moskowa.
—	Neyman, capit., B.
—	Zaleski, lieut., B.
—	Borawy, lieut., B.
—	Jaroszewicz, s.-lieut., B.
—	Niemojewski, lieut., A.M. B.	4 oct. 1812, combat de Woronowo.
—	Gzowski, s.-lieut., B.
—	Borowy, s.-lieut., B. 18 oct. 1812, combat de Winkowo.
—	Snayde, lieut., B. 24 mars 1813, défense de Dantzig.
—	Zelinski, chef d'escad. B. 29 août 1813, défense de Dantzig.
10e Régiment (*Hussards*) (2)	Bardzinski, lieut., B.	15 juillet 1812, passage de la Drouika.
—	Wiclenghoff, lieut., B.
—	Rybinski, s.-lieut., B.
—	Ledochowski, capit., B.
—	Bardzinck, lieut., B.	27 juillet 1812, combat de Witepsk.
—	Kosobutzki, s.-lieut., B.
—	Wyrzykowski, s.-lieut., B.
—	Chroscinski, s.-lieut., B.
—	Debinski, chef d'Escadr., B.
—	Zbyszewsk, capit., B.	7 sept. 1812, bataille de la Moskowa.
—	Bardzinski, lieut., B.
—	Beklewski, lieut., B.

---

(1) Ce régiment se trouvait renfermé dans la place de Dantzig, en 1813.

(2) Ce régiment fut versé au 13e régiment de hussards en 1813.

10ᵉ Régiment (Hussards) .	. Kosobutzki, s.-lieut., B.	
—	Laczkowski, s.-lieut., B.	7 sept. 1812, bataille
—	Kroczynski, s.-lieut., B.	de la Moskova.
—	Piskorski, s.-lieut., B.	
—	Bardzynski, s.-lieut., B. 4 oct. 1812, combat de Woronowo.	
—	Druzbacki, s.-lieut., B. 18 oct. 1812, combat de Winkowo.	
11ᵉ Régiment (Lanciers) (1) .	. Wesolowski, capit., B. 10 juillet 1812, combat de Mir.	
—	Smolinski, capit., A. M. B.	
—	Kome de Ségiert, capit., B	
—	Drohojewski, capit., B.	
—	Starzewski, capit., B.	
—	Dulski, lieut., B.	
—	Wadolowski, lieut., B.	
—	Kominski, lieut., B.	7 sept. 1812, bataille
—	Kossakowski, lieut., B.	de la Moskowa.
—	Potulicki, s.-lieut., B.	
—	Czarnek, s.-lieut., B.	
—	Mossckowski, s.-lieut., B.	
—	Zahrzewski, s.-lieut., B.	
—	Krukowicz s.-lieut., B.	
—	Wesolowski, capit., B.	
—	Kozminski, lieut., B.	18 oct. 1812, combat
—	Sobolewski, s.-lieut., B.	de Winskowo.
—	Jaworski, s.-lieut., B.	
12ᵉ Régiment de Lanciers (2).	Zazorski, capit., B.	14 juillet 1812, affaire
—	Lacomicki, capit., B.	du pont de Roma-
—	Krolicki, s.-lieut., B.	now.
—	Strzemboscz, capit., B.	17 août 1812, bataille
—	Zajaczkowski, s.-lieut., B.	de Smolensk.
—	Chobrzynski, capit., B.	
—	Konapacki, lieut., B.	
—	Rehozinski, lieut., B.	7 sept. 1812, bataille
—	Jordan, s.-lieut., B.	de la Moskowa.
—	Malinowski, s.-lieut., B.	
—	Terlicki, capit., B.	18 oct. 1812, combat
—	Modzelewski, lieut., B.	de Winkovo.
—	Druzbacki, lieut., B. 28 nov. 1812, aux ponts de la Bérésina.	
13ᵉ Régiment (Hussards) .	. Kisielnicki, capit., B. 5 août 1812, étant en reconnaissance.	
—	Porczynski, s.-lieut., B.	7 sept. 1812, bataille
—	Bialorkurski, s.-lieut., B.	de la Moskowa.
—	Lirzowski, capit., B.	18 oct. 1812, combat
—	Pagoski, lieut., B.	de Winkovo.
—	Owziany, s.-lieut., B.	

---

(1) Ce régiment fut versé au 3ᵉ régiment de Lanciers en 1813.
(2) Ce régiment fut versé en 1813, au 8ᵉ Lanciers.

13ᵉ Régiment (Hussards) . . Gutakowski, major B. 22 oct. 1813, combat de Dohna.

— Jordan, chef d'escad., B.
— Suchodolski, capit., B.   } 6 nov. 1813, défense de Dresde.
— Starowski, lieut., B.

14ᵉ Régiment (Cuirassiers) . . Wotowicz, chef d'escad. B.
— Sucbecki, capit., B.   } 7 sept. 1812, bataille de la Moskowa.
— Narowski, s.-lieut., B.

— Wotowicz, chef d'escad. B.   (18 oct. 1812, combat
— Karczewski, s.-lieut., B.   (de Winkowo.

— Wotowicz, chef d'esc. B. 19.
— Dunin, capit., B. 19.   16 et 19 oct. 1813, ba-
— Goleiewski, lieut., B. 19.   taille de Leipzig.
— Romer, s.-lieut., B. 16.

15ᵉ Régiment (Lanciers) . . Rozicki, lieut., B. 13 sept. 1812, affaire près de Mohilow.

— Jagniatkowski, s.-lieut., B. 28 nov. 1812, bataille de la Bérésina.

— Czarnecki, lieut., A. M. B. 9 déc. 1812, affaire près de Wilna.

16ᵉ Régiment (Lanciers) . . Tarnowski, colonel, B.   } 18 juillet 1812, com-
— Trzebinski, s.-lieut., B.   }   bat de Mir.

— Nowicki, capit., B.
— Odyniec, lieut., B.
— Zalewski, s.-lieut., B.   } 7 sept. 1812, bataille de la Moskowa.
— Lubkowski, s.-lieut., B.
— Bartosiewiecki, s.-lieut., B.

— Lexinski, capit., B.   (18 oct. 1812, combat
— Lenkiewiez, lieut., B.   (de Winkowo.

— Chrzaszcz, lieut., B. 6 nov. 1812, par des cosaques pendant la retraite.

— Bakka, lieut., B. 5 fév. 1813, combat devant Dantzig.

— Mominsko, chef d'escad. B.
— Radzinski, capit., B.   } 17 oct. 1813, combat devant Dresde.
— Suchodolski, s.-lieut., B.

— Tarnowski, colonel B.
— Mikuszewski, chef d'escad. B.
— Sokolnicki, capit., B.   } 6 nov. 1813, défense de Dresde.
— Brochocki, lieut., B.
— Lenkiewiez, lieut., B.

Régᵗ de Cracus (dit d'av.-ᵍᵃʳᵈᵉ) (1). N., lieut., T.
— Zostal, capit., B.   } 18 août 1813, combat en Saxe.
— Kimbar, s.-lieut., B.

— Walicki, lieut., B. 27 août 1813, aux avant-postes en Saxe.

— Redzina, capit., B.
— Sumanowicz, capit., B.   } 18 oct. 1813, bataille de Leipsig.
— Walicki, lieut., B.

(1) Ce régiment est devenu le 1ᵉʳ janvier 1814, — 3ᵉ Régiment d'Eclaireurs de la Garde Impériale.

Rég^t de Cracus (dit d'av.-gar^{de}) Zalewski, s.-lieut., B. 28 mars 1814, combat de Clayes.

1er Régiment de Hussards (1). Szelinski, s.-lieut., B. 1807, combat devant Kosel.

1er Regiment (Lanciers) (2) . Wezolowski, chef d'escad., B, ⎰ 20 mars 1814, combat
— Murzinowski, lieut., B. ⎱ d'Arcis-sur-Aube.
— Madalinski, chef d'escad., B. ⎱
— Ohrocki, capit., B. ⎰ 7 mars 1814, bataille
— Brzezawski, capit., B. de Craonne.

2e Régiment (Lanciers) (2) . Siemontkowski, colonel, B.
— Bukowski, chef d'escad., B.
— Grodziewski, capit., B. 7 mars 1814, bataille
— Zawadzki, lieut., B. de Craonne.
— Zylewski, lieut., B.
— Wide, s.-lieut., B.

Artillerie.

Régiments a pied et à cheval. Chmielewski, capit., T. 15 juin 1809, devant Sandomir.

— Lubiewski, s.-lieut., T. 26 juin 1809, devant Sandomir.

— Frieski, lieut., B. 19 nov. 1809, bataille d'Ocana (mort le 27 déc.).

— Chrzanowski, lieut., T. ⎱ 17 août 1812, bataille
— Wasowicz, s.-lieut., B. ⎰ de Smolensk.
— Czajkowski, s.-lieut., T. ⎱
— Radziszewski, capit., B. ⎰ 7 sept. 1812, bataille
— Zagorski, lieut., B. de la Moskowa.
— Zaluski, lieut., B. (mort le 28 déc.).
— Sczanowinski, capit., B. 28 nov. 1812, bataille
— Swiergocki, lieut., B de la Bérésina.
— Grobleski, s.-lieut., B.
— Oskierko, capit., T. 29 nov. 1812, affaire près de Czeryhowem.

Génie.

Bataillon de Sapeurs . . . Lubiewski, capit., T. 23 juin 1809, devant Sandomir.

(1) Ce régiment a été licencié après la campagne de 1807.

(2) Les 1er et 2e Régiments de Lanciers ont été formés en janvier 1814, des debris de la Cavalerie Polonaise.

TROUPES LITHUANIENNES

Régiment de chasseurs à pied(1). Peski, major, B
— Roman, capit., B.
— Ciechniecki, lieut., B.
} 28 nov. 1812, bataille de la Bérésina.

— Mogelnicki, capit., B.
— Czaplinski, capit., B.
— Plater, lieut., B.
— Woytkiewicz, lieut., B.
{ 10 déc. 1812, combat devant Wilna.

— Strupinski, s.-lieut., B.
— Karszynicki, capit., B.
— Sulkowski, capit., B.
{ 11 déc. 1812, affaire route de Kowno.

— Mirski, lieut., B. 14 déc. 1812, par des cosaques sur le Niemen.

18ᵉ Régiment d'infanterie . Roland, major, B.
— Walewski, capit., B.
— Sudz, lieut., B.
— Stetkiewicz, s.-lieut., B.
{ 10 déc. 1812, défense de Wilna.

— Loutkiewicz, lieut., B.
— Kupse, lieut., B.
} mars 1813, défense de Modlin.

19ᵉ Régiment . . . . . . Radwan, capit., B.
— Stroza, capit., B.
— Zerowski, lieut., B.
} 10 déc. 1812, défense de Wilna.

— Amandowicz, capit., B. 13 déc. 1812, affaire route de Kowno.

— Narbut, capit., B. 29 janv. 1813, route de Modlin.

— Korwel, lieut., B. 2 mars 1813, affaire devant Modlin.

20ᵉ Regiment . . . . . . Paradowski, capit., B. 16 nov. 1812, affaire près de Slonim.

— Walicki, major, B.
— Wide, capit., A. M., B.
— Zabiello, capit., B.
— Szukiewicz, capit., B.
— Skorupski, lieut., B.
{ 26 nov. 1812, au pont de Borisow.

— Rymbarski, capit., B. 8 déc. 1812, route de Wilna.
— Milkulski, s.-lieut., B. 12 déc. 1812, route de Kowno.

21ᵉ Régiment. . . . . . . Polczynski, capit., B.
— Popiel, s.-lieut., B.
} 29 nov. 1812, combat devant Minsk.

— Wagrodski, capit., B.
— Zawisza, capit., B.
} 11 déc. 1812, affaire route de Wilna.

— Suchodolski, capit., B.

(1) Ce regiment a eté forme en 1812, à Wilna des 1ᵉʳ, 2ᵉ, 3ᵉ, et 4ᵉ bataillons de chasseurs à pied.

22e Régiment.	Fryderycy, capit., B.	
—	Kisielnicki, capit., B.	15 nov. 1812, combat de Koidanovo.
—	Lulewicz, s.-lieut.. B.	
—	Olesza, s.-lieut., B.	
—	Lewartowski, capit.,A.M.,B.	17 nov. 1812, combat devant Mohilow.
—	Kozłowski, capit., B.	
—	Dunin, capit., B.	17 nov. 1812, combat devant Mohilow.
—	Haller, lieut., B.	
—	Andrychewitz, major, B.	11 déc. 1812, affaire route de Kowno.
—	Boguski, capit., B.	
—	Lowick, lieut., B.	

Cavalerie.

17e Régiment (Lanciers) . .	Vernet, lieut., B. 13 fév. 1813, combat de Zirne.	
—	Remisza, capit., B. 12 mai 1813, affaire près d'Allembourg.	
—	Vernet, lieut., B. 22 août 1813, dans une reconnaissance près de Hambourg.	
—	Bochnadowich, lieut., B.	10 déc. 1813, affaire de Schestedt (Danemarck).
—	Chyrosz, s.-lieut., B.	
—	Kurdzikowswi, s.-lieut., B.	
18e Régiment (Lanciers) (1) .	Dzyminski, capit., B.	28 nov. 1812, bataille de la Bérésina.
—	Lappa, capit., B.	
—	Pohorecki, lieut., B.	
—	Miller, s.-lieut., B.	
—	Domaniewski, capit., B. 9 déc. 1812, route de Wilna.	
19e Régiment (Lanciers) (2) .	Katerla, capit., B.	28 nov. 1812, bataille de la Bérésina.
—	Moraczewski, lieut., B.	
—	Janowicz, lieut., B. janv. 1813, affaire de Rasztock.	
—	Plendus, capit., B.	13 fév. 1813, combat de Zirne.
—	Iwanicki, capit., B.	
20e Régiment (Lanciers) (3) .	Bernowicz, capit., B.	10 déc. 1812, combat devant Wilna.
—	Golejowski, capit., B.	
—	Jodko, s.-lieut., B.	
—	Kluczenski, lieut., B. 13 déc. 1812, route de Kowno.	

Gendarmerie (4).

Compagnies.	Milajewski, capit., B.	19 oct. 1812, affaire de Slonim.
—	Lagewnicki, lieut., B.	
—	Prozinski, capit., B.	12 nov. 1812, affaire près de Minsk.
—	Wiszniewski, s.-lieut., B.	

(1) Ce régiment a été versé en 1813, au 6e régiment de Lanciers.
(2) Ce régiment a été versé en 1813, au 17e régiment de Lanciers.
(3) Ce régiment a été versé en 1813, au 16e régiment de Lanciers.
(4) La gendarmerie Lithuanienne forma en 1813 un escadron qui fit la campagne de Saxe.

Compagnies	Ratzynski, chef d'escad., B.	
—	Jesman, capit., B.	
—	Ciundziewicki, lieut., B.	28 nov. 1812, bataille de la Bérésina.
—	Kapucinski, lieut., B.	
—	Plewako, s.-lieut., B.	
—	Scalewski, capit., B.	
—	Kohozewicz, capit., B.	28 nov. 1812, aux ponts de la Bérésina.
—	Korzak, capit., B.	
—	Wóynicki, s.-lieut., B.	
—	Niezakitowski, major, B.	9 déc. 1812, en avant de Wilna.
—	Polubinski, capit., B.	10 déc. 1812, défense de Wilna.
—	Szyszko, lieut., B.	
Garde Nationale de Wilna .	Bohl, capit., B.	10 déc. 1812, défense de Wilna.
—	Huryn, lieut., B.	

TROUPES BAVAROISES (1)

Infanterie.

1er Régiment.	Taufkirch, lieut., B.	
—	Theim, lieut., B.	15 et 16 mai 1807, affaire de Salzbrunn, près de Käntz.
—	Besserer-Thalfingen, lieut., B.	
—	Kieffer, s.-lieut., B.	
2e Régiment.	De Miller, capit., B.	5 mai 1809, combat d'Abtenau (Tyrol).
—	Brakl, lieut., B.	
—	Grow, lieut., B. 17 août 1812, bataille de Polotsk.	
—	Gumpenberg, lieut., B. 4 nov. 1812, affaire contre des cosaques.	
—	Boeleacker (2), capit., B. 28 nov. 1812, aux ponts de la Bérésina (mort le 19 janv. 1813).	
3e Régiment.	Zintl, lieut., B. déc. 1806, combat de Zollgrün (Silésie).	
—	Meyer (3), lieut., B. 20 mai 1813, bataille de Bautzen (mort le 28).	
4e Régt (4).	N. capit., B.	
—	De Wager, capit, B.	
—	N. lieut., B.	
—	N. lieut., B.	14 mai 1807, combat de Siérok.
—	N. lieut., B.	
—	N. lieut., B.	
—	N. s.-lieut., B.	
—	N. s.-lieut., B.	

(1) Nous exprimons nos remerciements à M. le colonel Staudinger, directeur des archives de la guerre à Munich, pour les renseignements complémentaires qu'il a bien voulu nous fournir sur les troupes Bavaroises.

(2) Cet officier est mort de ses blessures étant prisonnier de guerre.

(3) Bataillon de réserve.

(4) 8 officiers blessés d'après l'état numérique.

4° *Régiment*. N.   capit., B. 16 mai 1807, affaire de Pultusk.
—   Hagenicht (1), lieut., B. 8 juin 1813, aux avant-postes en Saxe.
5° *Régiment*. Caspers, s.-lieut., B. 2 déc. 1805, combat de Salzbourg.
—   Zwilling, lieut., B. 24 juin 1812, affaire contre des cosaques près de Korkling.
6° *Régiment*. Franz-Bauer, lieut., B. 20 avril 1809, aux avant-postes, près d'Abensberg.
—   Durschl, capit., B. 10 juillet 1809, bataille de Znaïm.
—   Sturm, lieut., B.
—   Straub, s.-lieut., B.   } 24 mars 1813, défense de Thorn.
—   Sak, s.-lieut., T. 15 avril 1813, défense de Thorn.
7° *Régiment*. Friderico, lieut., B. déc. 1806, siège de Breslau.
—   Galler, lieut., B. (mort le 26).
—   Wagner, lieut., B.   } 16 mai 1807, combat de Pul-
—   Schmidt, lieut., B.   }   tusk.
—   Friderico, lieut., B.   } 19 avril 1809, combat d'Abens-
—   Merk, lieut., B.   }   berg.
—   Widnmann, s.-lieut., B.   }
—   Cte de Taxis, col. B. (mort 23 mai).
—   De Gedoni, major, B.
—   Xylander, capit., B.
—   Fortis, capit., B.
—   De Wallraff, capit., B.
—   Schmitz, lieut., B.
—   De Laszberg, lieut., B.   24 avril 1809, combat de Neu-
—   Dettenhoffer, lieut., B.   marck.
—   Saint-Sauveur, s.-lieut., B.
—   De Hacke, s.-lieut., B.
—   Steidl, s. lieut., B.
—   Schmeckenbecker, s.-lieut., B.
—   Weiland, s.-lieut., B.
—   Koeppelle, s.-lieut., B.
—   Wallraff, capit., B.
—   Wagner, capit., B.
—   Ferrary, s.-lieut., B.
—   Ebner, s.-lieut., B.   10 juillet 1809, bataille de
—   Weinberger, lieut., B.   Znaïm.
—   Grebner, lieut., B.
—   Pirkner, s.-lieut., B.
—   Schintling. capit., disparu.   } 18 août 1812, bataille de Po-
—   Steidl, lieut., disparu.   }   lotsk.
—   Baumann, capit., T.
—   De Saint-Sauveur, capit., B.
—   Weinberger, lieut., B. et D.   18 et 19 oct. 1812, combat de
—   Moszel, lieut., B.   Polotsk.
—   Burger, lieut., B.
—   De Deltsch, lieut., B. 20 oct. 1812, aux avant-postes, Polotsk.
—   Rieger, s.-lieut., B. oct. 1812, par des cosaques.

____

(1) Bataillon de réserve.

7e *Régiment.*	Pirkner, lieut., disparu.	} déc. 1812, disparus pendant la retraite.

7e Régiment. Pirkner, lieut., disparu.
— Kergoth, s.-lieut., disparu. } déc. 1812, disparus pendant la retraite.
— Pfordten, s.-lieut., T. 9 fév. 1813, défense de Thorn.
8e Régiment. Weidmann, capit., B. 5 mai 1809, combat d'Abtenau (Tyrol).
— Breden, lieut., B (mort le 19). } 18 août 1812, bataille de Polotsk.
— De Harscher, capit., B.
— Strobel, s.-lieut., T.
— Hebel, capit., B. (mort). } 21 mai 1813, bataille de Bautzen.
— De Stoeckl, lieut., B.
10e Régiment. De Zoller, capit., B. 23 déc. 1806, siège de Breslau.
— Cte Preysing, colonel, B. } 19 avril 1809, combat de Landshut.
— De Henhuber, capit., B.
— Wink, capit., B.
— De Bach, capit., B.
— De Voith, capit., B.
— Böks, lieut., B. } 29 mai 1809, combat d'Isel (Tyrol).
— Cte Morawitzky, lieut., B.
— De Pernat, lieut., B.
— De Hafenbradl, s.-lieut., B.
— De Bach, capit., T.
— Cte Morawitzky, s.-lieut., T. } 30 août 1809, retraite vers la Bavière.
— De Hafenbrädl, s.-lieut., T.
— De Stromer, capit., B. (mort le 10). } 8 août 1809, affaire du pont de Landeck (Tyrol).
— De Peter, lieut., B.
— Mayer, capit., B.
— Hauhenhausen, lieut., B.
— Meixner, lieut., B. } 18 août 1812, bataille de Polotsk.
— Greifenstein, lieut., B.
— Hasenbradl, lieut., B.
— Schedl, lieut., B.
11e Rég^t (1). Bauer, capit., B. } 18 août 1812, bataille de Polotsk.
— Hirschberg, capit., B.
— De Zobel, capit., B.
— Hautmann, chirurg. M. B.
— Stengel, lieut., B. (mort le 5 sept.). } 18 août 1812, bataille de Polotsk.
— De Thonus, lieut., B.
— Seipel, lieut., B.
— Siry, s.-lieut., B.
— De Zobel, capit., B. (mort le 22).
— Grosgebauer, major, B.
— Rittmann, capit.,
— De Molitor, capit.,
— Erthl, capit., } 19 oct. 1812, combat de Polotsk.
— De Lilgenau, capit.,
— De Kuepach, lieut.,
— Klein, lieut.,
— Hohbach, s.-lieut.,
— Siry, s.-lieut.,

---

(1) Ex 13e régiment d'infanterie. Devenu 11e régiment en 1811.

11e Régiment. Gresser (1), lieut., B. 4 déc. 1812, près de Smorgoni (Lithuanie).

12e Régt (2). . Pompei, colonel, B.
—   N.   lieut., B.   } 5 déc. 1805, affaire de Stecken.

13e Régt (3). . De Mann-Tiechler, capit., B.
Voir 11e Régt 1811).   } 30 déc. 1806, siège de Breslau.
—   De Zobel, lieut., B.
—   Oehninger, s.-lieut., T.
—   Stengel, lieut., B.   16 mai 1807, affaire de Pultusk.
—   Kochtizky, s.-lieut., B.
—   Kampfel, lieut., B. 20 avril 1809, combat d'Abensberg.
—   Molitor, lieut., B. 21 avril 1809, aux avant-postes à Landshut.
—   De Palm, major, B. (mort le 15
—   août).
—   De Horn, capit., B.
—   De Zobel, capit., B.
—   De Storkenau, capit., B.
—   Erthel, lieut., B.
—   De Molitor, lieut., B.
—   Schropp, lieut., B.   10 juil. 1809, bataille de Znaïm.
—   Klein, lieut., B.
—   Stengel, s.-lieut., B.
—   De Gebsattel, s.-lieut., B.
—   Vieille, s.-lieut., B.
—   Muszig, s.-lieut., B.
—   De Pelkoven, s.-lieut., B.
—   De Markreither, s.-lieut., B.

13e Régt (4). : Willkomm (5), lieut., B. 20 nov. 1812, combat de Ponewicz
(Formation de 1811).   (près de Riga).

13e Régiment. Schnizlein, lieut., B.
—   Burkhard, lieut., B.   } 5 janv. 1813, affaire de Bra-
—   Rummel, s.-lieut., B.   denbourg.
—   Bosch, capit., B.
—   Besserer, lieut., B.   } 5 mars 1813, combat devant
—   Kœnig, lieut., B.   Dantzig.
—   Geisenheim, capit., B.   } 29 mars 1813, combat de Gol-
—   Scheerer, lieut., B.   ditz (Dantzig).
—   Doderlein (6), lieut., B.   } 21 mai 1813, bataille de Wurs-
—   Hauszler, lieut., B.   chen.
—   Fahrbeck, capit., B. 2 sept.
—   De Schallern, lieut., B. 2 sept.
—   Schegk, lieut., T. 10 oct.
—   Muck, lieut., B. 10 oct.   } 1813, défense de Dantzig.
—   Fahrbeck, capit., B. 1er nov.
—   Fritscher, lieut., B. 1er nov.

---

(1) Blessé par des cosaques.
(2) Ce régiment fut licencié après la campagne de 1805, par mesure de discipline.
(3) Le 13e régiment d'infanterie devient 11e régiment en 1811.
(4) Ex 14e régiment d'infanterie.
(5) 1er et 2e bataillons à Dantzig.
(6) Le bataillon de réserve prend part à la campagne de Saxe (12e corps)

14ᵉ Régᵗ. (1). Fortemps, major, B.
(prend le nᵒ 13, en 1811).

—   Fürstenwerther, capit., B.
—   Bosch, lieut., B.
—   Streim, lieut., B.
—   Forster, lieut., B.
—   Besserer, lieut., B.
—   Faber, lieut., B.
—   De Assimont, lieut., B.

} 22 avril 1809, bataille d'Eckmühl.

—   De Assimont, lieut., B. 17 juillet 1809, dans une reconnaissance en Tyrol.

1ᵉʳBatᵒⁿ d'inf.lég. de Hertling, lieut.-colonel, B. 18 août 1812, bataille de Polotsk.
—   Kirchhofer, lieut., B. 24 déc. 1812, pendant la retraite.

3ᵉ Bataillon. De Freyberg-Gifenberg, lieut., B. 14 avril 1809, affaire d'Amberg
—   De Freyberg-Gifenberg, lieut., B. 7 juillet 1809, combat dans le Tyrol.

4ᵉ Bataillon. Hosaker, lieut., T. 18 août 1812, bataille de Polotsk.
—   De Fortis, major, B. 21 mai 1813, bataille de Wurtzchen.

5ᵉ Bataillon. De Bucholtz, lieut., B. 19 avril 1809, combat d'Abensberg.
—   Tritchler, s.-lieut., B. 18 oct. 1812, combat de Polotsk.

6ᵉ Bataillon. Palm, major, B.
—   Ziwny, lieut., B.

} 11 mai 1809, passage de Lofer.

—   Frankl, lieut., B.
—   Rimaltowski, lieut., B.
—   Döbel, lieut., B.

} 10 juillet 1809, bataille de Znaïm.

Cavalerie.

1ᵉʳ Régiment de Chevau légers. De Nesselrode-Hugenpoet, chef d'escad., B. 5 déc. 1805, affaire de Stecken.

—   De Schmalz, capit., B.
—   De Gayling, capit., B.
—   Holbeck, capit., B.
—   De Woldendorff, lieut., B.
—   Schoenfeld, lieut., B.

} 7 sept. 1812, bataille de la Moskova.

—   Koch, lieut., B.
—   De Ruffin, lieut., B.
—   Wolff, lieut., B.
—   De Mannlich, lieut., B.
—   De Fossing-Seefeld, lieut., B.
—   De Wedekind, lieut., B.

} 7 sept. 1812, bataille de la Moskowa.

2ᵉ Régiment . . . . . Creutzer, lieut., T. 31 mai 1807, affaire près de Glatz.

—   Bougniette, capit., T.
—   Moll, lieut., T.
—   De Rassler, major, B.
—   N.   lieut., B.

} 22 avril 1809, bataille d'Eckmühl.

—   Polland, capit., T.
—   Bernard, major, B.

} 7 sept. 1812, bataille de la Moskova.

---

(1) Ce régiment devient 13ᵉ régiment d'infanterie en 1811.

2e Régiment de Chevau-Légers. De Magerl, lieut., B.
— Willinger, lieut., B.
— Graf, s.-lieut., B.
— N.   s.-lieut., B.

} 7 sept. 1812, bataille de la Moskowa.

3e Régiment . . . . . . N.   lieut., T.
— De Froideville, capit., B. (mort le 23 mars).

} 9 fév. 1807, affaire sur la Wartha.

De Klendgen, lieut., B. 30 oct. 1805, affaire de Salsbourg.
— Baumgartner, capit., T. 20 avril 1809, combat d'A-bensberg.
— Boy, capit., T.
— Rueff, capit., T.

{ 21 avril 1808, combat de Landshut.

— Bruckner, lieut., B. 10 juillet 1809, bataille de Znaïm.
— Spengel, lieut., B. 25 juillet 1812, étant à l'avant-garde.
— Ritter, chef d'escad., B. (mort le 13 oct.).
— Hilbert, chirurg. M., B.

} 7 sept. 1812, bataille de la Moskowa.

— Herting, lieut., B. 3 nov. 1812, combat de Wiasma.
4e Régiment. . . . . . . Frehman (1), capit., B. 25 juillet 1812, affaire route de Witepsk.
— N.   lieut., B. 1er sept. 1812, route de Moscou.
— De Zandt, major, B.
— Truchses, lieut., B.
— Bierman, lieut., B.

} 7 sept. 1812, bataille de la Moskowa.

— De Forster, lieut., B. 3 janv. 1813, route de Koe-nigsberg.
5e Régiment . . . . . . De Lindenau, colonel, B. 20 avril 1809, combat d'Abensberg.
— Ritter, capit., B. 13 mai 1809, affaire de Wörgl.
— Lowenstein, lieut., T. 15 mai 1809, combat de Schwatz.
— Von-der-Marckam, lieut., T. 11 juillet 1809, bataille de Znaïm.
— Rittmann, major, B.
— Troemer, lieut., B. (mort le 4).

{ 3 nov. 1812, combat de Wiasma.

— Pfitzer, lieut., T. 28 novembre 1812, bataille de la Bérésina.
6e Régiment . . . . . . De Kracht, capit., B. 18 oct. 1805, affaire dans le dans le Tyrol.
— Muffel, lieut., B. 21 avril 1809, affaire de Schierling.
— Schiffmann, capit., B. (mort le 6 mai).
— Molter, lieut., B.

} 22 avril 1809, bataille d'Eckmühl.

— Berri-della-Bosia, s.-lieut., B. 11 août 1809, affaire de Schonberg (Tyrol).
— Spengel, lieut., 25 juillet 1812, aux avant-postes, près de Mohilow.

____

(1) Blessé dans une charge contre de la Cavalerie Russe.

6ᵉ Régiment . . . . . . Schneiderbanger (1), lieut., B. 3 nov. 1812, combat d'Orcha (mort le 4).

Artillerie.

Artillerie. . . . . Régnier, capit., B. 14 mai 1807, combat de Kanth (Silésie).
— Weishaupt, capit., B. } 6 sept. 1813, bataille
— Neumann, lieut., B. } de Juterbock.

TROUPES SAXONNES

Infanterie.

Regᵗ de Grenadiers à pied. (Garde Royale). . de Bose, capit., T.
— De Kiesenwetter, capit., B.
— De Metzradt, lieut., B.
— De Schweinitz, lieut., B.
— De Dressler et Scharffenstein, lieut., B. } 5 et 6 juillet 1809, bataille de Wagram.
— De Jeschky, lieut., B.
— De Jeschky, s.-lieut., disparu.
— De Langenau, s.-lieut., B.
1ᵉʳ Regiment (du Roi) (2). . De Egidy, enseigne, B. (mort le 19).
— De Landsberg, lieut., B. et disparu. } 6 juillet 1809, bataille de Wagram.
— Marchal de Bieberstin, s.-l., B.
— De Schlieben, major. B. } 27 juillet 1812, combat de Kobryn.
— Hille, lieut., B.
2ᵉ Régiment (Prince Antoine). De Tiling, capit., B. } 6 juillet 1809, bataille de Wagram.
— De Steindel, lieut., B.
— De Wurmb, s.-lieut., B. } 14 nov. 1812, combat de Wolkowisk.
— De Metzsch, s.-lieut., B.
— Crausshaer, capit., B. 6 sept. 1813, bataille de Juterbock.
— Boos, lieut., B. } 18 oct. 1813, bataille de Leipzig.
— De Wurmb, lieut., B.
3ᵉ Regᵗ (Prince Maximilien). De Borberg, major, B.
— De Gossnitz, capit., B. } 6 juillet 1809, bataille de Wagram.
— Von der Mosel, capit., B.
— De Elterlein, lieut., B.

---

(1) Cet officier était détaché comme officier d'ordonnance près du Prince Eugène.

(2) Un bataillon de ce régiment est passé à l'ennemi le 18 août 1812 (1ᵉʳ Bataillon).

3e Rég^t (Prince Maximilien). Laue, s.-lieut., B
— Bohme, s.-lieut., B.
— De Milkau, s.-lieut., B.
— De Metzsch, s.-lieut., B.
} 6 juillet 1809, bataille de Wagram.

4e Rég^t(Pr^ce Frédéric-Auguste). De Larisch, s.-lieut., B. 6 juillet 1809, bataille de Wagram.

— De Zanthier, major, B.
— Angermann, capit., B.
— De Zeschau, s.-lieut., B.
— De Egidy, s.-lieut., B.
} 13 fév. 1813, combat de Kalisch(Pologne).

— Zinkernagel, capit., T. 30 sept. 1813, défense du pont de Wartembourg.

— Hartitzch, capit., B.
— Klotz, lieut., B.
— Klengel, lieut., B.
— Przygrodski, lieut., B.
} 18 oct. 1813, bataille de Leipzig.

5e Rég^t (Prince Clément) . De Selchow, lieut.,
— De Huhnerkopp, lieut.,
} 6 juillet 1809, bataille de Wagram.

— De Nodhausen, s.-lieut., B. 14 nov. 1812, combat de Wolkowisk.

— N. lieut., B. 18 oct. 1813, bataille de Leipzig.

6e Rég^t (de Rechten) (1) . De Roder, lieut., B. (mort).
— De Francken, s.-lieut., B. (mort).
— De Drandorff, s.-lieut., B. (mort).
— De Jeschky, s.-lieut., B. (mort).
} 14 nov. 1812, combat de Smoliany (Lithuanie).

— N. lieut., B. 23 août 1813, affaire de Gross-Beeren.
— N. capit., B.
— N. lieut., B.
} 6 sept. 1813, bataille de Juterbock.

— N. lieut., B. 18 oct. 1813, bataille de Leipzig.

7e Rég^t (de Nieusemeuschel). De Bunau, capit., B.
— De Kyaw, lieut., B.
— De Petrikowsky, enseigne B.
} 6 juillet 1809, bataille de Wagram.

— De Schlieben, major B.
— De Dalwitz, s.-lieut., B.
— Richter, s.-lieut., B.
— De Brandenstein, s.-lieut., B.
} 27 juillet 1812, combat de Kobryn.

— N. lieut., B. 18 oct. 1812, combat de Biala.
— Goetz, lieut., B. 6 sept. 1813, bataille de Juterbock.
— N. lieut., B.
— N. lieut., B.
} 18 oct. 1813, bataille de Leipzig.

8e Régiment (de Low) . De Bose, major, B.
— De Polenz, major, B.
— De François, capit., B.
} 6 juillet 1809, bataille de Wagram.

(1) La brigade Saxonne à la bataille de la Bérésina se composait des régiments de Rechten et de Low.

8ᵉ Régiment (de Low)	De Hausen, capit., B.	
—	De Schmieden, lieut., B. et disparu.	
—	De Salza et Lichtenau, lieut., B.	6 juillet 1809, bataille de Wagram.
—	Winter, s.-lieut., B.	
—	Saint-Père de Ohain, s.-lieut., B.	
—	De Salza et Lichtenau, enseigne, B.	
—	Schutz, s.-lieut., B. 6 sept. 1813, bataille de Juterbock.	
—	N. capit., B.	18 oct. 1813, bataille de Leipzig.
—	N. capit., B.	
9ᵉ Régiment (de Steindel).	Dachlinsky, capit., B.	6 sept. 1813, bataille de Juterbock.
—	Kayser, lieut., B.	
—	N. lieut., B.	
—	Stalterheim, capit., B.	18 oct. 1813, bataille de Leipzig
—	Selmnitz, lieut., B.	
10ᵉ Régiment (de Cerrini).	De Bose, capit., B.	6 juillet 1809, bataille de Wagram.
—	Von der Planitz, enseigne, B.	
1ᵉʳ Rég¹ d'infanterie légère (1).	De Wedell, s.-lieut., B. 12 août 1812, combat de Podobna (Lithuanie).	
—	De Sommerfeld, lieut., B. 18 oct. 1812, combat de Kliniki.	
—	De Bulow, major, B.	
—	De Sperl, capit., B.	15 nov. 1812, combat de Wolkowisk.
—	De Logau, lieut., B.	
—	De Holzendorff, s.-lieut., B.	
—	De Polenz, s.-lieut., B.	
—	Schellig, lieut., B. 23 août 1813, affaire de Gross-Beeren.	
—	D'Egidy, major, B.	
—	Enilwaldt, capit., B.	6 sept. 1813, bataille de Juterbock.
—	Holzendorf, lieut., B.	
—	Suhart, lieut., B.	
—	Vilaub, lieut., B.	
—	N. lieut., B. 18 oct. 1813, bataille de Leipzig.	
—	Schellig, lieut., T. 5 nov. 1813, défense de Torgau.	
2ᵉ Régiment	De Tettenborn, colonel, B.	
—	Haynemann, capit., B.	
—	De Bunau I, capit., B.	18 oct. 1812, combat de Biala.
—	De Zeschau, lieut., B.	
—	De Brandenstein, lieut., B.	
—	De Zychlinski, lieut., B.	
—	Berlohren, s.-lieut., B.	
—	Hannemann, capit., B.	13 fév. 1813, combat de Kalisch.
—	De Bunau II, capit., B.	
—	Selmnitz, major, B. 6 sept. 1813, bat. de Juterbock.	

(1) Le régiment a été sabré par la cavalerie ennemie à Juterbock.

2ᵉ Régiment	Zgeszlinsky, lieut., B.	
—	Belzlsthlegel, lieut., B.	} 6 sept. 1813, bataille de Juterbock.
—	Hille, lieut., B.	
—	Demiani, lieut., B. 18 oct. 1813, bataille de Leipzig.	
*Bataillons combinés d'infant*ʳⁱᵉ.	De Stutterheim, major, B.	
—	De Brause, capit , B.	
—	De Lindemann, capit., B.	
—	De Klauer, s.-lieut., B.	
—	De Schindler, enseigne, B.	} 5 et 6 juillet 1909, bataille de Wagram.
—	De Schléger, capit., diparu.	
—	De Köckritz, lieut., disparu.	
—	De Polenz, s.-lieut., B. et disparu.	
—	De Larisch, capit., T. 18 oct. 1812, combat de Biala.	
Bataillons de tirailleurs. . .	De Lenz, lieut., T.	
—	De Dierschen, s.-lieut., T.	
—	Henigk, lieut., B.	
—	De Egidy, lieut., B.	
—	De Zichlinski, s.-lieut., B.	
—	De Dieskau, s.-lieut., B.	} 5 et 6 juillet 1809, bataille de Wagram.
—	De Below, lieut., disparu.	
—	De Scheubner, s.-lieut., disparu.	
—	De Oelschlägel, s.-lieut., disparu.	
—	Kandler, enseigne disparu.	
Bataillons de Grenadiers . .	Einsidel, major B.	{ 12 juin 1809, combat de Wilsdruff(Saxe).
—	Kaiser, enseigne B.	
—	De Radeloff, major, B.	
—	De Lichtenhayn. capit., B.	
—	De Kaiserlingk, lieut., B.	
—	De Neitzchütz, lieut., B.	
—	Von der Mosel, s.-lieut., B.	} 5 et 6 juillet 1809, bataille de Wagram.
—	De Jagemann, s.-lieut., B.	
—	De Gablenz, s.-lieut., B.	
—	De Salza et Lichtenau, I, s.-lieut., B.	
—	De Salza-et-Lichtenau, II, s.-lieut., B.	
—	De Wurmb, major, B.	
—	Geibler, capit., B.	} 14 nov. 1812, combat de Wolkowisk (Lithuanie).
—	De Zeidlitz, lieut., B.	
—	De Nauendorff, s.-lieut., B.	
—	De Buchner, s.-lieut., B.	
—	De Kömeritz (1), major, B. 28 août 1813, affaire devant Lukau (Saxe).	

.(1) Blessé par un parti de cosaques.

Cavalerie.

Régiment des Gardes du corps.	De Browne, lieut.-colonel, B.	
—	De Leyser, major, B.	
—	De Unruh, capit., B.	5 et 6 juillet 1809, bataille de Wagram.
—	De Hoyer, capit., B.	
—	De Böhlau, capit., B.	
—	De Briesen, lieut., B.	
—	De Bunau, s.-lieut., B.	
—	De Wietersheim, s.-lieut., B.	7 sept. 1812, bataille de la Moskowa.
—	De Goldacker (1), capit., T.	3 nov. 1812, à Orscha (Russie).
—	De Barenstein, lieut., T.	
—	De Klengel, s.-lieut., T.	26 nov. 1812, à la Bérésina.
—	Ronow de Bierbestein, s.-lieut., T.	
Rég^t de cuirassiers de la Garde.	De Liebenau, s.-lieut., T.	
—	Sahrer de Sahr, s.-lieut., B. (mort le 20).	
—	De Petrikowski, colonel, B.	
—	De Grunenwald, lieut.-colonel B.	5 et 6 juillet 1809, bataille de Wagram.
—	De Taucher, capit., B.	
—	De Ziski, capit., B.	
—	De Taubenhaim, lieut., B.	
—	Eckardt, lieut., B.	
—	De Voydt, s.-lieut., B.	
—	De Oertzen, s.-lieut., B.	
Rég^t de Cuirassiers de Zastrow.	De Lehmann, major, B.	1er juin 1809, affaire d'Amstetten (Autriche).
—	De Einsiedel, s.-lieut., T.	
—	Von der Heyde, s.-lieut., T.	5 et 6 juillet 1809, bataille de Wagram.
—	De Hollenfer, s.-lieut., T.	
—	Von-der-Schulenberg, s.-lieut., B.	
—	De Budberg, s.-lieut., T.	26 nov. 1812, combat de Studjanka (Lithuanie).
—	De Nockenthin, s.-lieut., T.	
—	De Bronikowski, s.-lieut., T.	
Rég^t de Chev.-Légers (de Polenz).	Ulrich, lieut., B.	12 août 1812, combat de Podobna (Lithuanie).
—	De Burleben, lieut., B.	
—	Krug de Nidda, II. capit., B.	21 sept. 1812, surprise de Nieswicz (Lithuanie).
—	De Trotha (2), major, T.	12 oct. 1812, combat de Biala (Lithuanie).

---

(1) Cet officier a été tué en chargeant avec plusieurs officiers sur un groupe de cosaques.

(2) Cet officier a été tué dans une affaire contre des cosaques,

Régiment (1)   —(P^ce Clément). De Gecka, capit., B. 17 mai 1809, combat de Lintz (Autriche).

—   D'Oertzen, s.-lieut., B.
—   De Barenstein, s.-lieut., B.   } 5 et 6 juillet 1809, ba-
—   De Hardenberg, s.-lieut., B.   } taille de Wagram.
—   De Grégory, s.-lieut., B.
—   De Schweinitz, s.-lieut., T. 25 juillet 1812, combat de Iwanowo (Lithuanie).
—   De Gottschalk, capit., B.
—   De Ludwiger, lieut., B.   } 27 juillet 1812, com-
—   De Bruck, s.-lieut., B.   } bat de Kobryn (Li-
—   De Hagke, s.-lieut., B.   } thuanie).
—   De Pflugk, capit., B.   } 14 nov. 1812, combat
—   De Gabain, s.-lieut., B.   } de Wolkowisk.
—   De Tannhoff, capit., B.
—   De Kochtitzy, capit., B.   } 23 août 1813, affaire
—   De Ploetz, lieut., B.   } de Gross-Beeren.

Régiment   — (P^ce Albert). De Fehrentheil, lieut., B. 25 mai 1809, combat de Nellendorf (Autriche).
—   De Carlowitz, s.-lieut., B. 6 juillet 1809, bataille de Wagram.

Régiment   — (P^ce Jean). De Watsdorff, s.-lieut., B.
—   De Zirkel, lieut., B.   } 6 juillet 1809, bataille
—   Edler Von-de-Planitz, s.-lieut., B.   } de Wagram.
—   De Kleist, s.-lieut., B.
—   De Rayski, colonel B. (mort le 26 janvier 1813).
—   De Landnust, capit., disparu.
—   De Globig, lieut., disparu.
—   De Nostitz, lieut., disparu.
—   De Wiedebach, lieut., dis-   } 28 nov. 1812, bataille
         paru.   } de la Bérésina.
—   De Heldreich, s.-lieut., disparu.
—   De Gladis, s.-lieut., disparu.
—   De Brochowski, s.-lieut., disparu.

Régiment de Hussards (2). . De Seld, cornette, B. 30 avril 1809, combat de Schönberg (Autriche).
—   Liebeskind, lieut., B. 25 mai 1809, combat de Lel-lendorff (Autriche).
—   Feilitzsch, lieut., B. 30 mai 1809, combat près de Zittau (Saxe).
—   Tauberhaim, capit., B. 10 août 1812, combat de Pruszana (Lithuanie).

---

(1) A la fin de 1812, le régiment de chevau-legers (Prince Clément) fut armé de la la lance et transformé en régiment des Uhlans.

(2) La brigade de cavalerie et l'artillerie passèrent a l'ennemi sur le champ de ba-taille de Leipzig le 18 octobre 1813.

Régiment de Hussards. . . . De Grettritz et Neuhaus, major, B. 21 sept. 1812, surprise de Nièswiecz (Lithuanie).

Artillerie.

Artillerie. . . . . Cötzel, s.-lieut., B. 14 nov. 1812, combat de Wolkowisk (Lithuanie).

— Raab, lieut.-colonel, B. 21 mai 1813, bataille de Wurtzen (Saxe).

— Kunen, lieut., B. 23 août 1813, affaire de Gross-Beeren.

Génie.

Ingénieur. . . . . Oberreit, capit., B. 6 sept. 1813, bataille de Juterbock.

TROUPES WURTEMBERGEOISES

Infanterie.

2e Régiment. . . . . . . De Bose, capit., B.
— De Molsberg, capit., B.
— De Stadlinger, lieut., B.
— Hansler, lieut., B.
— Gunther, lieut., B.
— Guntner, lieut., B.
— Kranz, lieut., B.
— Rueff, lieut., B.

6 sept. 1813, bataille de Juterbock (Denewitz).

1er Bataillon de Chasseurs. . Hoffman, lieut., B.
— Zschoh, lieut., B.

24 juin 1807, attaque de Glatz.

1er Bataillon léger. . . . . De Schlegel, lieut., T. 17 août 1812, affaire de Katan (Lithuanie).

Cavalerie.

3e Régiment de Chasseurs. . De Gremp, capit., B. 5 juillet 1812, affaire d'avant-garde (Lithuanie).

— Bartz, lieut., A. M., T. 8 août 1812, aux avant-postes (Lithuanie).

— De Tungern, lieut., B. 3 oct. 1812, aux avant-postes en avant de Moscou.

Artillerie. . . . . Brandt, capit., B. mai 1807, au siège de Neiss Silésie).

TROUPES HESSOISES (1)

1er Régt d'infanterie (Gardes).	De Follenius, major, B.	21 mai 1809 bataille d'Essling près de Vienne.
—	Metzler, lieut., B.	
—	Frésenius, lieut., B.	21 mai 1809, bataille d'Essling, près de Vienne.
—	De Stosch, lieut., B.	
—	Bechtatt, lieut., B.,	
—	Hallwachs, lieut., B.	
—	Coppet, capit., B.	
—	Kekulé, capit., B. (mort le 26)	3 juin 1809, combat de Presbourg (Autriche).
—	Kullmann, lieut., B.	
—	Lyncker, lieut., B.	
—	Seitz, lieut., B.	
—	Metzler, lieut., T.	
—	Purgold, lieut., T.	
—	Weller, capit., B. (mort le 22)	
—	Kullmann, lieut., B. (mort le 22).	
—	Köhler, major, B.	
—	Strecker, capit., B.	6 juillet 1809, bataille de Wagram.
—	Wachter, capit., B.	
—	De Rosenberg, lieut., B.	
—	De Zwierlein, lieut., B.	
—	De Perglas, lieut., B.	
—	Schmidt, lieut., B.	
—	Zeitz, lieut., B.	
—	De Stosch, lieut., B.	
—	De Zwierlein, lieut., T. 11 juillet 1809, bataille de Znaïm.	
—	Send, lieut., B. 24 sept. 1812, affaire près de Moscou.	
—	Seyd, lieut., B. 25 sept. 1812, combat de Wurzewa, près de Moscou.	
—	Gangloff, lieut., B. 17 nov. 1812, combat devant Krasnoë (Russie).	
—	De Follenius, colonel, B.	2 mai 1813, bataille de Lutzen (Saxe).
—	Glassmacher, lieut., B.	
—	Lier, lieut., B.	
—	De Schwarzenau, capit., T.	
—	Hoffmann, lieut., B. (mort).	18 oct. 1813, bataille de Leipzig.
—	De Rosenberg, capit., B.	
—	De Stosch, capit., B.	

(1) Les listes ci-dessus concernant les régiments d'infanterie Hessoises annulent celles qui figurent dans nos tableaux des officiers tués et blessés.

1er Rég¹ d'infanterie (gardes).	Lindenstruth, lieut., B.	18 oct. 1813, bataille de Leipzig.
—	Gottwerth, lieut., B.	
2e Rég¹ d'infanterie (de corps).	Kuhlmann, capit., T.	
—	Kœniger, capit., B.	22 mai 1809, bataille d'Essling, près de Vienne.
—	Stumpff, lieut., B.	
—	Lesch de Muhlheim, lieut., B.	
—	Gottwerth, lieut., B.	
—	Westerweller, lieut. A. M., B.	3 juin 1809, combat de Presbourg (Autriche).
—	Rotsmann, lieut., B.	
—	Meyer, lieut., B.	
—	Godecke, capit., T.	
—	Du Puis, capit., T.	
—	Hallwachs, lieut., T.	6 juillet 1809, bataille de Wagram.
—	Kleingelhoefer, lieut., T.	
—	Lehmann, lieut., B. (mort le 24).	
—	Scharnhorst, major, B. (mort le 24).	
—	Merk, capit., B. (mort le 22).	
—	Beck, lieut., B. (mort le 24).	
—	Kroh, lieut., B. (mort le 23).	
—	Mossler, capit., A. M., B.	
—	Raabe, capit., A. M., B.	
—	Wachter, lieut., B.	
—	Kilian, lieut., B.	6 juillet 1809, bataille de Wagram.
—	Moter, capit., A. M., B.	
—	Seipp, lieut., B.	
—	Chelius, lieut., B.	
—	Weber, lieut., B.	
—	Rothsmann, lieut., B.	
—	Geyer, lieut., B.	
—	Eckardt, lieut., B.	
—	Raabe, capit., B. (mort).	
—	Stumpff, capit., B. (mort).	
—	Gottwerth, lieut., B. (mort).	
—	De Rabenau, lieut., B. (mort).	
—	Sommer, lieut., B. (mort).	17 nov. 1812, bataille de Krasnoë (1).
—	Weidig, lieut., B. (mort).	
—	Hallwachs, lieut., B. (mort).	
—	Hoff, lieut., B. (mort).	
—	Heim, lieut., B. (mort).	
—	Voigt, lieut., B.	
—	Peppler, lieut., B.	
—	Liebknecht, lieut. T.	
—	Roeder, capit., B.	2 mai 1813, bataille de Lutzen (Saxe).
—	Kilian, lieut., B.	
—	Heydte, lieut., B.	
—	Gehren, lieut., B.	

(1) Tous les officiers blessés le 17 nov. 1812, à Krasnoë, moururent le même jour dans l'incendie de la baraque qui servait d'Hôpital, à l'exception de MM. Voigt et Peppler.

*2e Rég*t *d'infanterie (de Corps).*	Moter, lieut., B. 18.	
—	Kilian, lieut., B. 18.	18 et 19 oct. 1813, bataille de Leipzig.
—	Gerlach (J. A.), lieut., B. 19.	
*3e Rég*t *provis. d'inf. légère* (1).	Schäffer, capit., B.	
—	Meyer, capit., B.	
—	Westerweller, lieut., B.	
—	Akmus, lieut., B.	
—	Voigt, lieut., B.	2 mai 1813, bataille de Lutzen.
—	Schmidt, lieut., B.	
—	Rothsmann, lieut., B.	
—	Graff, lieut., B.	
—	Muhler, lieut., B.	
—	De Dressel, lieut., T.	18 oct. 1813, bataille de Leipzig.
—	Diez, lieut., B.	
4e Régiment d'infanterie (2).	Meyer, Lieut., B. 14 oct. 1806, bataille d'Iéna.	
—	Edling, lieut., B.	22 janvier 1807, siège de Graudenz.
—	Scriba, s.-lieut., B.	
—	Götz, capit., B., 29 janv. 1807, combat de Gatsch.	
—	Zimmermann, capit., B.	16 mars 1807, combat de Neudorf (Silésie)
—	Lembke, capit., B.	
—	Döll, capit , B., (mort le 10 août),	28 juillet 1809, bataille de Talavera de la Reyna.
—	Grubel, capit., B.	
—	Maurer, lieut., B.	
—	Damm, lieut., B.	
—	Gunther, lieut., B. (mort le 7 sept.).	11 août 1809, bataille d'Almonacid.
—	Eysermann, major, B.	
—	Kœniger, capit., B.	
—	Eckstein, lieut., T.	19 nov. 1809, bataille d'Ocand.
—	Fenner, capit., B.	
—	Schwaner, capit., B.	
—	Maurer, lieut., B.	
—	Kirchhoffer, lieut., B.	
—	Gran, capit., B. 24 sept. 1810, défense de Rielves (Espagne).	
—	De Lehrbach, capit., B., 29 juillet 1811, combat de Naval-Moral.	
—	Zumbach, lieut., B.	19 mars 1812, défense de Badajoz.
—	Voigt, lieut, B.	
—	Smalkader, chef de batt., T.	6 avril 1812, assaut de Badajoz.
—	Schultz, capit., A. M. T.	
—	de Schaffer, capit., T.	

(1) Ce régiment formé en 1812 des bataillons de fusiliers-gardes et de fusiliers-corps, prend le titre de régiment de fusiliers-gardes, le 17 juin 1813.

(2) Les pertes du 4e Régiment de 1808 à 1812, en Espagne, furent de 9 officiers tués ou morts de leurs blessures et de 23 officiers blessés.

4e Régiment d'infanterie . . Klingelmann, capit., B.,
(mort le 7).
— Schwaner, capit., B., (mort le 8).
— De Lehrbach, capit., B.
— Sekenberg, lieut., B.
— Maurer, lieut., B
— Besserer, lieut , B.
— Venator, lieut., B.
— Scheidt, lieut., B.

6 avril 1812, assaut de Badajoz.

— Wolf, lieut., B. 6 août 1812, combat de Pancorbo.
Régiment de Chevau-Légers . De Breidenbach, lieut., B. 1er avril 1807, à Kirchbrombach. .
Artillerie. . . . . Muller, capit., B. 18 oct. 1813, bataille de Leipzig.

TROUPES BADOISES

1er Régt d'infrie. De Freydorff, capit., B. 11 juillet 1809, bataille de Znaïm (Autriche).
2e Régiment. Neusser, lieut., B.
— De Nass, lieut., B.

} 3 fév. 1807, combat de Dirschau (Prusse).

4e Régiment (1). De Porbeck, colonel, T. 28 juillet 1809, bataille de Talavera de la Reyna.
— De Hammerer, capit., assassiné le 9 nov. 1810, à Consuegra.
— Schondal, capit., T. 31 août 1813, combat sur la Bidassoa.
— De Stockhorn, capit., T. 28 juillet 1809, bataille de Talavera de la Reyna.
— Mayer, lieut., A. M. T. 19 nov. 1809, bataille d'Ocana.
— Barth, lieut., T. 28 juillet 1809, bataille de Talavera de la Reyna.
— Brackenheimer, assassiné, le 1810, à l'Escurial.
— Dornbluth, lieut., T. 28 juillet 1809, bataille de Talavera de la Reyna.
— Hérès, lieut., assassiné le 15 mai 1810, à Puerto-Lapiche.
— Schulz, lieut., T. 20 nov. 1810, par des brigands route de Madridejos.
— Seitz, capit., T. 21 juin 1813, bataille de Vittoria.
— Victor, lieut., assassiné, le à Bilbao.
— Bécher lieut . T, le à Zamora.
— Bruckner, L, capit., B. le mort des suites à Tolède.
— Obermaier, lieut., B. le mort à Arroyo del Puerto.
— Hennig, major, B. 19 nov. 1809, bataille d'Ocana.
— Eichrod, chef de bat., B. 31 août 1813, combat sur la Bidassoa.

(1) Ce régiment perdit 10 officiers blessés à Talavera de la Reyna, 1 officier tué et 3 officiers blessés à Ocana, 1 officier blessé à Illiescas, 5 officiers tués ou blessés à Vittoria.

4ᵉ Régiment. Bruckner, II, capit., B.
— De Holzeng, capit., B.
— De Horadam, capit., B.
— De Kammerer, capit., B.
— Messbach, capit., B.
— De Nyvenheim, capit., B. 28 juillet 1809, bataille de Talavera de la Reyna, mort à la suite de tortures subies à Mora (Province de Tolède).
— Schach, capit., B.
— Walbrunn, capit., B. 30 déc. 1812, affaire près d'Aranjuez.
— De Holzeng, lieut., B.
— Pecher, lieut., B.
— Schreiber, lieut., B. 31 oct. 1808, combat de Durango.
— Seitz, lieut., B.
— Baier, lieut., B.
— Brauer, lieut., B.
— Eichrodt, I, lieut., B.
— Eichrodt, II, lieut., B.
— Fischer, lieut., B.
— Géhres, lieut., B.
— Hoffmann, lieut., B.
— Jaudas, lieut., B.
— Knapp, lieut., B.
— Sach, lieut., B.
— Bomatsch, cadet, B.
— N., lieut., B, 25 juillet 1812, affaire près d'Illiesca (Tolède).
Régᵗ de Dragons N., lieut., B. 12 oct. 1813, dans une charge de cavalerie à Ponitz.
Artillerie . Bender, lieut., assassiné ⎫ 1ᵉʳ fév. 1810, à Santa-Maria (Anda-
— Zeitler, lieut., assassiné ⎭ lousie).

TROUPES DES PRINCES DE LA CONFÉDÉRATION DU RHIN

Infanterie.

2ᵉ Régiment (Nassau) . . . . . De Berminger, capit., B. 6 mars 1810, combat de Cifuentès (Guadalajara).
— N., lieut., B. 26 nov. 1810, affaire de Cilas, près de Cifuentès.
3ᵉ Régiment (Wurtzbourg) (1). . Geither, capit., B. 19 sept. 1809, siège de Gérone (mort le 6 oct).

---

(1) 1ᵉʳ Bataillon en Espagne, 2ᵉ, 3ᵉ bataillons à la 32ᵉ division, 7ᵉ corps, Grande Armée, 4ᵉ bataillon à Modlin et 5ᵉ bataillon à Torgan.

3e Régiment (Vurtzbourg).	N., capit., B. N.. lieut., B.	24 août 1810, à la Croix de Faline, près de Girone.
—	Baunach, capit., B. Nickels, chef de bat., B. Engelbrecht, capit., B. De Bruck, capit., B. Herring, lieut., B. Knoer, lieut., B. De Waldenfels, lieut., B. Schenk, lieut., B. Deisenberge r, s.-lieut., B. De Luz, s.-lieut., B. Borst, lieut., B. Weiser, lieut., B.	15 nov. 1812, combat de Wolkowisk.
—	Weisskopf, capit., B. De Cantler, capit., B. Meer, s.-lieut., B.	16 nov. 1812, prise de la ville de Wolkowisk.
—	N., capit., B.	13 fév. 1813, combat de Kalisch.
—	Gussbacher, lieut., B. Geigel, lieut., B.	22 mai 1813, combat de Reichenbach.
—	Roillet, capit., B, Christ, lieut., B. Muller, s.-lieut., B. De Rednitz, s.-lieut., B.	23 août 1813, affaire de Gross-Beeren.
—	Jager, lieut., B.	8 juillet 1813, combat de la Salud (Catalogne).
—	Schenk, lieut., T. Brentano, s.-lieut., T. Nickels, chef de bat. B.	6 sept. 1813, bataille de Juterbock.
—	Meer, capit., B. De Waldenfels, lieut., B. Behringer, lieut., B. Hefner, s.-lieut., B	16 et 18 oct. 1813, bataille de Leipzig.
4e R.gt (Maisons Ducales de Saxe).	De Meyerhoff, capit., T.	10 mars 1810, par des brigands, près de Médinia (Catalogne).
—	D'Egloffstein, capit., B. De Planckner, capit., B. Fœrster, capit., B.	5 mars 1813, défense de Dantzig.
—	Matuschka, capit., B. Hoym, lieut., B. Lossint, s.-lieut., B. Schneider. s.-lieut., B.	27 août 1813, combat de Lubnitz près de Magdebourg.
—	Lange, lieut., B.	déc. 1813, défense de Magdebourg.
5e Régiment Anhalt et Lippe.	Falkmann (1), lieut., B.	4 août 1809, au pont d'Unterau (Tyrol).

----

(1) Servait près du général Rouyer, comme aide de camp.

	Karl, capit., B.	⎫ 14 et 15 sept. 1810,
	Wittbourg, capit., B.	⎬ combat de Palamos
		⎭ (Catalogne).

— De Klaette, capit., B. 9 juin 1813, défense de Dantzig.

6ᵉ Rég̣ᵗ (Schwartzbourg Waldeck exᵃ). Ludovic, lieut., B. 12 juillet 1809, aux avant-postes en Espagne (mort le 23).

— De Wasdorff, major, B. 22 janv. 1811, défense de Palamos (Catalogne).

	Kretschmar, capit., B.	
	Then, capit., B.	
	De Heeringen, capit., B.	
	De Lamerz, capit., B.	4 fév. 1813, combat
	De Schauroth, capit., B.	devant Dantzig.
	Senft de Pilsach, lieut., B.	
	Kuhn, lieut., B.	

7ᵉ Régᵗ (Mecklembourg-Schwerin). De Wickede, capit., B. 14 déc. 1812, à la montée de Kowno (Lithuanie).

— N., lieut., B. 15 déc. 1812, route de Kowno au Niemen (Lithuanie).

Régiment de Francfort . . . . . N., lieut., B. 17 mars 1809, combat de Messa de Ibor.

| | N., capit., T. | ⎫ 28 juil. 1809, bataille |
| | Taustein, capit., B. | ⎬ de Talavera de la Reyna. |

— Hérès, lieut., T. (massacré), 21 mai 1810, route de Consuégra (Tolède).

— Fritsch, major, B. 27 juin 1810, au poste d'Almagro (Manche).

— N., lieut , assassiné le 18 août 1811, à Madrid, en assistant à une course de taureaux.

	N., lieut., B.	⎫ 22 sept. 1811, combat
	N., lieut., B.	⎬ d'Almagro (Manche).
	Barkhausen, capit. T.	⎫ 10 déc. 1812, combat
	N., lieut., B.	⎬ devant Wilna.

Cavalerie

Escadron de Wurtzbourg (1).   Ziegler, lieut., B. | ⎫ 2 mai 1813, bataille
(Chevau légers) | ⎬ de Lutzen.
— Gunther, lieut., B. |

---

(1) Cet escadron était attaché au quartier général du 3ᵉ corps (Ney).

TROUPES AUTRICHIENNES

19e Régiment d'infanterie. (Alvintzy)	. . Koch, capit., B.	
—	Mihich, capit., B.	
—	Mentzer, capit., B.	
—	Hinschall, lieut., B.	
—	Srbuhovitz, lieut., B.	
—	Hruska, lieut., B.	12 août 1842, combat de Podobna (Li- thuanie).
—	Gergich, lieut., B.	
—	Bellety, lieut., B.	
—	Groszmann, lieut., B.	
—	Bogovich, lieut., B.	
—	Billohabek, lieut., B.	
—	Drosday, s.-lieut., B.	
—	Steecke, s.-lieut., B.	
—	Kanck, s.-lieut., B.	

TROUPES PRUSSIENNES

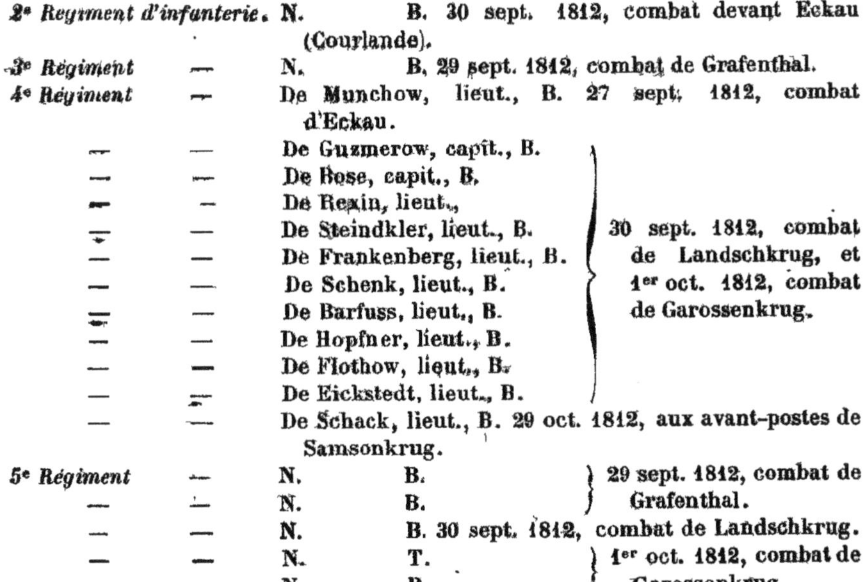

2e Régiment d'infanterie.	N.	B. 30 sept. 1812, combat devant Eckau (Courlande).		
3e Régiment	—	N.	B. 29 sept. 1812, combat de Grafenthal.	
4e Régiment	—	De Munchow, lieut., B. 27 sept. 1812, combat d'Eckau.		
—	—	De Guzmerow, capit., B.		
—	—	De Bose, capit., B.		
—	—	De Rexin, lieut.,		
—	—	De Steindkler, lieut., B.		30 sept. 1812, combat de Landschkrug, et 1er oct. 1812, combat de Garossenkrug.
—	—	De Frankenberg, lieut., B.		
—	—	De Schenk, lieut., B.		
—	—	De Barfuss, lieut., B.		
—	—	De Hopfner, lieut., B.		
—	—	De Flothow, lieut., B.		
—	—	De Eickstedt, lieut., B.		
—	—	De Schack, lieut., B. 29 oct. 1812, aux avant-postes de Samsonkrug.		
5e Régiment	—	N.	B.	29 sept. 1812, combat de Grafenthal.
—	—	N.	B.	
—	—	N.	B. 30 sept. 1812, combat de Landschkrug.	
—	—	N.	T.	1er oct. 1812, combat de Garossenkrug.
—	—	N.	B.	

6e Régiment.	—	N.	T. 27 sept. 1812, combat d'Eckau.
—	—	N.	B. 29 sept. 1812, combat de Grafenthal.
—	—	N.	B.
—	—	N.	B.
—	—	N.	B.
—	—	N.	B.
—	—	N.	B.

> 1er oct. 1812, combat de Garossenkrug.

Bataillon de Chasseurs	De Clausewitz, major, B. 5 août 1812, affaire près d'Eckau.
7e Bataillon de fusiliers.	N. — B. 26 sept. 1812, affaire près d'Eckau (Garossenkrug).
— —	N. — B. 1er oct. 1812, combat d'Eckau.
2e Régiment de Dragons.	N. — B. 27 sept. 1812, combat d'Eckau.
1er Régiment de Hussards.	N. — B. 5 juillet 1812, affaire de Ponewicz (Courlande).
— —	De Podscharly, lieut., T.
— —	Westpal, lieut., B.

> 28 déc. 1812, combat près de Tilsitt.

3e Régiment	—	N. — B. 26 sept., 1812, affaire près d'Eckau.
—	—	N. — B.
—	—	N. — B.

> 30 sept. 1812, combat de Landschkrug.

Artillerie.	—	N. — B 30 sept. 1812, combat de Landschkrug.

XX

Errata concernant le précédent volume de nos tableaux des officiers tués et blessés pendant les guerres de l'Empire (1805-1815).

Page

12. — Bisson, blessé le 31 octobre 1805 ; *lire :* blessé le 1er novembre.

13. — Verdier, blessé le 18 ; *lire :* blessé le 16.

14. — Morand (J.), tué le 2 avril 1813 ; *lire :* blessé le 2 avril 1813, mort le 5 à Boitzenbourg (Elbe).

21. — Charbonnel, blessé 1811 ; *lire :* blessé le 21 juillet 1810 et le porter à la page 20.

21. — Lanabère, tué ; *lire :* blessé et mort le 16.

21. — De Lepel, tué ; *lire :* blessé et mort le 21.

22. — Dziewanowski, blessé le 28 ; *lire :* blessé le 21 à Borisow.

28. — Pellegards, blessé (mort le 7) ; *lire :* mort le 6.

28. — Durel, blessé (mort le 28) ; *lire :* blessé et non mort.

29 — Briatte ; *lire :* Briatte (cadet) ;

29. — Tengnagelez ; *lire :* Tengnagell.

31. — Méry, blessé combat en Calabre ; *lire :* blessé combat route de Castrovillari à Romano.

31. — Bergonzoni, lieut. (Italien) ; *lire :* lieut. (Polonais).

31. — Hauké, colonel ; *lire :* colonel (Polonais).

31. — De Laroche, blessé 1807 ; *lire :* blessé le 8 juin 1807.

Page

32. — Niou, assassiné près de Valence : *lire* : assassiné au village de Chiva.

32. — Caignel, assassiné, juillet 1808 ; *lire* : assassiné le 29 juillet.

32. — Métiflot, assassiné combat de Burgos ; *lire* : assassiné par des brigands route de Castraniero, près de Burgos.

32. — De La Valette, blessé affaire de Pallo-Rinca ; *lire* : blessé à Santo-Domingo.

32. — Levasseur, blessé par des brigands Espagnols ; *lire* : blessé près de Médina-del-Rio-Secco.

33. — Fontaine (1), tué le 31 mars 1809, en Galice ; *lire* : assassiné le 28 mars 1809, près de Espinaredo, route du Ferrol.

33. — 23 mai 1809, combat d'Inspuck (Tyrol) ; *lire* : 19 mai 1809, combat et prise d'Inspruck.

35. — Dembenski, blessé le 16 ; *lire* : tué le 17.

35. — Périé, blessé ; *lire* : tué.

35. — Fougy ; *lire* : Cromont de Fougy.

36. — Pichon, chef de bat. (Napolitain) ; *lire* : chargé du cabinet topographique du Roi de Naples.

38. — Delahaye, blessé le 9 ; *lire* : blessé le 10.

41. — Laborde, noyé en 1806 ; *lire* : noyé en mai 1806, étant en mission.

41. — Forestier, blessé 1806 ; *lire* : blessé le 16 avril 1806.

41. — Destrès ; *lire* : Desbrest.

41. — Drouot de Lamarche ; *lire* : officier d'ordonnance de l'Empereur.

42. — Laborde ; *lire* : Rottier de Laborde.

42. — Salomon ; *lire* : Salomon de Feldeck.

42. — Léboistel, tué à Heilsberg ; *lire* : de Boistel, tué à Friedland.

42. — Micheler, tué ; *lire* : blessé et mort le 21.

43. — Menou, tué juillet 1808, Catalogne ; *lire* : tué le 17 juillet 1808, entre Bellegarde et Figuières.

44. — Hervouet, combat de Saybo ; *lire* : Seybo.

44. — Lameth, tué 31 mars 1809 ; *lire* : blessé 31 mars 1809, mort le 14 avril.

45. — Le Bourgoing ; *lire* : de Bourgoing.

46. — Zacatonius, tué juillet 1809 ; *lire* : Placatomus, tué 8 juillet 1809.

46. — Vilmorin ; *lire* : l'évêque de Vilmorin.

46. — Hugues, blessé ; *lire* : Hugues, blessé le 10 août 1809.

47. — Bourgavin ; *lire* : Burgevin.

47. — Montagnet ; *lire* : Montanier.

47. — Galbaud ; *lire* : Galbaud-Dufort.

47. — Desbrest, blessé le 18 sept. 1810 ; *lire* : blessé le 18 sept. 1810 (voir supplément).

48. — Petit ; *lire* : Petiet.

48. — Prouvansal de Saint-Hilaire, tué 19 oct. ; *lire* : tué 18 octobre.

49. — Maillot-Duclaux, blessé mai 1812 ; *lire* : blessé 24 mai 1812.

49. — De Guillebon, 25 mars 1812, combat de Roda ; *lire* : 5 mai 1812, combat de Roda (Haute-Catalogne)

50. — Michel ; *lire* : de Saint-Michel.

50. — Méjan ; *lire* : Mejean.

---

(1) Fontaine, capitaine adjoint d'état-major. Assassiné le 28 mars 1809, entre les villages de Saint-Anters de la Tocal et Espinaredo, route du Ferrol. Cet officier était en mission près du maréchal Soult.

Page

51 — Benoist; *lire* : Benoist de Champmontant.

51. — Bourgavin ; *lire* : Burgevin, tué au milieu des rangs anglais.

52. — Pascalis, blessé (mort); *lire* : blessé (mort le 17).

53. — Vilmorin ; *lire* : l'évêque de Vilmorin.

53. — Vidal ; *lire* : Vidal de Léry.

54. — Béranger, tué le 26 août 1813 ; *lire* : Bérenger, blessé le 26 août 1813, mort le 30.

54. — Resigné, blessé le 18 (mort) ; *lire* : blessé le 18 (mort le 9 novembre).

55. — Marascot, blessé le 18 ; *lire* : blessé le 18 et mort le 26.

55. — Hollier ; *lire* : Hollier de la Gorce.

56. — Waille, blessé décembre 1813, combat d'Alba; *lire* : blessé le 10 novembre 1813, combat d'Ala.

56. — Duhot ; *lire* : Huhot.

59. — Cornille, tué 20 mai 1813 ; *lire* : blessé le 20 mai 1813.

59. — Maury, blessé le 16 ; *lire* : blessé le 16 et le 19.

57. — Dussous, combat de Prina ; *lire* : combat de Pirna.

61. — Lacassagne, blessé le 25 juin ; *lire* : blessé le 24.

61. — Guchalski ; *lire* : Puchalski.

64. — Duchaume, blessé 4 juillet 1806; *lire* : Marchand-Duchaume.

64. — Joubert, mort en décembre 1812; *lire* : blessé et mort le 12 déc. 1812, entre Wilna et Kowno.

65. — Bonnard, tué août 1810 ; *lire* : tué le 2 août 1810 (voir supplément).

65. — Garnier, blessé 16 juin 1815, bataille de Ligny ; *lire* : blessé le 2 juillet 1815, devant Vaugirard (Paris).

68. — Lafargue, blessé (mort) ; *lire* : mort le soir.

71. — Gouyba.-Villeneuve, 2ᵉ Tirailleurs ; *lire* : Régiment de Grenadiers à pied.

71. — Vezu, 2ᵉ Tirailleurs ; *lire* : Régiment de Grenadiers à pied.

71. — Deblays ; *lire* : Deblais.

74. — 3 mars 1814, combat de Bar-sur-Aube; *lire* : 3 mars 1814, combat de Troyes.

74. — Demanny, disparu ; *lire* : blessé.

79. — Desalons, major ; *lire* : Desalons, colonel-major.

81. — Blé, combat d'Arlavan; *lire* : combat d'Arlaban.

81. — Gastinel, tué ; *lire* : blessé et mort le 10 septembre.

85. — Hélix ; *lire* : Hélia.

85. — Vieriez ; *lire* : Viesiez.

86. — Séverin, blessé et disparu ; *lire* : blessé et mort le 15 décembre 1812.

87. — Estevon de La Tour, tué 1811 ; *lire* : le 22 août 1811, à Palencia.

88. — Vébert ; *lire* : Hubert.

90. — Feyraud, blessé (mort) ; *lire* : Payraud, blessé.

91. — Rouillard ; *lire* : Rouillard de Beauval.

92. — Pompejac, blessé ; *lire* : annuler.

94. — 17 mars 1814, bataille de Craonne ; *lire* : 7 mars.

94. — Tuefferd, lieutenant; *lire* : Tuefferd, capitaine.

97. — Mayen ; *lire* : Mayeux.

99. — Nowicki; *lire* : Rowicki.

99. — Kryzanwski ; *lire* : Krzyzanowski.

99. — Bogucki, assassiné près de Valladolid; *lire* : assassiné à Laguna.

99. — 1810, combat de Santa-Cruz; *lire* : 8 décembre 1808, combat de Santa-Cruz.

Page.

99. — Deplace, assassiné par des Guérillas ; *lire* : assassiné entre Castroxeritz et Burgos.

103. — Poyart, blessé 1814 ; *lire* : blessé le 21 mars 1814.

103 — De Campigneulles ; *lire* : Fougeronx de Campigneulles.

103. — D'Armanville ; *lire* : Levasseur d'Armanville.

103. — Dalissac, à Tettviller ; *lire* : Dalissac à Dettwiller.

104. — Bizard, tué ; *lire* : blessé.

105. — Bizard, blessé ; *lire* : blessé à Essling, était à l'hôpital le jour de Wagram.

105. — Bonaffos ; *lire* : de Bonnaffos de La Tour.

105. — Gentil ;
105. — Maurin ; } *lire* : Gentil de Maurin.

113. — Lemoine, blessé (mort) ; *lire* : mort le même jour.

115. — Chapellière, blessé (mort) ; *lire* : blessé et mort le 22 août.

116. — Dubois, blessé ; *lire* : tué.

116. — Gauthier, blessé (mort) ; *lire* : blessé à mort le 7 avril 1814.

117. — Depéronne, blessé (mort) ; *lire* : blessé et mort le 13 juillet 1815.

117. — Parayon, s.-lieut., blessé (mort) ; *lire* : blessé et mort le 14 juillet.

117. — Lambrigot, s.-lieut. ; *lire* : Lambrigot, capitaine.

119. — Joudrain, capitaine, blessé 28 ; *lire* : blessé le 26.

120. — Combe, blessé le 18 oct. 1805 ; *lire* : blessé le 13 oct. 1805.

120. — Fontaine, blessé (mort) ; *lire* : blessé et mort le 26.

122. — Chevallier, blessé ; *lire* : tué.

122. — Combat de Magnaron ; *lire* : combat de Magnareux.

122. — Corréard, tué 2 sept. 1813, près de Lerida ; *lire* : tué 2 sept. 1812, au combat de l'Impias (Biscaye).

123. — Corbeil, blessé ; *lire* : blessé et disparu.

124. — Lemarois, tué ; *lire* : annuler.

129. — Thébault, blessé ; *lire* : blessé et mort le 11 janvier 1816.

130. — Sornin, tué 26 mars 1806 ; *lire* : tué le 5 août 1807.

130. — 22 sept. 1806, combat en Calabre ; *lire* : 22 sept. 1806, combat près de Lauria (Calabre).

133. — Brifflot, lieut., tué juin ; *lire* : tué le 30 mai.

134. — Friquera ; *lire* : Triquera.

136. — Desloquois ; *lire* : Destoquois.

136. — Paris ; *lire* : De Paris.

137. — Duhomme, blessé (mort le 22) ; *lire* : annulé.

138. — Demonye, tué ; *lire* : Demouge, tué.

141. — Delaporta ; *lire* : Delaporte.

141. — Lafond, blessé 28 oct. 1806 ; *lire* : blessé le 1er octobre 1806.

141. — Descazals, tué juin ; *lire* : tué 18 juin.

141. — Combat de Gratchatzen ; *lire* : combat de Gratchatz (Croatie).

142. — Cayasse, blessé (mort le 2 nov. 1813) ; *lire* : blessé.

142. — Sarrère, blessé   19 août 1813, combat   *lire* : 19 août 1813, combat
     Laloge, blessé   de Helle ;   d'Amposta devant Tortose.

144. — Willemaut ; *lire* : Willemant.

146. — Sénault, blessé 2 juillet 1815, combat de Sèvres ; *lire* : blessé, affaire près de Châlons.

151. — Maux, blessé 19 mars 1815 ; *lire* : 19 mars 1814.

152. — 4 août 1812, combat près de Burgos ; *lire* : 4 août 1810.

Page

152. — Legendre, tué 4 août 1810 ; *lire* : tué 13 octobre 1810, combat de Sobral.
152. — Marié ; *lire* : Marié-Duplan.
155. — Cettier, blessé le 6 mai 1810 ; *lire* : blessé le 6 mai 1811.
156. — 15 mars 1813, Espagne ; *lire* : 15 mars 1813, devant Concentena.
159. — 28 août 1813, affaire de Calm ; *lire* : 29 août.
159. — Piestaud ; *lire* : Pécheteau.
160. — Soleilhet, tué ; *lire* : blessé et mort le 19 avril.
160. — Vautrey ; *lire* : Vautré.
161. — Médrano, tué ; *lire* : brûlé n'ayant pu se sauver lors de l'incendie d'Aspern.
161. — Legardeur ; *lire* : Legardeur de Croisille.
162. — Boyers ; *lire* : Boyer.
162. — Sausset ; *lire* : Sauset.
163. — Boyers ; *lire* : Boyer.
164. — Pacarin, blessé (mort) ; *lire* : blessé et mort en août.
164. — Drouard ; *lire* : Drouart.
164. — Deu, blessé (mort) ; *lire* : Deu de Marson, blessé.
165. — Merlet, capitaine, tué ; *lire* : annulé.
165. — Frouvé ; *lire* : Trouvé.
166. — Oudot, blessé (mort le 6 nov.) ; *lire* : blessé et mort le 15 novembre.
166. — Grandjean ; *lire* : Grandjean de Fouchy.
167. — Olivier, 16 juin 1813 ; *lire* : blessé le 16 juin 1813.
168. — Harpun, blessé (mort) ; *lire* : blessé et mort le   nov. 1806.
168. — Madebos, blessé (mort) ; *lire* : blessé et mort le 23 avril 1807.
171. — Clément, blessé 25 oct. 1805 ; *lire* : blessé le 25 oct., 1805, passage de l'Inn.
172. — Hassis, capit., blessé 5 août 1813 ; *lire* : annulé.
172. — Minot, blessé 31 août 1813 ; *lire* : blessés 17 juillet et 31 août.
174. — Piévert ; *lire* : Piéverd.
174. — Bacoup ; *lire* : Bacour.
174.
175. } Rogon ; *lire* : Rogon de Carcaradeu.
175. — Galla ; *lire* : Gallé.
175. — Boyaval, chef de bataillon ; *lire* : capitaine.
177. — 31 juillet 1813, retraite de Pampelune ; *lire* : retraite de Pampelune, Hauteurs de Saint-Estevan.
177. — Henry ; *lire* : Henric dit Henry.
178. — Kengal ; *lire* : Kerangale.
179. — Defaramond ; *lire* : Defaramont.
180. — Deshameaux ; *lire* : Gourdier-Deshameaux.
180. — Coquard, blessé (mort) ; *lire* : blessé, mort le 11 janvier 1816.
181. — Seriza ; *lire* : Sérizac.
182. — Girard, blessé ; *lire* : tué.
182. — Fchaupré ; *lire* : Echaupré.
183. — Delaume ; *lire* : Deloume.
184. — Man ; *lire* : Marc.
186. — Menussier ; *lire* : Menuisier.
189. — Pierron ; *lire* : Pierson.
190. — Billotte, tué ; *lire* : blessé et mort le 5.
190. — Blanchemain, tué ; *lire* : blessé et mort le 10.

Page

190. — Kerweiller ; *lire* : Kerveiller.
190. — Pouzergue, blessé ; *lire* : blessé, mort le 11 janvier 1816.
192. — 9 octobre 1805, combat d'Aslach ; *lire* : 11 oct. 1805.
192. — 11 octobre 1805, combat d'Albeck ; *lire* : 14 oct. 1805.
193. — Bouévrière, blessé (mort le 6 décembre) ; *lire* : Bouissière, blessé (mort le 5 novembre).
194. — Dumonbard, blessé (mort) ; *lire* : Demonbar, blessé, mort le 22.
194. — Sorre ; *lire* : Porre.
194. — Bonneton, blessé 18 ; *lire* : blessé 16 et 18.
195. — Valmalette de Coustel ; *lire* : Valmalette du Coustel.
196. — Gatté, lieut., tué ; *lire* : annulé.
196. — Gatinais ; *lire* : Gatinois.
196. — Gatinois, tué ; *lire* : blessé et prisonnier rentré en 1814.
196. — Gatinois, s.-lieutenant ; *lire* : annulé.
198. — Templier, s.-lieutenant ; *lire* : lieutenant.
198. — Bec, capit., blessé : *lire* : blessé, mort le 20 février 1807.
190. — Pinson, blessé (mort le 14 oct.) ; *lire* : blessé seulement.
199. — Combat de Rio-Molino ; *lire* : combat de Aroyo de Molinos.
200. — Ducareuil ; *lire* : Le Mercier du Careuil.
202. — Clément, combat de Tela (Tyrol) ; *lire* : combat d'Ala.
202. — Bonne, 7 octobre 1805, combat d'Augsbourg ; *lire* : 7 oct. 1805, passage du Lech.
203. — 4 oct. 1810, combat de Coïmbre ; *lire* : 7 octobre 1810, combat de Coïmbre.
204. — David, blessé ; *lire* : blessé et mort.
204. — Jardin, blessé ; *lire* : blessé et mort, 18 janvier 1814.
204. — Bouard, s.-lieut. ; *lire* : lieutenant.
206. — Renard, lieut., tué 18 oct. 1812 ; *lire* : tué le 31 oct. 1812, combat de Smoliany.
209. — Herrenberg ; *lire* : Herrenberger.
209. — Lavesnes ; *lire* : Lasvenes.
210. — Courtois, s.-lieut., tué 3 déc. 1805 ; *lire* : blessé le 2 décembre 1805, mort le 3.
211. — Marchand, tué ; *lire* : annulé.
211. — Vincent, blessé (mort), *lire* : blessé et mort le même jour.
212. — Kolb, blessé (mort) ; *lire* : blessé et mort le soir.
213. — Rauffon ; *lire* : Rauffer.
213. — Debas ; *lire* : Delas.
214. — Claudin, tué juin 1811 ; *lire* : blessé le 18 juin 1811.
214. — Moitrier, tué ; *lire* : blessé.
216. — Dané, blessé (mort) ; *lire* : blessé (mort le 6 juillet).
217. — Hévin, reconnaissance en Espagne ; *lire* : Prise du couvent de la Nièvre.
217. — Tardieu, blessé ; *lire* : Tardieu, blessé (mort le 18 nov.).
218. — Levêque, tué ; *lire* : blessé.
220. — Lamy, blessé (mort) ; *lire* : blessé.
220. — Musigneux, blessé (mort) ; *lire* : blessé.
220. — Chalot, blessé (mort) ; *lire* : blessé.
220. — Butaud, blessé ; *lire* : blessé, présumé mort.
220. — Coulot, blessé ; *lire* : blessé et assassiné.
220. — Froyard, blessé ; *lire* : blessé (mort).

Page

220. — Ballu, blessé ; *lire* : blessé (mort).
220. — Berranger, blessé ; *lire* : blessé (mort).
220. — Poulle, blessé ; *lire* : blessé (mort).
220. — Rousselot, s.-lieut ; *lire* : lieutenant.
221. — Chèuzard ; *lire* : Heuzard-Lacouture.
221. — Scribany, s.-lieut. ; *lire* : capitaine.
221. — Bernault, blessé ; *lire* : blessé présumé mort le même jour.
222. — Sergent, blessé ; *lire* : blessé, noyé le 11 janvier 1816.
223. — Heudeline, blessé (mort) ; *lire* : annulé.
225. — Radal, blessé ; *lire* : tué.
226. — Micheau, blessé (mort le 29) ; *lire* : blessé (mort le 27).
230. — Payac, capitaine ; *lire* : sous-lieutenant.
230. — Coutenceau, tué ; *lire* : Coutanceau, blessé.
232. — Guillaume, tué 11 mars 1811 ; *lire* : tué 11 mars 1809.
232. — Thouvenin, blessé juin 1812 ; *lire* : blessé 1er juin 1812.
233. — Mayerhoffes ; *lire* : Mayerhoffer.
234. — Sannod, capitaine, blessé (mort) ; *lire* : Jannod, lieutenant, blessé.
235. — Castaingt ; *lire* : Castaing.
235. — Coutillier ; *lire* : Courtillier.
236. — Chanchu ; *lire* : Chanclu.
236. — Yvon, capitaine ; *lire* : Annulé. Voir 55e régiment.
238. — Roussogue ; *lire* : Boussogne.
238. — Boussogue ; *lire* : Boussogne.
238. — Rolland ; *lire* : Coutin-Rolland.
238. — Coutin ; *lire* : Annulé.
240. — Maurice ; *lire* : Mauric.
242. — Drassar, blessé (mort en juillet) ; *lire* : blessé (mort le 11 septembre).
243. — Villiers, blessé (mort le 25) ; *lire* : mort le 26.
243. — Slam ; *lire* : Itam.
244. — Guignard, blessé (mort) ; *lire* : blessé (mort le 19).
244. — Simon ; *lire* : Annulé.
244. — Hugot ; *lire* : Hugo.
246. — Dupuy ; *lire* : Dupuy des Boignes.
247. — Adhemar ; *lire* : Adhémar de Cransac.
247 — Texter ; *lire* : Textor.
248. — Texter ; *lire* : Textor.
248. — (2) Tous ces officiers furent blessés au combat de Lubnitz ; *lire* : Tous
         ces officiers furent tués ou blessés au combat de Lübnitz.
252. — Chartico ; *lire* : Chartier.
253. — Fiteux ; *lire* : Titeux.
256. — Collette, en reconnaissance en Espagne ; *lire* : en reconnaissance en
         Espagne à Pinos-del-Rey.
257. — Recouvrer, chef de bataillon ; *lire* : capitaine.
261. — Deplaigne, blessé 29 juin 1806 ; *lire* : blessé 15 mai et 29 juin.
264. — Gobin, s.-lieut., tué 21 juin 1809 ; *lire* : Annulé, voir 64e Régiment,
         supplément.
264. — Pimperuelle, blessé ; *lire* : blessé et mort.
264. — Moutard, blessé ; *lire* : blessé, mort le 24 février 1811.
264. — Brizot, blessé (mort) ; *lire* : blessé mort le soir.

Page

270. — De Tronjolly, blessé mort en décembre ; *lire* : blessé, mort le 31 déc.

271. — Rabin-Grandmaison, blessé ; *lire* : blessé, mort le 6 octobre.

271. — Bérardy, blessé ; *lire* : blessé, mort le 6 octobre.

271. — 6 octobre 1810, combat de Coimbre ; *lire* : 7 octobre 1810, massacre des blessés et malades dans les hôpitaux de Coimbre, par les milices Portugaises.

271. — Cosseron de Villenoisy, } affaire d'Alberla ; } *lire* : combat de Coimbre.
271. — Pardiac,

271. — Ducheyron, blessé ; *lire* : blessé mort le 3 octobre.

271. — Guesswillers ; *lire* : Gueswillers.

271. — Poirier ; *lire* : Poirier de Noiseville.

271. — Lesclive ; *lire* : Lesclide.

273. — Dégardin, }
273. — Laborne, } *lire* : annuler ces deux noms.

273. — Pallin capit., B. 5 déc. 1810. } *lire* : 5 déc. 1810, combat
273. — Fouché, capit., B. 5 déc. 1810 (mort le 5 mai 1811) } près d'Olot.

273. — 30 avril 1813, en escortant un convoi en Catalogne ; *lire* : 30 avril 1813, à Ridaura.

274. — Claparède, blessé (mort le 26 août) ; *lire* : (mort le 26 mai).

276. — Fauvertey ; *lire* : Fauverteix.

277. — Genot, blessé ; *lire* : blessé et présumé tué.

277. — Bergeret, blessé ; *lire* : blessé et présumé mort.

277. — Benoît, blessé ; *lire* : blessé (mort le 19 janvier 1814).

278. — Fabre, blessé 18 fév. 1814, devant Bayonne ; *lire* : blessé le 18 fév. 1814, combat devant Orléans.

278. — Croizade, capitaine, tué ; *lire* : chef de bataillon, tué.

280. — Vaudry, chef de bataillon ; *lire* : major.

281. — Uny, colonel tué ; *lire* : annulé.

281. — Lannais ; *lire* : Launay.

283. — Morlaincourt, blessé 30 août 1813, Culm ; *lire* : annulé.

286. — Devaud, blessé ; *lire* : blessé, mort le 18 décembre.

288 — Levussen ; *lire* : Levasseur.

290. — Catrin, blessé le 14. (mort le même jour ; *lire* : blessé le 14 août, (mort le même jour).

291. — 2 mars 1812, combat de Sos (Espagne) ; *lire* : 2 mars 1813.

291. — Bonnard, blessé ; *lire* : tué.

291. — 13 oct 1805, défense de Dresde ; *lire* : 13 octobre 1813.

293. — Ninon, blessé (mort) ; *lire* : blessé, mort le 1er septembre.

294. — Dewals ; *lire* : Desvals.

297. — Lauze ; *lire* : Laure.

300. — Bordes, blessé ; *lire* : blessé, mort le 1er décembre.

301. — Bordes, tué ; *lire* : annulé.

302. — Gosse, tué ; *lire* : blessé, mort le 27.

302. — Dubarry, blessé ; *lire* : annulé.

304. — Guenon, blessé ; *lire* : blessé et mort.

304. — Auvray, blessé ; *lire* : blessé et mort.

304. — Perrier, blessé ; *lire* : blessé et disparu.

304. — Naudin, blessé ; *lire* : blessé et mort.

305 — Girault, blessé ; *lire* : blessé et mort.

Page

305. — Basse, blessé ; *lire* : blessé et mort.

305. — Maitre, blessé (mort) ; *lire* : blessé et mort le 9.

305. — Deblay, blessé ; *lire* : blessé et mort le 25.

309. — Hauce ; *lire* : Hance.

310. — Simon, s.-lieutenant ; *lire* : capitaine.

311. — 16 janv. 1807, aux avant-postes en Pologne ; *lire* : 16 janv. 1807, aux avant-postes devant Ostrolenka.

312. — Homberg ; *lire* : Humbert.

312. — 11 oct. 1805, combat d'Albeck ; *lire* : 14 oct. 1805, combat d'Albeck.

312. — Arnoux, blessé combat d'Albeck ; *lire* : blessé en gardant le pont de Thalfingen.

312. — Dehault, noyé en janv. 1816 ; *lire* : noyé le 11 janv. 1816.

312. — Viader, blessé ; *lira* : Viader, blessé, noyé le 11 janv. 1816.

316. — 17 nov. 1812, combat de Zan-Munos ; *lire* : combat de San-Munoz.

317. — Chervet, s.-lieutenant ; *lire* : Chervet, capitaine.

321. — Besançourt ; *lire* : Bessoncourt.

321. — 4 juillet 1815, combat devant Belfort ; *lire* : combat de Pérouse.

322. — Henri ; *lire* : Henry.

322 — Thévenot, blessé 3 mai 1809, Ebersberg ; *lire* : blessé 22 mai 1809, à Essling.

325. — Dérivier ; *lire* : Dérivière.

327. — Thibbourg ; *lire* : Thilbourg.

327. — Desprez, blessé (mort) ; *lire* : blessé et mort le même jour.

327. — Dumartel ; *lire* : Demartel.

330. — Paillard ; *lire* : Saillard.

330. — Dubreuil ; *lire* : Dubreail.

333. — Doléati, blessé 14 décembre 1813 ; *lire* : blessé le 12 déc. 1813, mort le 13.

334. — Fournié ; *lire* : Fournié-Lamartine.

335. — Droussart ; *lire* : Dronsart.

335. — De Saulses-Latour ; *lire* : Desaulses-Latour.

336. — Cianchi, blessé et disparu ; *lire* : Sianchi, blessé.

337. — Compain, capitaine, blessé 14 juillet 1808, mort ; *lire* : blessé le 28 juin 1808, mort le 25 juillet.

337 — Arbod, major ; *lire* : annulé. Voir 119e Régiment.

337. — 24 juin 1808, combat des Trois-Montagnes (Espagne) ; *lire* : combat des Trois-Montagnes (Las-Cabreras).

337 — Reboul, blessé 21 déc. 1808, combat près de Saragosse ; *lire* : 21 déc. 1808, prise du mont Torero.

338. — Espié, chef de bat., blessé ; *lire* : annulé.

338. — Lauvergnat ; *lire* : Lauvergnat dit Dauvergne.

338. — Cornet, tué dans une reconnaissance ; *lire* : tué dans une reconnaissance à Saint-Estevan.

338. — Delas, tué ; *lire* : blessé, mort le 17.

338. — De Varroux ; Dewarreux.

338. — Nillars ; *lire* : Millan.

339. — Lefebvre ; *lire* : Lefèvre.

339. — Hacquart ; *lire* : Hocquart.

340. — Cazeneuve, blessé (mort) *lire* : blessé et mort le 16 octobre.

341. — Bourdonnay ; *lire* : Bourdonnaye.

342. — Lepin, blessé 23 mai 1810 ; *lire* : blessé 23 avril 1810.

Page

342. — Delerut, tué; *lire* : blessé et mort le 28 novembre 1811.

343. — Villemain, major; *lire* : annulé. Voir au 114ᵉ Régiment.

344. — 10 avril 1813, route de Bilbao; *lire* : attaque de Bilbao.

346. — { 4 août 1808, attaque de Saragosse;) *lire* : { 14 juillet 1808, bataille de Médina del Rio-Secco. Lhomer, capit., tué. — Lhomer, tué. Affret, lieut., blessé. — Affet, blessé. Hastrel, s.-lieut., blessé. — Hastrel, blessé. }

347. — Richez, blessé; *lire* : blessé et mort le 13 fév. 1813.

348. — Furtemberg, tué; *lire* : Furstemberg, blessé.

348. — 9 mars 1810, combat de Grado ; *lire* : 19 mars 1810.

349. — Maillet, blessé ; *lire* : blessé, mort le 5 février.

349. — Poinot, tué 28; *lire* : blessé, mort le 4 janvier 1814.

349. — Costel, tué; *lire* : blessé, mort le 10 décembre.

350. — Dauny, blessé ; *lire* : blessé, mort le 30 septembre.

351. — Lelud ; *lire* : Lelut.

351. — Nuret, capitaine, tué ; *lire* : chef de bataillon, tué.

351. — Audinot, blessé mort le 12 ; *lire* : Oudinot, blessé mort le 18.

351. — Belot, major, blessé (mort) ; *lire* : blessé, mort le 9 juin.

351. — Heyraut ; *lire* : Heyraud.

352. — Sauvaire, blessé 23 juillet; *lire* : blessé 23 juin.

352. — Soignet; *lire* : Coignet.

353. — Decret, blessé (mort) ; *lire* : blessé, mort le 24 août.

355. — Jouffroy; *lire* : Annulé.

355. — Goursillot ; *lire* : Poursillot.

355. — Veldmann ; *lire* : Veldtmann-Muntinghe.

355. — Havez, lieutenant ; *lire* : capitaine.

355. — Peloutier ; *lire* : Pelottier.

355. — Schchel, tué ; *lire* : Schell, blessé, mort le 15 novembre.

355. — Chasseur, capitaine blessé ; *lire* : Annulé.

355. — Rivaux, capit., blessé ; *lire* : tué.

356. — Fonteim ; *lire* : Fontein.

356. — Gravestein ; *lire* : Grœvestein.

356. — Veeren, blessé ; *lire* : blessé et mort.

356. — Perdoulle ; *lire* : Peyredoulle.

356. — Bergkmann ; *lire* : Annulé.

356. — Govard ; *lire* : Godard.

356. — Van-den-Boom ; *lire* : Annulé.

356. — Werdmuller-von-Elgg, blessé (mort); *lire* : mort le 2 février 1813

358. — Wiegand, noyé 17 juin 1812; *lire* : noyé 27 juin 1812.

359. — Giely, blessé (mort) ; *lire* : blessé et noyé dans le Dnieper.

359. — Jacob (B.) ; *lire* : Jacob (L.).

359. — Jacob (A.). blessé ; *lire* : Annulé.

359. — Bérenger; *lire* : Annulé.

360. — Durut; *lire* : Durupt.

360. — Croce, blessé 2 fév. 1814 ; *lire* : 27 février 1814.

361. — Hébert, lieutenant ; *lire* : Hébert, capitaine.

362. — Belino, blessé 14 nov. 1813, près de Kalisch ; *lire* : blessé 14 nov. 1812, combat près de Wolkowicsk.

Page .

363. — Duval, blesé ; *lire* : Annulé.

364. — Clauden, blessé ; *lire* : Annulé.

364. — Clauden ; *lire* : Claudin.

365. — Geoffroy, blessé ; *lire* : Annulé.

365. — Guignat ; *lire* : Gaignat.

366. — Venet, lieutenant, blessé ; *lire* : blessé, mort le 22.

367. — Deswals ; *lire* : Desvals.

369. — Bourny ; *lire* : Bourmy.

369. — Hanau et Bunzlau ; *lire* : Haynau et Bunzlau,

369. — Billion ; *lire* : Duplan-Billion.

370. — Pascal, blessé (mort); *lire* : blessé, mort le 12.

370. — Roupey ; *lire* : Roussey.

370. — Gor, tué ; *lire* : Gos, tué 19 oct. 1813, à Leipzig, par l'explosion du pont. Il portait l'aigle du régiment qui a été perdue avec lui dans la rivière l'Elster.

371. — Couet ; *lire* : Couet de Lorry.

371. — Dumora ; *lire* : Dumoret.

372. — Lagarde ; *lire* : Tonéille-Lagarde.

373. — Dufour ; *lire* : Dufaur.

373. — Destrebenray ; *lire* : de Strabenrath.

373. — Tézac ; *lire* : Tizac.

374. — Tizac, blessé 28 mars 1814, aux avant-postes ; *lire* : aux avant-postes devant Coblentz.

375. — Janssen, disparu ; *lire* : blessé et disparu.

376. — Mortal, blessé (mort) ; *lire* : blessé et mort le 5 mars 1814.

376. — Michel, blessé ; *lire* : blessé, mort en novembre.

379. — Schneider ; *lire* : Schneidler.

380. — Watel, blessé-mort le 3 ; *lire* : blessé-mort le 5.

381. — Lefèvre, blessé ; *lire* : blessé, mort le 18 juin.

381.   Branche, blessé (mort); *lire* : blessé.

382. — Dussert ; *lire* : Ducert.

382. — Dussert ; *lire* : Ducert.

384. — Viani, tué ; *lire* : blessé.

384. — Quaglia, tué ; *lire* : blessé.

384. — Billioux, tué ; *lire* : annulé.

384. — Votta, tué ; *lire* : blessé.

384. — Vial, tué ; *lire* : blessé.

385. — Gastebois ; *lire* : Gastelais.

385. — Saget ; *lire* : annulé.

385. — Paget ; *lire* : Saget.

386 — Erhard, blessé juin ; *lire* : blessé 5 mai.

386. — Samson, blessé octobre; *lire* : blessé 4 septembre.

389. — Laroche ; *lire* : annulé.

389. — Dudidlieu ; *lire* : Dillieux.

392. — Preslet ; *lire* : Presle de Sainte-Marie.

392. — Raison ; *lire* : Vinson

392. — Sannin, blessé (mort) ; *lire* : Jeannin, blessé et mort le 4 juin

392. — Salle, blessé ; *lire* : blessé et mort le 22.

393. — Debilly ; *lire* : annulé.

Page

393. — Mollin, blessé (mort) ; *lire* : blessé, mort le 8 novembre.

393. — Denormand ; *lire* : Denormandie.

394. — Coulon. blessé 21 septembre 1807 ; *lire* : blessé 21 novembre 1807.

394. — Marchal, blessé ; *lire* : tué.

399 — Lenoir ; *lire* : Lenoir de Saint-Elme.

400. — 18 mars 1809, combat contre les Guérillas, Espagne ; *lire* : combat contre les Guérillas à Villafranca (Galice).

400. — Prey ; *lire* : Pierre.

400. — Van-Berchem, tué ; *lire* : annulé.

400. — Dumoutier, blessé, mort 22 juillet ; *lire* : blessé.

401. — Roettiers, blessé aux avant-postes en Espagne ; *lire* : blessé aux avant-postes en Portugal.

402. — Vestu ; *lire* : Vestu de Nercy.

401. — 11 mars 1811, combat en Espagne ; *lire* : combat de Redinha en Portugal.

402. — Carboudhuai ; *lire* : Cabourg-Duhay.

402. — Patoux, blessé 1er novembre ; *lire* : blessé le 1er septembre.

403. — Devareux ; *lire* : Dewarreux.

404. — Brocq, blessé 4 mai 1809 ; *lire* : blessé 30 juin 1809.

404. — Roman, lieutenant ; *lire* : Romans capitaine.

406. — Chesnon de Champmorin du Jarassey ; *lire* : de Jarassey.

407. — Lebailly ; *lire* : annulé.

408. — Maylies ; *lire* : Naylies.

408. — Besnard, blessé ; *lire* : blessé et mort le 12 août.

408. — Henry, blessé entre Léger et la Roche-Servière ; *lire* : entre Légé et la Roche-Servière.

409. — Guilher ; *lire* : Guillet.

410. — De Montagnac ; *lire* : Lenadier de Montagnac.

411. — Masson ; *lire* : Masson de Coligny.

411. — Heudsch, blessé ; *lire* : tué.

411. — Volvach ; *lire* : Wolsack.

411. — Sandfort ; *lire* : annulé.

412. — Dispiel ; *lire* : Dispil.

413. — Antelme ; *lire* : Anselme.

413. — Sternaux ; *lire* : Sternaux-Lacoste.

414. — Luneau, affaire de Micislaw ; *lire* : affaire de Manaru.

414. — 28 janvier 1813, combat près de Pampelune ; *lire* : combat de Mendivil, près de Pampelune.

419. — Maudot ; *lire* : Naudot.

420. — Daiteg, capitaine ; *lire* : sous-lieutenant.

422 — Gausset, blessé (mort) ; *lire* : blessé mort le même jour.

423. — Guillemot ; *lire* : Guilmot.

424. — Thenrez ; *lire* : Theurey.

424 — 26 août 1813, affaire de la Katzbach.

Lefaibre,
Gaugois,
Lallemand,
Derry,
Rouhière,
Culmann, } tués ; *lire* : blessés.

Page

Blond,
425. — Fédon, } tués ; *lire : blessés.*
425. — Négrino, }
425. — Lallemand ; *lire :* annulé.
425. — Lemaire, blessé (mort) : *lire :* blessé, mort le 11 mars 1808.
428. — Maître ; *lire :* annulé.
428. — D'Harricau ; *lire :* Darricau.
430. — Gilibert, capit blessé 8 oct. 1813, Ascain ; *lire .* blessé 8 sept. 1813, combat devant Pirna (Saxe).
431. — Cabannes de Puymisson, blessé 17 oct. 1805 ; *lire :* blessé le 16 novembre 1805.
431. — Gamiable ; *lire :* Lamiable.
432. — Durand ; *lire :* Annulé.
433. — Giré, sous-lieutenant ; *lire :* capitaine.
433. — Delatude ; *lire :* de Vissec de Latude.
433. — Zacharias, sous-lieutenant ; *lire :* lieutenant.
433. — Cardeilhac, capitaine ; *lire :* annulé.
433. — De Loulay ; *lire :* de Lonlay.
434 — Cazeaux, colonel, 28 avril 1809 ; *lire :* annulé.
434. — Daullé ; *lire :* Dolet.
438. — Lenormand ; *lire :* Lenormand du Coudray.
439. — Kaeks ; *lire :* annulé.
440. — Jond ; *lire :* Joud.
440. — Ferram ; *lire* Ferran.
441. — Prémont ; *lire :* Frémont.
441. — Frémont, blessé février, mort le 15 ; *lire :* blessé le 30 janvier 1812, mort le 15 février.
441. — Graffigny, blessé 28 juillet, mort le 21 ; *lire :* blessé le 28 juillet, mort le 21 août.
443. — Lalanne, capit., tue ; *lire :* blessé, mort le 30.
443. — Fournier ; *lire :* Tournier.
444. — Gressin, blessé ; *lire :* blessé et mort le 23.
444. — Duclos, blessé (mort) ; *lire :* blessé, mort le 2 janv. 1813.
445. — Grisard ; *lire :* annulé.
445. — Tachou ; *lire :* Tachon.
446. — Segond, capit., tué ; *lire :* blessé, mort le 16 juin.
447. — Dolfutz ; *lire :* Dollfus.
447. — Anselme, blessé mort le 18 août 1810 ; *lire :* blessé, mort le 15 août.
447. — 12 mars 1811, combat de Redenha ; *lire :* 11 mars 1811, combat de Redinha.
448. — 15 février 1814 ; *lire :* 15 février 1814, combat de Saint-Palais.
449. — Girard ; *lire :* Giraud.
449. — Bugniaux, capitaine ; *lire :* sous-lieutenant
452. — Verdillac ; *lire :* Verdilhac.
453. — Léry ; *lire :* Lézy.
453. — Lahonte ; *lire :* Lahoute.
453. — Thirid ; *lire :* Thiria.
454. — Rocot, blessé 24 juillet 1808, à Addujar ; *lire :* blessé à Andujar.
455. — Boulangez ; *lire :* Boulanger.

Page

455. — Ferret, blessé 2 février ; *lire* : blessé 2 janvier.

455. — Planet, tué ; *lire* : blessé et mort le 26.

455. — Gillard ; *lire* : Gilliard.

456. — Lelarge, capitaine ; *lire* : chef de bataillon.

456. — Parnajon, blessé 28 ; *lire* : blessé 25.

456. — Racine, blessé 13 août 1813, (mort) ; *lire* : blessé 25 juillet et mort le 13 août.

456. — Bonnifaus ; *lire* : Bonnifauti.

457. — 13 déc. 1813, combat devant Bayonne ; *lire* : 13 déc. 1813, combat de Saint-Pierre d'Irube.

457. — Dubois, blessé mort en décembre ; *lire* : blessé, mort le 9 décembre.

458. — Du Rhone ; *lire* : Durhône de Beauver.

459. — Kapp, capitaine, tué ; *lire* : lieutenant, blessé.

459. — Farditi ; *lire* : Tarditi.

460. — Chiazari, blessé (mort) ; *lire* : blessé, mort le 5 juin.

461. - Sialelli, tué 13 mars 1809, en Portugal ; *lire* : tué affaire de Bascora.

461. — Scalabrino ; *lire* : capitaine, blessé.

461. — Duce, blessé (mort) ; *lire* : blessé.

461. — Ratto, blessé (mort) ; *lire* : blessé, mort le 7 mars 1811.

462. — Gastaldi, capit., tué 21 mai ; *lire* : annulé. — Voir Leipzig.

462. — Féderici, lieutenant, tué ; *lire* : capitaine, tué.

462. — Everts, blessé (mort) ; *lire* : annulé.

462. — Turnbult, tué ; *lire* : blessé, mort le 24.

462. — Eckteyn ; *lire* : Ecksteyn.

462. — Kealkens ; *lire* : Keulkens.

462 — De La Rach ; *lire* : annulé.

463 — Van-Winsheim ; *lire* : Von Winssheim.

463. — Kahle ; *lire* : Kuhle.

463 — Hellewick ; *lire* : Hellswich.

463. — Agterberg ; *lire* : Achterberg.

463. — Lorrin ; *lire* : Lorain.

463. — Van Der Beuken ; *lire* : Van Der Reucken.

463. — Stok ; *lire* : Stock.

463. — Van Elsbrock ; *lire* : Van Elsbroeck.

463. — Wilkens ; *lire* : Wilckens.

464. — Maigret ; *lire* : Maigre.

464. — Maigre ; *lire* : annulé — double emploi.

464. — Debloux, s.-lieutenant ; *lire* : lieutenant.

464. — Isaac, disparu ; *lire* : blessé.

472. — Morin, major ; *lire* : capitaine adjudant-major.

472. — 16 juillet 1808, combat devant Baylen ; *lire* : combat de Villanova devant Baylen.

486. — 4 novembre 1809, combat de Songuessa ; *lire* : combat de Sanguessa.

487 — Roata, blessé 6 juillet 1816 ; *lire* : 6 juillet 1815.

487. — Saône-et-Loire. — 3ᵉ, 5ᵉ bataillons ; *lire* : 2ᵉ, 3ᵉ et 5ᵉ bataillons.

487. — Haute-Saône. — Feisthamel ; *lire* : Saône-et-Loire. — Feisthamel.

488. — Benard, tué bataille de Paris ; *lire* : bataille de Paris — porte de Pantin.

491. — Benzencenet ; *lire* : Besencenet.

495. — 6 mars 1812, combat de Zoa ; *lire* : combat de Roa.

Page

496. — Frick, blessé et disparu ; *lire* : blessé.

496. — Gantin ; *lire* : Gautin.

496. — Mars 1814, défense de Besançon ; *lire* : 31 mars 1814.

497. — Combat d'Alba (Tyrol) ; *lire* : combat d'Ala.

499. — Evans, tué ; *lire* : blessé, mort le 15 décembre.

499. — Maccar, capit., blessé et mort ; *lire* : blessé le 12 et mort le 24.

500. — 18 juin 1811, combat près de Giudad-Rodrigo ; *lire* : combat de Cavrilias.

507. — Mazewski, tué 8 août 1810 ; *lire* : tué 7 mai 1810.

512. — Peixoto, blessé (mort) ; *lire* : blessé.

515. — Budich, blessé ; *lire* : blessé, mort le 13 janvier 1813.

519 — Salvaing, blessé 23 novembre 1806 ; *lire* : blessé 23 nov. 1808.

522. — de Berckheim, blessé ; *lire* : blessé, mort le 11 janvier 1816.

526. — De Miramont ; *lire* : de Miramont (P. A. V.).

527. — Perron, s.-lieut., blessé ; *lire* : annulé — double emploi.

527. — De Cauvigny ; *lire* : annulé.

528. — Lemarchant ; *lire* : Lemarchant de Charmont.

528. — Meyer, capit., blessé 26 oct. 1812, Polotsk ; *lire* : combat de Lepel.

530. — Ceyra, capitaine, blessé bataille de Waterloo ; *lire* : Ceyrat, chef d'escadrons, blessé à Ligny.

530. — Freineaux ; *lire* : Frémeaux.

531. — Giraud, blessé 24 mai 1813, combat en Saxe ; *lire* : combat de Kœnern.

531. — Patrius ; *lire* : Patzius.

531. — Janselme ; *lire* : d'Anselme.

531. — Debatz ; *lire* : Debatz dit Cazeneuve.

537. — Lecherpy, blessé ; *lire* : blessé et présumé mort.

537. — Bicker ; *lire* : annulé.

537. — Quaita ; *lire* : Guaita.

537. — Renneberg, tué ; *lire* : blessé.

537. — Verhoeff ; *lire* : annulé.

537. — Jouckheer ; *lire* : Jonckheer.

538. — Garrau ; *lire* : Garran.

538. — 11 octobre 1805, combat d'Albeck ; *lire* : 14 octobre 1805.

540. — Moreaux ; *lire* : Moreau.

540. — Le Bourgoing ; *lire* : de Bourgoing.

542. — Sanson ; *lire* : Lanson.

542. — Affaire de Nazielk ; *lire* : Nazielsk.

544. — Montaunet, blessé 6 juin 1811, combat en Espagne ; *lire* : combat en
avant de Ciudad-Rodrigo.

544. — Caulle, tué 1er février 1814, dans une reconnaissance ; *lire* : dans une
reconnaissance près de Brienne.

545. — Guinle ; *lire* : annulé.

545. — Rosselange ; *lire* : Pseaume de Rosselange.

549. — Bertolus ; *lire* : Bertulus.

550. — 14 juin 1807, combat devant Kœnisberg ; *lire* : charge du 12e Dragons
sur une batterie d'artillerie.

552. — Brixte ; *lire* : Brixhe.

553. — Guillaume ; *lire* : Guillaume de Bassoncourt.

553. — Verdalle ; *lire* : Loubens de Verdalle.

554. — 11 oct. 1805, combat d'Albeck ; *lire* : combat d'Haslach.

Page

554. — Fossard du Thil, assassiné en Espagne ; *lire :* assassiné entre Zamora et
    Coralès.

554. — Lagarde, blessé, combat devant Alicante ; *lire :* blessé, étant d'escorte
    près du général Montbrun.

555. — Esmez, s.-lieutenant ; *lire :* capitaine.

556. — 11 oct. 1805, combat d'Albeck ; *lire :* combat d'Haslach.

558. — Debracque ; *lire :* Debraque.

559. — Tougard ; *lire :* Tougard de Boisrozé.

560. — Dudoignon, tué ; *lire :* Dudoignon, blessé.

561. — Déjean ; *lire :* annulé. Voir 12ᵉ chasseurs.

561. — Frayssé ; *lire :* annulé. Voir 11ᵉ dragons.

562. — De Laferrière ; *lire :* Legendre de Laferrière.

562. — Blancheville, assassiné à El-Ronquillo et Santa ; *lire :* à El-Ronquillo et
    Santa-Ollala.

562. — Dehamel ; *lire :* Dehamel-Bellenglise.

562. — Delaferrière, en colonne mobile en Espagne ; *lire :* en colonne mobile
    à Olias.

564. — Nogerie ; *lire :* Nogerée.

565. — Danicourt ; *lire :* Deincourt de Metz.

566. — Dinglemarre ; *lire :* Juestz d'Ynglemare.

566. — Despontis ; *lire :* Desponty de Saint-Avoye.

568. — Leroy ; *lire :* Leroy de Sainte-Luce.

568. — Marqueron ; *lire :* Margueron.

568. — Amat, s.-lieut., blessé 18 oct. 1812, combat de Winkowo ; *lire :* blessé le
    14 oct. 1812, aux avant-postes de Winkowo.

570. — Barrais, blessé (mort) ; *lire :* blessé.

570. — Thévenard, blessé 4 nov. 1812 ; *lire :* blessé 4 octobre 1812.

575. — Delabarre, s.-lieut., blessé (mort le 18 oct.) ; *lire :* lieutenant, blessé.

576. — Vitry, s.-lieutenant ; *lire :* capitaine.

576. — Chanet, blessé ; *lire :* tué.

576. — Favreau, blessé, 12 sept. 1813, en Saxe ; *lire :* blessé 12 sept. 1813, de-
    vant Bautzen.

576. — Danicourt ; *lire :* Deincourt de Metz.

582. — Mathis, capitaine ; *lire :* Mathis, s.-lieutenant.

585. — Fabart, blessé ; *lire :* blessé, mort le 11 janvier 1816.

585. — Desmichielis ; *lire :* Desmichelis.

586. — Bouchard, blessé (mort) ; *lire :* blessé, mort le 22 août 1810.

587. — Gros ; *lire :* Cros.

587. — Nay ; *lire :* Ray.

587. — 18 juin 1816 ; *lire :* 18 juin 1815.

589. — Viellajeus ; *lire :* Viellajeas.

589. — Valeta ; *lire :* Saleta.

593. — Vieilh, blessé 1805, à Landsberg ; *lire :* blessé le 11 oct. 1805.

594. — Montaglas, blessé 23 sept. 1806 ; *lire :* 23 déc. 1806, passage du Bug.

596. — Jommereux ; *lire :* Sommereux.

596. — Toussaint, capitaine ; *lire :* sous-lieutenant.

597. — Le Saulnier ; *lire :* Lesaulnier de la Villehélio.

599. — Pombault, chef d'escad., tué 14 ; *lire :* annulé.

599. — Gombault, capitaine tué 16 ; *lire :* Gombault, chef d'escadron tué le 14.

Page

601. — Decastille ; *lire* : Froment de Castille.

601. — Mauconduit ; *lire* : Ferrand de Montcuit.

603. — Vanrmortère ; *lire* : Vanremoortère.

607. — Durand ; *lire* : annulé, voir 22e chasseurs.

610. — 11 oct. 1805, combat d'Albeck ; *lire* : combat de Landsberg, charge du 26e chasseurs contre le régiment des Cuirassiers de Ferdinand.

611. — Jourdan ; *lire* : annulé.

612. — Legras, tué ; *lire* : assassiné 4 août 1809, au château de Baccia-Madrid.

612. — De Bilhuet d'Argenton, blessé, combat en Espagne ; *lire* : blessé à Los-Corales.

613. — Nicolini, disparu ; *lire* : tué.

615. — Hubinet de Soubise, 11 oct. 1805, combat d'Albeck ; *lire* : combat d'Haslach.

617. — Haas, lieut., blessé (mort le 27) ; *lire* : annulé.

618 — 5 oct. 1810, près de Léria ; *lire* : combat de Pombal, près de Léria.

620. — 3 oct. 1806, combat de Crewitz ; *lire* : 26 oct. 1806.

621. — Duval ; *lire* : Duval de Beaulieu.

621. — D'Hane ; *lire* : D'Hane de Steenhuyse.

621. — 7 sept. 1812, bataille de la Moskowa ; *lire* : En chargeant sur une batterie Russe.

621. — Drouard (J.), *lire* : Drouard (C.).

622. — Fulb ; *lire* : Pfulb.

623. — Vauvredy ; *lire* : annulé, voir 9e Régiment.

625. — 8 octobre 1805, combat de Memmingeu ; *lire* : 13 octobre 1805.

626. — De Querhouent ; *lire* : de Querhoent.

626. — Combat de Schiltengen ; *lire* : Schiltigheim.

628. — 26 juin 1807, affaire de Tycokchin ; *lire* : Ty Kozin.

635. — Morlaincourt ; *lire* : Boucher de Morlaincourt.

635. — Florentin, tué, siège de Cadix ; *lire* : tué près de Santa-Maria.

635 — Gorraïs ; *lire* : Gorais.

636. — Bergeaud, blessé ; *lire* : Bergeaud, blessé présumé tué.

636. — 21 juin 1818 ; *lire* : 21 juin 1813.

637. — Adenot, blessé (mort) ; *lire* : blessé et mort le 30 janvier 1814.

637. — Adenot, blessé, siège de Gaëte ; *lire* : blessé les 9 et 13 juillet 1806.

639. — Méthiat ; *lire* : Méthial.

640. — 21 mai 1812 ; *lire* : 21 mai 1813.

640. — Degennes, tué ; *lire* : Degennes, tué du même obus qui tua le général Sénarmont.

640. — Girondelle, blessé (mort) ; *lire* : blessé.

641. — Duboy, blessé (mort) ; *lire* : blessé et mort le 29 septembre.

641. — Kiffert, noyé le 15 nov. 1812, pendant la retraite ; *lire* : Noyé dans la nuit du 14 au 15 nov. 1812, au passage de la Tormès (Espagne).

641. — Douzon, tué ; *lire* : blessé et mort le 7.

642. — Desjardins, tué à Lutzen ; *lire* : blessé 2 mai 1813, combat de Halle.

642. — Duhesme ; *lire* : Morel de Duesme.

643. — Bouquet, tué, défense du château de Saragosse ; *lire* : s'est fait sauter avec le château de Saragosse.

644. — Gillet, tué ; *lire* : annulé, voir 1er régiment à pied.

650. — Cabossel, blessé ; *lire* : blessé et mort le 10 décembre.

652. — Palleville ; *lire* : Terson de Paleville.

Page

654. — Geffroy ; *lire* : Leffroy.

654. — Thomassin, blessé (mort) ; *lire* : blessé, mort le 29.

655. — Leclerc, assassiné en février 1810 ; *lire* : assassiné le 6 fév. 1810, à An-
tequerra, près de Cadix.

659. — Calmetz, blessé ; *lire* : blessé et mort le 6 novembre.

662. — Ferrojio (Italien), blessé ; *lire* : Ferrojio, blessé.

663. — Joffrenot, tué le 8 fév. ; *lire* : Joffrenot-Montlebert, tué le 12.

664. — Larmandie, tué 6 juillet ; *lire* : blessé 6 juillet 1810, mort le 13.

665. — Tilon ; *lire* : Tiron.

665. — Boudors ; *lire* : Boudhors.

665. — Bagnac, tué affaire près de Bayonne ; *lire* : tué combat de Aire.

667. — Mathieu, tué 31 mars à Kossel ; *lire* : tué 3 mars 1807, au siège de Neiss.

667. — Segond, tué ; *lire* : blessé et mort le 8 mars.

668. — Lallemand ; *lire* : Lallement.

668. — Lallemand, lieut., blessé le 3 nov. 1811, mort le 11 ; *lire* : Lallement,
lieut., tué le 12 nov. 1811, devant Valence.

671. — Garguez ; *lire* : Parquez.

671. — Goubert, blessé 9 avril 1811 ; *lire* : blessé nuit du 9 au 10.

672. — Bunel, blessé (mort) ; *lire* : blessé mort le 19 janvier 1813, à Wilna.

679. — De Kerguidan ; *lire* : annulé. — Voir 2ᵉ régiment.

682. — Letourneur, blessé ; *lire* : blessé (mort).

688. — Nuit du 4 au 5 sept. 1813, explosion de la frégate la *Danaé* ; *lire* : 5 septembre 1812.

689. — Ripaud de Montaude, lieut. de vaisseau, tué déc. 1813, défense de
Bayonne ; *lire* : Ripeau de Montandevère, tué 23 fév. 1814, à bord de
la corvette la *Sapho*, voir le supplément.

691. — Thil, blessé ; *lire* : blessé, présumé mort.

691 — Asulas ; *lire* : Accolas.

692 — Bataglia, disparu en 1812, Russie ; *lire* : mort de maladie le 31 août 1812,
à Smolensk.

695. — 1807, siège de Colberg ; *lire* : 1807, siège de Colberg, prise de Sellnow
(19 mars), affaire de Neuwerder (12 avril), affaires des Salines et bois
de Colberg (1ᵉʳ et 2 juillet).

695. — Martinelli, blessé ; *lire* : blessé (mort le 22 novembre).

696. — 9 août 1812, en Espagne ; *lire* : affaire près de Huins.

696. — 25 décembre 1812, Espagne ; *lire* : combat d'Almunia.

696. — 6 sept. 1813, bataille de Juterbock ; *lire* : la division Italienne perdit à
la bataille de Juterbock 13 officiers tués et 65 officiers blessés (Rap-
port de Fontanelli).

696. — Ferrirolli, chef de bataillon ; *lire* : major.

696 — Zampa, blessé ; *lire* : blessé, mort le 2 janvier 1813.

699. — Gaetano, combat d'Alba ; *lire* : combat d'Ala.

699. — 3 mars 1809, affaire en Catalogne ; *lire* : affaire du Pont de Llobregat.

704. — Méri ; *lire* : Neri.

704. — Bintevoglio ; *lire* : Bentevoglio.

704. — Cotti, blessé (mort) ; *lire* : blessé.

704. — Estran, capitaine blessé (mort) ; *lire* : tué.

709. — 27 mai 1813, reconnaissance près de Goldeberg ; *lire* : près de Golberg.

710. — 5 juin 1807, combat de Lomitten ; *lire* : 9 juin 1807, combat de Guttstadt.

Page

711. Buttarel; *lire* : Boutarel.

712. -- Avit, tué 1813; *lire* : Avit, tué 8 juillet 1813.

717. — Formé en 1808 ; *lire* : formé en 1808, de l'ex-garde municipale de Naples.

722. — Cambolas; *lire* : Cambolas, lieutenant, blessé.

722. — Bouchardon; *lire :* Bouchardon, sous-lieutenant, blessé.

728. — Gravina, blessé (mort); *lire :* blessé mort le 9 mars 1806.

732. — Bewer, blessé (mort); *lire* : tué.

734. — Francken, blessé; *lire* : tué d'après l'Historique du 11° hussards prussiens.

744. — Hardung, blessé (mort) ; *lire* : tué.

735. — Dollmans ; *lire* : Dolémans.

736. — Burhenne, lieut., blessé; *lire* : blessé (mort).

737. — Gallet, capit., blessé; *lire* : blessé (mort le 11 oct.).

737. — De Meyborn, lieut., blessé; *lire* : blessé (mort le 24 oct.).

737. — De Schimmel; *lire* : de Schimmelpfennig.

738. — Muldner, capit., blessé ; *lire* : blessé (mort).

739. — De Broesigke, capit., blessé; *lire* : blessé (mort).

739. — Bott, capit., blessé ; *lire :* blessé (mort).

739 - Schaffer, lieut , blessé ; *lire* : blessé (mort).

739. — De Wurmb, capit., blessé; *lire* : tué.

740. — D'Houdetot, lieut., blessé ; *lire* : blessé (mort).

741. — De Hessberg, colonel, blessé ; *lire* : mort le 1er janvier 1813.

741. — Aminof, lieut., blessé ; *lire* : blessé (mort).

741. — Schœn, lieut., blessé ; *lire* : blessé (mort).

741. — Werner, lieut., blessé le 19 août 1812 ; *lire* : à supprimer.

742. — Siemonkowski : *lire* : Siemakowski.

743. — Crysewski; *lire* : Czyzewski.

744. — Gayzenbach ; *lire* : Eiszenbach.

744. — Mierotowski, blessé 1807; *lire* : blessé le 17 juin 1807.

746. — Luba, tué; *lire* : blessé et mort le 29 octobre.

746. — Luzakowski, blessé ; *lire* : tué.

747. — Sielski, blessé; *lire* : tué.

747 — Chichocki; *lire* : Cichocki.

747. — 23 février 1807, combat de Dirschau ; *lire* : au combat de Dirschau. — Le 9° régiment a 12 officiers hors de combat.

747. — Kosnacki ; *lire* : Kownacki.

748. — Lubonurski, capitaine tué, prise de Sandomir : *lire* : chef de bataillon, tué attaque de Sandomir.

748. — Poloriski; *lire* : Polonski.

749. — Drochaiouski ; *lire* : Drohojowski.

749. — Stamelberg ; *lire* : Hamelberg.

749. — Kzsinouski; *lire* : Kazinowski.

752. — Descours ; *lire* : Deskur.

752. — Berko ; *lire* : Bertrow.

752 — 6 avril 1809, combat de Kock ; *lire* : 6 mai.

753 — Lajewski ; *lire* : Lojewski.

754. — Bogatho ; *lire* : Bogatko.

755 — Guzyna ; *lire* : Puzyna.

756. — Mars 1814, combat de Clayes; *lire* : 28 mars 1814, combat de Clayes.

756. — Labowski ; *lire* : Lobodzki.

Page

757. — Génie (1808-1814) ; *lire :* Génie (1807-1814).

757. — Bulawsbi ; *lire :* Bulawski.

759. — De Kleingensberg ; *lire :* le Baron de Klingensberg, s'étant enveloppé de son drapeau pour le sauver en passant la rivière à la nage, atteint d'une balle, a disparu avec son drapeau.

760. — De Kesling, tué ; *lire :* blessé, mort le 10 janvier 1807.

760. — Golsen, tué ; *lire :* blessé.

760. — Schmels ; *lire :* Schmidt.

760. — Spaur, blessé ; *lire :* blessé (mort).

760. — 6 juillet 1809, Wagram ; *lire :* 10 juillet 1809, combat de Teschwitz.

760. — Moll, blessé ; *lire :* blessé (mort).

761. — 20 mai 1813 ; *lire :* 21 mai 1813.

761. — De Lichtemberg, blessé ; *lire :* blessé (mort le 20).

761. — Beck ; *lire :* Reck.

761. — 14 mai 1807, combat de Siérok ; *lire :* 8 officiers blessés au dit combat.

761. — Neumayer ; *lire :* Neumeyer.

761. — D'Haibe ; *lire :* Dehaibe.

761. — Reu, tué ; *lire :* Neu, blessé (mort le 27).

761. — Maillinger, tué ; *lire :* blessé (mort).

761. — Rassholer, tué ; *lire :* blesse (mort).

761. — De Stahl ; *lire :* de Strahl.

761. — Leib ; *lire :* Leeb.

761. — De Grafenried ; *lire :* de Grafenrieth.

761. — Schmalz, blessé (mort le 25) ; *lire :* blessé (mort le 17).

761. — De Grafeuried ; *lire :* de Grafenrieth.

761. — D'Haibe ; *lire :* Dehaibe.

761. — De Rodt ; *lire :* de Roth.

761. — Weninger ; *lire :* Weniger.

763. — Pont de Landeel ; *lire :* pont de Landeck.

763. — Pflug, blessé 22 mai 1809, mont Isel (Tyrol) ; *lire :* tué le 19 mai 1809.

763. — De Bullinger ; *lire :* de Bullingen.

763. — Tröltsch, blessé ; *lire :* blessé (mort le 1er sept.).

764. — Kaltersthal ; *lire :* Kaltenthal.

764. — Weingarten (mort le 18) ; *lire :* Wingartner (mort le 1er sept.).

764. — Pernat ; *lire :* Pernath.

764. — Hirch (mort le 18) ; *lire :* (mort le 22).

764. — Schlegel ; *lire :* Schlagel.

764. — Bauer, blessé ; *lire :* blessé (mort le 17).

764. — Stengel, blessé ; *lire :* blessé (mort le 5 sept.).

764. — Kampfel, blessé le 24 avril ; *lire :* blessé le 20 avril 1809, à Abensberg.

764. — De Otten, blessé ; *lire :* blessé (mort le 30).

764. — Geisenheim, colonel ; *lire :* Geisenheim, capitaine.

764. — Dalwich ; *lire :* annulé.

765. — De Schundahl ; *lire :* annulé.

765. — Achenbach ; *lire :* Tattenbach.

766. — De Bucholtz, blessé ; *lire :* tué, d'après l'historique du corps.

766. — Malthernn ; *lire :* Maltherr.

766. — Betz, blessé ; *lire :* tué.

Page

767. — De Zweibrucken, tué ; *lire :* blessé (mort le 5 oct.).

767. — De Zandt ;
— Hilbert ;
— Truchsess ;   } *lire :* annulés.
— Beurmann ;

767. — Lugnet ;
— Schiffmann ;   { *lire :* annulés.
— Molter ;

768. — Jautmann ; *lire :* Zautmann.

768. — Deisemberg ; *lire :* Deisenberger.

768. — Magel ;
— Willinger ;   } *lire :* annulés.
— Graf ;

768. — De Reibold, blessé ; *lire :* de Reibeld, blessé (mort le 6 août).

768 — Rattner, lieut., tué ; *lire :* major, tué.

768. — Muffel, colonel ; *lire :* lieutenant.

769. — De Bose ; *lire :* annulé.

771. — Beyer ; *lire :* Bayer.
— De Salza ; *lire :* de Salza et Lichtenau.
— De Sonierbrandt ; *lire :* de Schierbrandt.
— Paps de Otrani ; *lire :* Paps de Ohain.

772. — De Metzsch ; *lire :* de Metzich.
— Siessmilch ; *lire :* Sufzmilch.

773. — De Bose, blessé ; *lire :* tué.

773. — De Salza, blessé ; *lire :* tué.

773. — De Loppelholz ; *lire :* de Loffelholz.

773 — De Leyer ; *lire :* de Leyser.

773. — Ochlschlagel ; *lire :* Oelfchlagel.

773. — De Lieben, lieutenant ; *lire :* de Liebenau, lieut. colonel.

773 — Comte Ronnow ; *lire :* comte Ronnow de Bieberstein.

773. — Compass ; *lire :* Kompass.

773. — De Qualen ; *lire :* de Oualen.

773. — G. de Seydewitz ; *lire :* annulé.

773. — Régiment de cuirassiers de Zastrow ; *lire :* ex-régiment de carabiniers.

773. — Faucher, tué 17 août 1813 ; *lire :* Taucher, tué 27 août 1813. Dresde.

774. — Krug de Nidda ; *lire :* Krug de Nidda III.

774. — Régiment Prince Clément, chevau-légers ; *lire :* régiment de Hulans en 1812.

774. — De Rockenthim ; *lire :* de Rockenthin.

774. — De Rosofsky ; *lire :* de Rosowswi.

774. — De Bielwiz ; *lire :* de Beulwiz.

775. — Belmont, chef d'escadrons ; *lire :* capitaine.

775. — 25 juillet 1812, à Janow ; *lire :* à Janowo.

775. — De Schirnding, à Niesuricz ; *lire :* à Nieswiecz.

775. — De Taubenheim ; *lire :* de Taubenhaim.

776. — De Fridensburg, blessé (mort) ; *lire :* blessé, mort le 27.

776. — Woernle, blessé (mort) ; *lire :* blessé, mort le 27.

781 et 782. — Les officiers tués ou blessés du 10 juin 1807 au 3 mai 1809 dont les noms figurent sous la rubrique 4ᵉ régiment de chasseurs à cheval

Page

(du Roi), appartiennent au 2ᵉ régiment de chevau-légers. Il en est de même des deux officiers blessés en 1813, dont les noms figurent sous la même rubrique.

785. — Neustann ; *lire :* Neuenstein.

785. — Hilmann ; *lire :* Heilmann.

786. — De Wingierl ; *lire :* Weinzierl.

786. — Classmann ; *lire :* Clossmann.

786. — Pfnar ; *lire :* Pfnor.

786. — Mossemann ; *lire :* Closmann.

787. — Obermaier, blessé ; *lire :* blessé, mort à Aroyo del Puerto.

788. — Freiberg, blessé ; *lire :* blessé (mort).

787. — Schulz ;
787. — Zeitler ; *lire :* annulés. — Voir Artillerie.

788. — Sguhany ; *lire :* Szuhany.

788. — Schimmelpennik ; *lire :* Schimmelpfennig.

789. — Schulz, blessé ; *lire :* blessé et mort.

789. — Hehel ; *lire :* Hehl.

790. — Régiment de Francfort après le régiment de Nassau ; *lire :* placer ce régiment après le régiment nᵒ 7.

791. — De Hönning, blessé 19 juin (mort) ; *lire :* mort le 5 juillet.

791. — Merkel, blessé 19 juin ; *lire :* blessé et mort.

791. — De Sqcierbrandt (C.) ; *lire :* de Schierbrandt.

791. — Altrock, gelé 7 septembre 1812 ; *lire :* gelé 7 décembre.

792. — De Boxberg ; *lire :* de Borberg.

792. — Graupner, blessé ; *lire :* blessé, mort le 29 novembre 1812.

792. — De Héeringer, blessé ; *lire :* blessé et mort.

792. — Régiment de Wurtzbourg nᵒ 3 ; *lire :* placer ce régiment après le régiment nᵒ 2 (Nassau).

797. — De Massenbach ; *lire :* annulé.

797. — De Raven, blessé 2 octobre 1812 ; *lire :* 1ᵉʳ octobre.

797. — 28 septembre 1812, combat de Grafenthal ; *lire :* 29 septembre.

797. — Schack, lieut., B. 29 oct. 1812, à Somsenkrug ; *lire :* annulé. Voir a 4ᵉ régiment.

797. — 16 novembre 1812, affaire de Reggen ; *lire :* 15 novembre.

798. — 12 août 1812, combat de Dahlenkirchen ; *lire :* 22 août.

798. — Spitznass, lieut., B. 30 septembre ; *lire :* blessé 29 septembre.

798. — De Brandebourg ; *lire :* de Brandenbourg.

798. — Pultkamer, tué 20 novembre 1812 ; *lire :* tué 19 novembre.

799. — De Manstein, chef d'escad. tué ; *lire :* annulé.

799. — Affaire du Gué de la Sisna ; *lire :* affaire du Gué de la Disna.

799. — 20 nov. 1812, combat de Ponewicz ; *lire :* 15 novembre 1812.

BIBLIOTHÈQUE NATIONALE — R. F. — IMPRIMÉS

TABLE DES MATIÈRES

V

Administration de l'armée.

VI

VII

Garde Impériale.

VIII

Gendarmerie.

IX

Infanterie.

X

XI

XII

XIII

Troupes Auxiliaires.

XIV

Troupes à cheval.

XV

Artillerie.

XVI

Génie.

XVII

Train des Equipages.

XVIII

Marine.

XIX

Troupes alliées

XX

PUBLICATIONS DE LA LIBRAIRIE MILITAIRE UNIVERSELLE

Guide Fournier. *Officiers.* — Cet ouvrage, d'un format qui permet de le porter constamment en poche, contient le résumé des nombreuses formalités que Messieurs les Officiers et assimilés de troupes métropolitaines sont susceptibles de remplir dans le cours de leur carrière.

    In-16 oblong, relié . . . . prix. **2 »**

Guide Fournier. *Chefs de Musique.* — Contenant les listes d'ancienneté et par régiment des chefs, sous-chefs de musique, chefs de fanfare et une partie documentaire complète . . . . prix. **1 50**

Guide Fournier. *Troupes coloniales.* — Cet ouvrage, d'un format commode, contient le résumé des nombreuses formalités que Messieurs les Officiers et assimilés des troupes coloniales sont susceptibles de remplir dans le cours de leur carrière.

    In-16 oblong, relié . . . . prix. **2 50**

Lieut.-Col. Coste. — **Nos Réservistes.** — Histoire d'une période d'instruction accomplie par le 320e régiment de réserve . . . . prix. **1 25**

Capit. Marabail. — **De l'influence de l'esprit militaire** sur l'œuvre d'Alfred de Vigny, avec une préface d'Émile Faguet, de l'Académie française, prix · **7 50**

Capit. Marabail. — **La Haute Région du Tonkin et l'officier colonial,** cercle de Cao-Bang . . . . prix. **12 50**

Alfred Durand, conseiller du commerce extérieur. — **Jeune Turquie — Vieille France.** — Etude de documentation destinée à contribuer à la vulgarisation des mœurs, coutumes commerciales et sociales qui permettra à nos « Jeunes Français » de reconquérir le marché ottoman convoité par nos rivaux.

    In-8 carré, orné de nombreuses illustrations, couverture en couleurs

    prix . . . . **6 »**

G. Demeny. — **Evolution de l'éducation physique** — L'Ecole Française.

    Grand in-8 contenant plus de 150 grav., dessins ou portraits, prix. **6 »**

J. Cesbron-Lavau, capit. de cav. — **Mitrailleuses de cavalerie.**

    Deux volumes de 700 à 750 pages chacun, chaque volume **7 50**; prix de l'ouvrage complet . . . . **15 fr.** ; franco **16 50**

Col. Chalande de la Guillanche. — **Mémoires du Capitaine Bertrand** (Grande Armée 1805-1815) recueillis par le Col. Chaland de la Guillanche, son petit-fils.

    Beau volume in-8 avec gravures . . . . . prix **5 fr.** ; franco **5 50**

Dr Ach. Edom. — **Escrime rationnelle aux trois armes.**

    Manuel complet d'enseignement à l'usage des maîtres et prévôts, comprenant la technique détaillée de l'escrime et des éléments d'anatomie, de physiologie, de psychologie, d'hygiène, de pédagogie, etc. . . . prix. **5 »**

Règlement du 3 avril 1909 sur les exercices de la cavalerie allemande, traduit par le général P. Silvestre.

    In-12 broché, avec figures et les sonneries réglementaires . prix **2 50**

Barème No 1 des frais de déplacement établi conformément aux prescriptions du règlement du 12 juin 1908, avec indication détaillée par département des lieux de garnisons, forts, camps, etc., relié toile, franco . . . . . . **4 »**

Vade-Mecum des Vétérinaires militaires. — (Active, réserve et armée territoriale) établi par les soins de la section technique vétérinaire.

    Volume arrêté à la date du 1er mars 1900 (achat autorisé par la circ. minist. du 4 janvier 1900 . . . . prix. **10 »**

Vannes. — Imprimerie LAFOLYE Frères, 2, place des Lices.

www.ingramcontent.com/pod-product-compliance
Ingram Content Group UK Ltd.
Pitfield, Milton Keynes, MK11 3LW, UK
UKHW022219120726
13694UKWH00002B/603

9 782013 576741